KB038777

ERIC BERNE

에릭 번

| 상담과 심리치료 주요인물 시리즈 ⑨ |

교류분석의 창시자

에릭 번

Ian Stewart 지음
박현주 옮김

학지사

ERIC BERNE
by Ian Stewart

| 역자 서문 |

이 책은 여러 가지로 처음의 의미를 가진다. 미국 유학을 마치고 한국에 돌아와서 처음 작업한 책이고, 처음 해 본 번역작업이기도 하다. 이 책을 번역하면서 Eric Berne과 교류분석의 이론과 실제에 대해 우선 역자부터 많은 것을 배웠음을 고백하고 싶다.

Eric Berne이라는 이름은 아마도 『심리적 게임(*Games People Play*)』이라는 책으로 가장 널리 알려져 있을 것이다. 상담과 심리치료를 공부하는 사람뿐만 아니라 일반인들도 '심리적 게임' 이라는 말을 한번쯤은 들어보았을 것이다. 1964년 출판된 『심리적 게임』은 누구도 예상하지 못했던 엄청난 성공을 거두면서 상담과 심리치료 이론서가 되었지만 교류분석에 일종의 '양날의 검' 이 되었다. 이 책으로 인해 교류분석과 게임이 대중적으로 널리 알려졌지만, 아직 발전단계에 있었던 이론들과 축약된 설명으로 인해 교류분석에 대한 정확하지 않은 이미지가 그대로 굳어져 버렸기 때문이다. 이 책의 저자인 Ian Stewart도 말했듯이 교류분석은 아마도 가장 제대로 알려지지 않은 심리치료 이론 중 하나라는 생각이 든다.

창시자인 Eric Berne의 때 이른 사망으로 교류분석은 한때 침체상태에 빠지기도 했지만 이후 유럽과 미국을 기반으로 꾸준하게 그 영역을 확장하고 있다. 이 책을 통해서 자아상태(어린이, 어른, 부모)와 게임, 교류와 같이 교류분석에서 '유명한' 개념에 대한 이해뿐 아니라 각본, 태도, 이차 구조, 치유, 계약 등을 통해서 교류분석에 대한 폭넓은 그림을 그릴 수 있을 것이다. 교류분석은 관찰 가능성(observability)과 검증 가능성(testability)에 기초한 경험적이고 과학적인 이론이며, 다른 무엇보다도 내담자의 치유를 최우선으로 하는 심리치료 이론이다.

먼저 이 시리즈를 기획하고 번역진에 합류하도록 초대해 주신 권석만 교수님께 감사드린다. 또한 심리학과 상담 분야 발전에 각별한 관심을 주시는 학지사 김진환 사장님과 편집을 맡아 고생하신 이지혜 차장님께도 감사드린다. 그리고 이 책의 초벌 번역을 맡아서 수고해 준 선희와 언제나 힘을 주는 가족에게 고마움을 전한다. 이 책이 교류분석의 창시자인 Eric Berne의 생애와 업적 그리고 교류분석을 알리는 데 조금이나마 도움이 되기를 바라는 마음이다.

2009년 5월

박현주

| 저자 서문 |

Eric Berne은 '상담과 심리치료의 주요인물' 로 불릴 자격이 충분하다. 또한 Berne은 '그와 비슷한 동시대의 상담과 심리치료의 주요인물들 중에서 가장 제대로 이해되지 못하고 평가 절하된 인물' 이라는 타이틀을 받을 만하다.

나는 이 책에서 Eric Berne이 원래 제시한 대로 그의 생각을 설명할 것이다. 나는 때로 Berne의 이론을 둘러싸고 있는 오해의 안개를 걷어내고 그의 이론의 진정한 의미를 재평가하고자 한다. Berne의 접근을 분명하게 이해하게 되면, 그의 이론이 20세기 상담과 심리치료에 중요한 공헌을 했음이 드러날 것이라 믿는다. 그의 이론의 많은 부분은 교류분석(TA)뿐만 아니라 다른 전문 분야에도 곧바로 적용할 수 있다.

Eric Berne이 사망한 지 20년이 넘는 시간이 흘렀다. 그의 사망 이후 교류분석가들은 Berne이 구축한 기반을 바탕으로 새롭게 이론을 발전시켜 왔다. Berne이 원래 기여한 공헌을 바로잡음으로써 다른 분야의 상담자와 심리치료자들이 교류분석에서 이루어진 이러한 최근의 발전에 보다 쉽게 접근할 수 있게 되기를 바란다. 특히 나는 어떻게 교류분석의 이론과 치료가 다른 현대 심리치료들과 만나게 되는지, 그리고 어떻게 교류분석이 다른 치료 접근들에 기여하고 또 도움을 받는지를 보여 주고자 한다.

이 책의 구성

이 책의 다섯 장의 순서는 '상담과 심리치료의 주요인물 시리즈(*Key Figures in Counselling and Psychotherapy*)'의 다른 책들과 동일하다.

1장에서는 Eric Berne의 생애와 경력을 간단히 개관한다. Berne의 이론의 밑그림이 되는 배경을 그려 보고자 한다.

2장에서는 Berne이 심리치료와 상담에 미친 주요 이론적 공헌을 개괄한다. 다른 이론가들과 일반적인 학문적 환경의 특징이 어떻게 Berne의 이론에 영향을 미쳤는지에 대해서도 알아볼 것이다.

3장에서는 Berne이 심리치료와 상담의 치료 실제에 끼친 주요 공헌을 기술한다. 2장에서 논의했던 이론적 아이디어가 치료 실제와 어떻게 연결되는지 알아본다.

Berne의 생각은 격찬과 동시에 비난도 몰고 왔다. 4장에서는 널리 알려진 몇몇 이론가들의 Berne의 이론에 대한 비판을 살펴본다. Berne이 의도하지 않았지만 Berne 자신이 어떻게 자신의 이론이 잘못 이해되고 비판을 받도록 만들었는지에 대해서도 살펴볼 것이다.

마지막으로 5장에서는 이론과 치료 실제에서 Berne이 현대 상담과 심리치료에 미친 영향을 평가한다.

Berne 연구 업적의 요약

Eric Berne은 총 32년에 걸쳐서 저서와 논문을 펴냈으며, 그의 전문적 저술에는 7권의 저서와 50편이 넘는 연구 논문, 페이퍼, (강연) 녹취록이 있다(Cranmer, 1971). 따라서 이 책에 주어진 한정된 공간에서 그의 연구 업적을 요약해야 하는 과제는 몇 가지 문제에 봉착하게 된다. Berne의 연구 업적의 요약에 있어서 내가 내린 몇 가지 결정 사항을 소개하고자 한다. 이는 또한 Berne의 연구 업적을 이해하는 통로이기도 하다.

첫 번째는 "무엇을 뺄 것인가?"라는 답이 없는 질문에 답하는 것이다. 이 질문에 대해서는 이 시리즈의 편집자가 일부 답을 주었다. 나는 상담과 심리치료의 이론과 치료 실제에서 Berne의 '주요' 공헌만을 다룰 것이다. 그렇다면 어떤 공헌을 '주요' 공헌으로 볼 것인가? 나는 주로 그것이 현대 교류분석에서 차지하는 중요도에 따라 구분했다. 각각의 생각들이 20년의 세월을 얼마나 잘 견뎌왔으며 Berne의 사망 이후에 어떻게 되었는가? 나는 주제의 가짓수를 어느 정도 제한하고 각각의 주제를 충분히 깊이 있게 다루고자 하였다.

보다 문제가 되었던 것은 '각각의 아이디어에 있어서 어떤 버전을 사용할 것인가?' 라는 질문이었다. Berne은 여러 시기에 펴낸 저서에서 여러 가지 서로 다른 버전으로 자신의 이론의 주요 아이디어를 제시했다. 그러나 Berne은 자신이 한 가지 버전에서 다른 버전으로 바꾼 것에 대한 이유를 설명하지 않았다. 몇몇 경우에는 어떤 버전을 선택하는가에 따라서 그 개념의 의미가 전혀 달라지기도 한다.

언뜻 판단하기에는 Berne이 자신의 저서에서 마지막으로 제시한 버전을 사용해야 할 것으로 생각된다. 이 버전이 그 해당 주제에 있어서 Berne의 가장 발전된 생각을 담고 있다고 가정하는 것은 타당하게 보이기도 한다. 그러나 항상 그런 것은 아니다. Berne의 아이디어 중 몇몇은 그의 초기 저서에서 가장 명확한 형태를 볼 수 있다. 이 개념들은 후기 저서에서 다시 등장하지만, 종종 그 개념의 가장 중요한 특징이 드러나지 않은 채 축약된 형태로 나타난다.

따라서 각각의 아이디어에 대해서 그것이 Berne의 저서에 등장하는 시기에 관계없이 내가 판단하기에 가장 분명하고 완전한 형태로 발전한 버전을 사용하기로 결정했다. 이 결정을 돕기 위해 나는 현재 교류분석 이론가들의 종합적인 의견을 구했다.

Berne에 대한 책을 쓰는 데에는 한 가지 문제가 더 있었는데, 이것은 심리치료의 다른 주요 인물들을 다루는 사람들은 부딪치지 않는 문제였다. 그 문제는, Berne이 하는 말과 그것이 의미하는 바가 항상 같지 않다는 것이다. Berne

은 풍자적 유머와 창조적인 상상력을 가지고 자신의 저서에 과장과 은유를 많이 사용했다. 예를 들면, Berne은 심리치료자들이 '집단상담 회기에서 매 순간 모든 환자들의 모든 근육의 모든 움직임을 관찰해야 한다.' 고 했다(Berne, 1972: 295). 교류분석 수련생들은 이것을 시도하느라 매우 혼란스러운 상태에 빠지기도 했는데, Berne이 말하는 것은 물론 일반적인 크기의 심리치료 집단에서는 실질적으로 불가능한 일이다. 그러나 심리치료에서 정확한 관찰의 중요성을 전달하는 방법으로서 Berne의 글은 매우 놀랍고 신선하다.

따라서 나는 이 책을 쓰면서 Berne이 실제로 말한 것뿐만 아니라 그가 말한 것에서 그가 실제로 의미하고자 했던 바도 고려해야 했다. 여기에서도 마찬가지로 나는 나의 판단에 의존했으며 현재 교류분석 이론가들의 도움을 받았다. 나는 어디까지가 Berne이 했던 말이고 어디서부터가 이에 대한 필자 또는 다른 사람의 해석인지를 분명하게 밝힐 것이다.

Berne의 이론에 대한 출처

교류분석의 발전 초기부터, Berne은 정기 세미나에서 만난 전문가 집단과 계속 같이 작업을 했다. 이 집단에서는 아이디어의 교류가 매우 활발하게 이루어졌다. Berne의 초기 동료였던 David Kupfer는 'Eric의 책에 있는 모든 장은 세미나에서 아주 철저하게 다시 만들어지고 편집되고 수정되었다.' (Kupfer, 1971)고 했다.

이 전문가 집단의 많은 새로운 생각들은 Berne의 책이나 논문에서 처음 빛을 보았다. Berne은 어떤 개념이나 기법에 대해서 원래 그것을 고안한 사람이 그의 동료임을 분명하게 밝혔다. 하지만 이를 분명하게 밝히지 않은 경우도 있었다.

이 책에서 다루는 개념의 출처를 밝히는 것에 관해서,

Berne의 저서나 논문에 기술되어 있는 것을 그대로 따랐다. 특정한 아이디어가 Berne의 저술에서 처음 등장하고, Berne 또는 그의 동료들이 이 아이디어를 누가 고안했는지 특별히 언급하지 않았을 경우 이것을 Berne이 고안한 것으로 보았다.

이 책의 스타일과 용어 사용

'상담' 또는 '심리치료'?

Berne은 자신의 저서에서 '상담(counselling)'과 '상담자(counsellor)'보다는 '치료(therapy)'와 '치료자(therapist)'라는 용어를 썼다. 그는 심리치료와 상담이 어떻게 구별될 수 있는가 또는 구별되는가라는 질문에 대해서는 전혀 다루지 않았다.

따라서 이 책에서는 내가 선호하는 바를 따랐다. 심리치료와 상담을 구별하는 여러 가지 좋은 방법들이 있지만 두 개념을 뚜렷하게 구분하는 것은 결국에는 인위적이 되고 만다. 나는 이 두 가지를 구별하는 기준을 만들지 않기로 했다. 따라서 이 책에서 '심리치료(psychotherapy)' 라는 단어를 사용했을 때 이는 '심리치료나 상담' 을 의미하며 '심리치료자(psychotherapist)' 라는 단어는 '심리치료자나 상담자' 를 의미한다. 만약 독자가 심리치료와 상담의 차이에 대해서 확고한 의견을 가지고 있다면 맥락에 따라서 수정하면서 읽을 것을 권한다.

'내담자' 또는 '환자' ?

의사라는 배경을 가지고 있기 때문에 Berne은 자신에게 심리치료를 받으러 오는 사람들에게 항상 '환자(patient)' 라는 용어를 사용했다. Berne의 글을 이 책에서 직접 인용할 때에는 '환자' 를 그대로 사용했다. 나의 글에서는 현재 보다 일반적으로 사용되는 용어인 '내담자(client)' 를 사용했다.

대명사와 성별

Berne이 글을 쓰던 시대에는 대명사의 사용에서 성별에 대한 의식이 오늘날보다 낮았다. Berne은 '그 또는 그녀(he or she)' 를 의미하는 자리에 모두 '그(he)' 를 썼다. 이에 대해서도 직접 인용에서는 이를 그대로 유지하고 나의 글에서는 '그(he)' 와 '그녀(she)' 를 자유롭게 사용했다.

감사의 글

이 책을 쓰면서 이전에 Sage에서 출판했던 『교류분석 상담의 실제(*Transactional Analysis Counselling in Action*)』에 도움을 주었던 세 사람의 도움을 다시 받게 되어 기쁘다.

Petruska Clarkson은 '전문가 독자(expert reader)' 였다. 항상 그렇듯이 나는 교류분석 이론가로서 그녀의 명확함뿐만 아니라 현대 심리치료에 대한 그녀의 넓고 깊은 이해에 감사를 표한다.

Dennis Bury는 교류분석이 아닌 분야에서 숙련된 상담자의 입장에서 원고를 읽어 주었다. 그는 나의 교류분석 렌즈를 통해 세상을 보지 않는 사람으로서 여러 가지를 명확하게 하도록 도와주었다.

이 시리즈의 편집인 Windy Dryden은 그녀의 여전한 예민함과 독자의 요구에 대한 분명한 시각을 가지고 내 글을 평해 주었다. 세 사람 모두에게 깊은 감사를 표한다.

1991년 Nottingham에서

Ian Stewart

| 목 차 |

1 Eric Berne의 생애

> Eric Berne은 『심리적 게임(*Games People Play*)』의 저자로 수많은 사람들에게 알려져 있지만, 내가 그의 삶에서 가장 중요한 사실로 보는 것으로는 그다지 알려져 있지 않다. 그것은 그가 정신의학 분야에 지대한 영향을 미친 선구자이자 혁신적인 과학자였다는 사실이다(Steiner, 1974: 1).

이것은 Berne이 사망하고 얼마 되지 않아서 그의 초창기 동료 중 한 사람이었던 심리학자 Claude Steiner가 쓴 것이다. 저자는 Steiner의 평가에 동의하며, 이러한 평가가 오늘날에도 여전히 유효하다고 생각한다.

이 장의 첫 번째 절에서는 Berne의 일생을 간략하게 살펴볼 것이다. Berne의 저서들은 그의 개인적 역사에 있어서 정표의 역할을 하는바, 각각의 책에 대해서도 간략하게 기술할 것이다. 그리고 두 번째 절에서는 Berne을 개인적으로 알았던 몇몇 사람들이 그의 복잡한 성격에 대해 가졌던 몇 가지 시선들을 모아 보고자 한다.

Eric Berne의 생애: 간단히 살펴보기[저자 주]

Eric Berne은 1910년 5월에 캐나다 몬트리올에서 Eric Lennard Bernstein으로 태어났다. 그의 아버지는 개업의였고 어머니는 전문 작가였다. 어린 Eric은 아버지와 매우 가까웠으며, 아버지가 매일 회진을 돌 때 아버지를 따라다니는 것을 좋아했다. 그러나 Eric이 열한 살 때 아버지가 38세를 일기로 결핵으로 사망하게 된다. 이후 Eric의 유년 시절 동안 어머니가 일을 해서 Eric과 어린 여동생을 돌보았다.

많은 시간이 흘러 성인이 된 Berne이 심리치료 이론에 기여한 점 중의 하나는 어떻게 사람들이 이야기(story)라는 형식으로 자신들의 삶을 계획하는가를 보여 준 것일 것이다. Berne에 따르면 이러한 개인적인 인생 이야기(life-story)를 시작하는 문장에는 이미 줄거리와 결말의 씨앗이 존재한

저자 주 | 저자는 이 부분에서 많은 자료를 Warren D. Cheney(1971)가 쓴 「Eric Berne: 전기적 고찰(Eric Berne: Biographical Sketch)」이라는 논문에서 가져왔다. Cheney에게 감사한다.

다. Berne의 이야기를 시작하는 문장도 역시 그러한가? Berne이 심장발작으로 사망한 후에 출판된 그의 마지막 저서에서 그는 심리치료자에게 다음과 같은 조언을 하였다.

> 자살할 가능성이 있는 사람에게는 다음의 두 가지 불가침의 죽음의 법칙을 분명하게 말해 주어야 한다. 첫째, 자식이 18세를 넘기 전에 부모는 죽을 수 없다. 둘째, 부모 중 어느 한 사람이라도 살아 있는 한 자식은 죽을 수 없다(Berne, 1972: 197).

자신의 사랑하는 아버지가 '첫 번째 불가침의 죽음의 법칙'을 어겼을 때 어린 Eric이 어떤 결심을 했을지에 대해서 우리는 그저 짐작만 할 뿐이다. 우리가 분명히 알 수 있는 것은 Eric Berne이 자신의 모델이 된 아버지와 어머니의 역할을 자신의 삶 속에서 결합시켰다는 것이다. 그는 의사인 동시에 왕성한 저술 활동을 하는 작가였다.

우리가 Berne이 아버지의 영향을 받았다는 것을 알 수 있는 것은 그의 직업 선택만이 아니다. Berne은 교류분석에 대한 최초의 단행본 저서인 『심리치료에서 교류분석(*Transactional Analysis in Psychotherapy*)』(1961)을 저술했을 때, 라틴어로 된 다음과 같은 헌사로 책을 시작했다.

In Memoriam Patris Mei David, Medicinae Doctor et Chirurgiae Magister atque Pauperibus Medicus ('의학 박사이며 가난한 이들을 위한 의사였던 나의 아버지 David를 추모하며')

David Hillel Bernstein은 실제로 자신의 진료소에서 '가난한 이들을 위해 봉사했다.' 그는 소외된 주변의 유태인 이웃들을 위해 무료 진료소를 세우고 운영했다(Berne, 1976: 383n). Eric Berne은 아버지를 본받아 의업(醫業)의 전통적인 이상(理想)에 대한 높은 자부심을 가졌다. 환자를 치유하고, 환자에게 해를 입히지 않으며, 환자의 정신적 · 신체적 건강에 대한 모든 책임을 지는 것이 그가 생각한 이상적인 모습이다. Berne은 자신의 아버지가 그러했던 것처럼 경제적 지위 또는 여타의 신분에 관계없이 모든 사람들의 존엄성을 깊이 존중했다. 때로 그는 공식적인 직업적 겉모습 뒤에 자신의 이러한 측면을 숨겼지만, 그가 쓴 글을 자세하게 살펴본 사람이라면 누구나 그의 이런 면을 발견할 수 있다. Berne은 전통적이고 의학적인 라틴어로 그의 아버지에 대한 헌사를 포장했지만, 그 이면의 의미를 알고자 하는 사람은 누구에게든지 그것이 분명하게 드러난다.

제2차세계대전 이전 시기

1935년 Eric Lennard Bernstein은 아버지의 전철을 밟아서 맥길 대학(McGill University)에서 의학 박사 학위(Doctor of Medicine and Master of Surgery)를 받았다. 이후 Berne은 미국으로 이주하여 예일 대학 의대에서 정신과 레지던트 과정을 밟았고, 다음으로 뉴욕 시에 있는 시온(Mt Zion) 병원 정신과에서 근무했다. 이 시기에 그는 미국 시민권을 취득했고 자신의 이름도 Eric Berne으로 바꾸었다. 1940년에 그는 병원 업무와 함께 개인 상담소를 시작했고, 이후 이러한 직업 패턴을 계속 유지했다. 그는 또한 첫 아내인 Ruth를 만나서 결혼하여 두 자녀를 두었다.

1941년에 Berne은 뉴욕 정신분석협회(New York Psychoanalytic Institute)에서 정신분석가로서의 수련을 시작했다. 이곳에서 Berne의 분석가는 Paul Federn이었다. Federn과의 만남은 Berne에게 중요한 사건이었는데 Federn의 '자아심리학' 체계가 이후 Berne 자신의 성격 이론의 출발점을 제공했기 때문이다.

제2차세계대전 시기

1943년 Berne은 미육군 의무대(US Army Medical Corps)에 입대한다. 그는 여러 육군 병원의 정신과에서 일했으며 소령까지 진급했다. 이렇게 임무를 수행하는 가운데

Berne은 집단 심리치료를 시작했으며, 정신과 병원 근처에 있는 민간인 집단을 대상으로 이를 확장했다.

이 시기에 Berne은 이미 정신의학과 심리치료에 대한 비평을 쓰기 시작했는데, 이는 나중에 그의 저서의 토대가 된다. 그는 직관력(faculty of intuition)에 특히 관심을 가지고 있었다. 그런데 1945년 군대가 그에게 부여한 임무가 공교롭게도 이러한 직관력에 대한 그의 관심에 잘 들어맞는 것이었다.

직관력 실험

Berne은 군인 선별 센터(army separation centre)에 배치되었는데, 여기에서 동료들과 함께 의가사제대를 지원한 병사들을 검사하는 임무를 맡았다(Berne, 1949). 모든 병사들은 일련의 작은 방들을 지나가게 되고, 각 방에서는 의사가 특정한 신체적 특징에 대해 검사하도록 되어 있다. Berne은 마지막 방을 담당했는데, 병사당 40~90초의 시간에 검사를 마쳐야만 했다. 공식적인 검사과정은 다음의 두 가지를 질문하는 것으로 이루어졌다. 즉, '지금 불안하십니까?'와 '예전에 정신과 의사를 찾아간 적이 있습니까?' 였다.

이러한 형식적인 질문들이 어떤 목적을 가지고 이루어졌는지에 대해서는 알려진 바가 없다. 어찌 되었든 Berne은 곧 이러한 검사를 직관에 대한 자신의 가설을 실험하는 장

(場)으로 사용하는 것에 흥미를 느끼기 시작했다. 첫 번째 단계로, Berne은 병사들이 두 가지 질문에 답하기 전에 자신이 그 답을 먼저 추측하고는 자신의 추측의 정확성을 기록하기 시작했다. 나중에는 군인들의 민간인 직업에 대한 직관적 판단을 내려보는 것으로 이 과정을 확대했는데, 군인들의 직업을 기록에서 확인할 수 있었기 때문이다. 이 임무를 마쳤을 때에 Berne은 1만여 명의 군인에 대한 직관력 연습을 할 수 있었다.

Berne이 직관력의 정확성에 대해 무엇을 찾아내었는지 보다 자세한 사항이 궁금하다면 「직관력의 본질(The Nature of Intuition)」(1949)이라는 논문에서 그 정보를 찾을 수 있다. 이 책에서 Berne의 삶을 그려 보는 과정에서 직관력 실험(intuition experiment)은 더욱 직접적인 의미를 가진다. 직관력 실험은 이후 Berne의 사고에서 중심이 되는 세 가지 강조점을 처음으로 보여 준 것이다.

첫째, Berne은 과학적/임상적 작업에서 직관력이 타당하고 유용한 도구가 될 수 있다고 가정했다. 또한 치료자는 계속해서 자신의 직관력을 객관적 관찰과 비교하여 그 타당성을 확인해야 함을 인식했다. 직관력과 객관적 연구 모두 다 연구자나 임상가의 발견에 개별적이면서도 중요한 기여를 할 수 있다.

둘째, Berne은 이해하는 것(understanding)과 이를 말로 표현하는 것(verbalising)은 다르며, 이 중 하나가 일어나기 위해 다른 하나가 반드시 필요하지는 않다는 결론을 내렸다.

> 직관력을 이해하기 위해서는 어떤 사람이 무엇을 아는지와 어떻게 그것을 알았는지를 반드시 말로 표현할 수 있어야 한다는 생각을 버리는 것이 필요하다…. 개도 무언가를 알고 벌도 마찬가지다…. **진정한 지식이란 말로 아는 것보다는 어떻게 행동할지를 아는 것이다**(Berne, 1949: 28).

이 인용문에서 저자는 마지막 문장을 강조했다. 왜냐하면 이 문장이 심리치료에 대한 Berne 이론의 중심 원리를 표현하고 있기 때문이다. 우리가 3장에서 살펴보겠지만, Berne에게 심리치료의 목표는 단순한 '통찰' 이 아니다. 심리치료자와 내담자는 변화와 치유를 가져오기 위해 굳건하게 행동해야 한다. 치료자와 내담자 모두에게서 핵심은 '말로 아는 것' 이 아니라 '어떻게 행동할지를 아는 것' 이다. 이 같은 입장은 Berne이 통찰 중심의 전통적인 정신분석으로부터 과감하게 궤를 달리함을 의미한다.

마지막으로 군인들과의 작업은 Berne에게 비언어적 신호에 대한 정밀한 관찰력을 정련할 수 있는 기회가 되었다. 그리고 이것은 Berne의 심리치료의 대표적인 특징이 되었다. 그는 이러한 비언어적 신호가 종종 사람들 사이에서 일어나고 있는 것에 대한 '진짜' 메시지—두 사람이 하는 말의 의미와는 다른—를 전달하는 방식에 대해 세밀하게 인식하게 되었다. 이것은 Berne의 의사소통 이론의 주춧돌이 된다.

제2차세계대전 이후 시기

1946년 Berne은 군대를 그만두었다. 1946년이 다 지나가기 전에 그는 자신의 첫 번째 저서인 『움직이는 마음(*The Mind in Action*)』(Berne, 1947; 후에 『일반인을 위한 정신의학과 정신분석 소개(*A Layman's Guide to Psychiatry and Psychoanalysis*)』라는 수정본으로 출판됨. Berne, 1957a)의 원고를 탈고했다. 그는 뉴욕 시에서 미국 서부로 이사하기로 결심하고 캘리포니아 주 카멜 시에 정착한다.

Berne은 샌프란시스코 정신분석협회(San Francisco Psychoanalytic Institute)에서 정신분석가 수련을 다시 시작했다. 그리고 1947년에 Erik Erikson으로부터 훈련분석을 받기 시작하여 2년 동안 분석을 받는다. Berne의 이전 분석가 Paul Federn과 마찬가지로, Erikson 역시 이후 Berne의 이론적 사고체계에 중요한 영향을 미쳤다. Erikson의 이론에서는 특히 두 가지 측면이 중요성을 가진다. 하나는 인간의 발달이 일생을 통해서 지속되는 구조화된 순서를 따른다는 것이다. 다른 하나는 개인의 삶과 성격은 사회적 구조의 측면에서 바라볼 때에 완전하게 이해될 수 있다는 것이다(예: Erikson, 1950 참조).

카멜 시로 이사하면서 Berne은 샌프란시스코에 있는 시온 병원에서 정신과 의사직을 맡았고, 미육군 의무감(Surgeon General)의 자문 역할도 하기 시작한다. 얼마 지나지 않아 그는 자신의 세 번째 직업으로 재향군인 병원(Veterans Hospital)에서 정신과 의사직을 맡았고, 개인 상담소를 열어 네 가지 직업을 가지게 된다. 이 모든 일과 더불어 저술과 강의 활동을 병행하는 매우 바쁜 일정을 보내게 된다.

이러는 동안에 Berne은 첫 번째 결혼생활을 끝내게 된다. 그는 1949년에 재혼을 하여 두 번째 아내와의 사이에서 두 아이를 두었으며, 이후 15년 동안 결혼생활을 유지하다가 합의 이혼을 했다. Berne의 두 번째 부인인 Dorothy는 자신의 첫 번째 결혼에서 낳은 세 아이를 데리고 왔다. 그래서 1950년대 초에 Berne의 가정에는 다섯 아이가 있었다. Berne은 '가장' 으로서의 역할을 소중히 여겼지만, 그로 인해 자신의 일을 소홀히 하지는 않았다. 그는 정원 한 구석에 통나무 집을 짓고 주말에는 그곳에 틀어박혀서 저술 활동을 계속했다.

세미나

1950년대 초의 또 한 가지 기념할 만한 일로, Berne이 정기 저녁 세미나를 시작한 것을 들 수 있다. 이 세미나에서는 일군의 임상가들이 모여서 사회 정신의학에 중점을 두고 논문을 발표하고 서로 생각을 교환했다. 세미나는 Berne이 사망할 때까지, 그리고 그 이후에도 계속되었다. 세미나는 교류분석의 초기 성장에 중요한 밑거름이 되었다.

정신분석과의 결별

Berne은 1949년부터 시작해서 정신의학 학술지에 많은 논문을 발표하기 시작했다. 그중에는 직관에 대한 논문도 있었는데, 이는 교류분석에 대한 Berne의 생각의 기초가 된 것으로 간주된다. 1950년대 초반까지만 해도 Berne은 여전히 고전적인 정신분석 용어로 자신의 생각을 표현했다. 하지만 그는 정신분석 수련을 계속 받으면서도 이미 정신분석에 대한 비판의 목소리를 내고 있었다. 이는 결과적으로 주류 정신분석으로부터 멀어지게 되는 결과를 초래한다. 일례로 1949년에 나온 직관에 대한 논문에서 Berne은 "subconscious라는 말은 전의식(pre-conscious)과 무의식(unconscious)을 모두 포함하고 있기 때문에 사용해도 좋다."는 주장을 펼친다. 이는 당시의 정통 프로이트 학파에 대한 도전으로 간주되었다.

1956년에 Berne은 공식적으로 자신이 속한 정신분석협회의 정회원 자격에 지원했는데 자격심사에서 탈락하고 만다. 심사위원들은 Berne이 몇 년 동안 더 계속해서 정신분석 수련과 개인분석을 받는다면 재지원할 수도 있다는 평을 하였다.

Berne과 가까웠던 지인들에 의하면 그는 이에 깊이 상처를 받았고, 다시 지원할 수 있다는 심사위원들의 평을 절대로 받아들이지 않기로 결심했다. 대신 Berne은 새로운 길을 걷기 시작했고—그가 보았던 고전적인 정신분석의 약점에서 벗어나 대안적인 심리치료 이론과 치료 실제를 개발하는 것—이것이 그의 일생의 업적이 된다.

교류분석의 시작

Berne이 정신분석과 결별했다는 것은 그의 언어와 이론의 변화에서 분명하게 드러났다. 그는 계속해서 정신의학 학술지에 논문을 발표하기는 했지만, 이제는 자신이 교류분석에서 사용하기 위해 고안한 새로운 용어들로 자신의 생각을 표현하기 시작했다. 1958년에 나온 그의 논문에는 이후 그의 이론에서 나타나는 교류분석의 핵심적인 단어와 개념이 모두 담겨 있었다.

3년 뒤에 출판된 『심리치료에서 교류분석』(Berne, 1961)은 Berne의 저술에서 하나의 이정표를 세우게 된다. 이는 오로지 교류분석만을 다룬 최초의 단행본이었다. 이 책에서 Berne은 자신이 1950년대 후반에 연구논문에서 개발하기 시작했던 이론적 개념들을 통합하고, 이를 이론적 측면과 심리치료 실제의 측면에서 논의를 통해 한층 더 확장시켰다. 이 책은 이후 Berne의 다른 어떤 저서들보다도 인간의 성격과 대인관계 의사소통에 대한 그의 이론을 완전하게 보여 준다.

이 책에서 Berne은 자신의 이론의 몇 가지 핵심 용어의 의미를 완전하게 설명했다. 그는 어떻게 자신이 정신역동학파의 다른 거장들의 이론으로부터 자신의 생각을 발전시켜 나갔는지를 분명하게 제시했다. 이후 많은 저서에서 Berne은 독자들이 이미 『심리치료에서 교류분석』에서 이러한 핵심 단어들을 읽었으리라는 가정하에 그 개념들을 단지 훑어보기만 했다. 이것은 후에 Berne의 이론을 이해하는 혹은 오해하는 방식에 많은 영향을 끼쳤다.

이 시기에도 Berne은 논문 저술을 계속했지만(Cranmer, 1971 참조) 교류분석에 대해서만 논문을 쓰지는 않았다. Berne이 일생 동안 관심을 가졌던 영역 중 하나는 세계 여러 지역의 정신의학에 대한 비교연구였다. 1948년부터 1960년 사이에 그는 세계 각지를 여행했으며, 인도, 홍콩, 터키, 필리핀, 남태평양 국가들을 비롯한 많은 지역의 정신병원을 방문했다. Berne은 연구논문을 통해서 이러한 비교연구의 결과를 보고했다. 이는 또한 그에게 자신의 새로운 이론이 다양한 문화에 걸쳐서 얼마나 적용될 수 있는지를 판단해 볼 수 있는 기회가 되었다.

Berne의 또 다른 관심 분야는 집단 심리치료였다. 그는 집단 심리치료라는 주제에 대해서 자신의 이론을 포함한 다양한 이론적 틀을 가지고 살펴보았다. 이는 그의 다음 저서인 『조직체와 집단의 구조와 역동(*The Structure and Dynamics of Organizations and Groups*)』(Berne, 1963a)의 주제가 되었다.

이때까지 Berne은 작가로서 눈부신 성공까지는 아니어도 탄탄한 명성을 구축하고 있었다. 그의 저서인 『움직이는 마음(*The Mind in Action*)』은 1957년에 『일반인을 위한 정신의학과 정신분석 소개』로 수정본이 나오면서 스테디셀러가 되었으며, 제3판이 출간될 때까지 25만 부가 팔렸다. 이 책을 제외하고는 주로 제한된 수의 전문 독자층이 Berne의 저서를 읽었다. 그러나 Berne이 자신의 다음 저서를 내면서 이 모든 것이 단숨에 바뀌게 되는데, 이 책의 출간은 그의 인생과 교류분석의 역사에 영원히 남을 이정표가 되었다.

『심리적 게임』과 그 후

원래 '심리적 게임' 이라는 개념은 Berne의 저서 『심리적 게임』보다 몇 년 앞서서 그의 학술논문에 처음 등장했다(Berne, 1958). '게임' 이란 어떤 행동들이 일정한 순서를 따라서 반복되는 것으로, 이런 행동들은 예상 가능한 패턴을 따라가며 궁극적으로는 고통스러운 결과를 가져오게 된다. 게임을 하는 사람은 이러한 패턴을 의식하지 못하고 게임을 한다.

Berne과 그의 동료들은 1960년대 초에 게임의 분석에 큰 관심을 두었다. Berne의 예시를 따라서 그들은 자신들이 관찰한 여러 가지 게임 패턴에 일상 용어로 이름을 붙였다. '~하면 어떨까요-예… 하지만(Why Don't You-Yes But)' '나를 혼내 주세요(Kick Me).' '이 자식, 너 나한테 딱 걸렸어(Now I've Got You, You Son of a Bitch).' '라포(Rapo)' 등이 그들이 사용한 몇 가지 생생한 표현이다. 게임 분석은 이렇게 반복적으로 일어나는 고통스러운 상호작용을 이해하고 사람들이 그것을 피할 수 있도록 돕는 효과적인 방법으로 간주되었다.

『심리적 게임』(1964)에서 Berne은 그 당시까지 '게임'으로 분류되었던 행동들의 목록을 제시했다. 그는 각 상호작용의 전형적인 진행과정을 분석하고, 몇몇 게임에 대해서는 어떻게 게임을 중단하거나 피할 수 있는지도 제시했다. 그는 교류분석 이론을 간략하게 살펴보는 것으로 이 책의 서문을 열었으며, 게임으로부터 자유로운 사람에게는 삶이 어떤 의미를 지니는지 알아보는 것으로 이 책을 끝맺었다.

Berne은 애초에 전문 독자층을 염두에 두고 『심리적 게임』을 기획했으며, 이 책이 대중 서적 시장에서 판매되리라는 생각은 전혀 하지 못하였다. Berne의 동료인 Robert Goulding에 의하면(Goulding & Goulding, 1975: 159), Berne은 책이 처음 나왔을 때 출판사에게 판매 부수를 괜찮게 보이기 위해서 자신의 친구들에게 몇 권씩 책을 사도록 종용하기까지 했다. 하지만 사실 그는 전혀 걱정할 필요가 없었다. 『심리적 게임』의 판매 부수는 순식간에 치솟았고 곧 베스트셀러 목록에 올랐다. 대중잡지들이 이 책을 시리즈물로 연재했고, '이 달의 책' 으로 선정되기도 했으며, 15개 언어로 번역되어 출판되기에 이른다. Berne은 유명인사가 되었다. '게임' '스트로크(stroke)' 'OK' 와 같은 교류분석 용어들이 그 의미를 제대로 이해하고 사용하는지에 관계없이 일상 대화에서 자연스럽게 사용되었다. 이 책의 제목을 딴 팝송이 나왔을 때가 아마도 『심리적 게임』에 대한 미디어의 찬사가 최고조에 달한 시기였을 것이다.

이처럼 『심리적 게임』으로 인하여 Berne과 교류분석 시스템은 20세기의 심리치료 분야에서 매우 독특한 방식으로 대중의 이목을 끌었다. 당시에 시작된 교류분석에 대한 폭발적인 대중적 관심은 이후 10여 년에 걸쳐 지속되었다. 지금 생각해 보면, 이 시기의 대중적인 인기가 이후 Berne의 이론에 대한 학문적 평가에까지 영향을 미쳤다는 것을 알 수 있다. 이 주제에 대해서는 4장에서 다시 다룰 것이다.

여기에서는 1960년대 후반의 상황에 대해서 간단히 짚어 보고자 한다. 말 그대로 수백만의 사람들이 Berne과 교류분석을 알고 있었다. 사람들은 『심리적 게임』을 읽거나 또는 미디어에 소개된 요약본을 읽는 것으로 교류분석에 대한 지식을 얻었다. 그러나 『심리적 게임』은 원래부터 대중 독자를 위해 쓰인 책이 아니었다. 이 책에서 교류분석의 일반 이론에 대한 설명은 의도적으로 간략하게 제시되어 있었다. 원래 Berne은 이 책을 읽을 전문 독자층이 자신의 전작을 이미 읽었거나 혹은 보다 완전하게 이해하기 위해 이를 참조할 것이라고 생각했다. 따라서 일반 독자들에게는 교류분석의 '게임 제목' 만이 눈에 확 들어오게 되고, 의도적으로 일상 용어를 선택해서 만든 게임 제목 아래에 깔려 있는 깊이 있는 이론은 전달되지 못했다.

그러나 무엇보다도 가장 놀라운 사실은 『심리적 게임』에 소개된 게임에 대한 Berne의 생각은 완성된 것이 아니라는 점이다. 『심리적 게임』을 집필하고 있었던 1960년대 초에 Berne과 그의 동료들은 자신들이 여전히 게임을 이해하는 과정에 있다고 생각하고 있었다. 1970년 Berne이 마지막 저서인 『인사를 하고 나서 어떤 말을 하시나요?(*What Do You Say After You Say Hello?*)』를 완성했을 때, 심리 게임에 대한 Berne의 정의는 상당히 변화되어 있었다. 게임에 대한 Berne의 생각이 어떻게 변했으며 이것이 게임 이론에서 가지는 중요성에 대해서는 2장에서 더 자세하게 살펴보도록 한다.

Berne의 만년

Berne의 업무 일정은 『심리적 게임』이 나오기 이전에도 이미 빡빡했지만, 대중매체로부터의 요청이 쇄도하면서 그는 더욱 바빠졌다. 그러나 Berne은 병원 업무나 개인 상담소 업무 어느 것도 중단하지 않았으며, 계속해서 전문 학술지에 논문을 발표했다. 1966년 그는 『집단치료의 원리(*Principles of Group Treatment*)』를 출판했다. Berne은 이 책에서 자신의 초기 학술논문과 집단치료에 대한 일생에 걸친 관심과 실제 치료 경험에 기초해서 집단 심리치료의 이론과 실제에 대한 자신의 생각을 집결하여 제시했다. 이 책은 교류분석에만 매달리지 않고 치료자들이 집단상담 장면에서 적용할 수 있는 다양한 여타의 치료 모델들도 다루었다.

Berne의 두 번째 아내와의 결혼생활은 1964년에 이혼으로 끝났다. 자신에게 가하는 쉴 틈 없는 격무의 시간을 전혀 늦추지 않은 채, Berne은 다시 반려자를 찾기 시작했다. 1967년 세 번째 아내인 Torri와 결혼하지만, 이 관계 역시 곧 무너져 두 사람은 1970년 초에 이혼한다.

Berne은 왜 세 번이나 이혼했을까? 그 자신의 글에서는 이에 대한 어떤 실마리도 찾을 수 없다. 사실 그는 자신의 책

어디에서도 자신의 개인적인 일을 언급하지 않았다. 실제로 Berne은 개인적인 일에 대해서는 가장 가까운 동료들에게도 굳게 입을 다물었다(예: Cheney, 1971: 15; Steiner, 1991: 14 참조). Berne을 잘 알았던 지인들 몇몇은 그의 성격과 대인관계에 대한 자신들의 생각을 언급하기도 했다. 두 번째 절에서 이에 대해 살펴볼 것이다.

1970년에 Berne은 전문 독자층과 일반 독자층 모두를 대상으로 하는 두 권의 책을 저술하고 있었다. 그중 한 권인 『인간의 사랑에서 성(*Sex in Human Loving*)』(Berne, 1970a)은 그즈음 사람들에게 친숙해진 교류분석 틀에 바탕을 두고 성적 관계를 탐색한 것으로 Berne의 풍부한 유머 감각과 철학을 담고 있었다.

또 한 권의 책인 『인사를 하고 나서 어떤 말을 하시나요?』(Berne, 1972)는 교류분석의 또 다른 주요 개념인 각본에 대해 폭넓게 소개했다. 각본에 대한 아이디어는 게임의 경우와 마찬가지로 교류분석에 대한 Berne의 가장 초기 저서에 등장했지만(예: Berne, 1958), 1960년대 후반이 되어서야 Berne과 동료들은 이를 보다 깊이 있게 탐구하기 시작했다. Berne에 따르면 사람은 자신의 삶의 많은 부분을 자신이 어린 시절에 세웠던 전의식적 인생 계획에 따라 살아갈 가능성이 높다. 1970년대 후반에 와서 Berne과 그의 동료들은 각본 분석이 사람의 인생 패턴을 이해하고 심리치료에서 변화를 이루어 내는 데 결정적인 역할을 한다고 보았다. 그리고 게임은 이러한 인생 패턴의 한 가지 요소로 간주되었다.

1970년 6월, 앞의 두 권의 책은 모두 교정 단계에 있었다. 6월 말에 Berne은 카멜 시의 해변을 산책하다가 가슴과 등에 심한 통증을 느꼈다. 이 통증이 무엇을 의미하는지 알고 있었던 그는 다른 사람들에게 자신을 병원에 데려가서 검사를 받게끔 했다. 심전도 검사에서는 별다른 이상이 나타나지 않았고, Berne은 집으로 돌아가서 한동안 쉬도록 권유받았다.

이틀 후 그는 치명적인 심장발작을 일으켰다. Berne은 급히 중환자실로 이송되었다. 중환자실에서 일주일을 보내고 나서 그의 상태는 호전되었고, 담당의 역시 그가 고비를 넘겼다고 생각했다. Berne은 중환자실에서 일반 병동으로 옮겨졌다. 이때 그는 『인간의 사랑에서 성』의 교정본을 가져오게 해서 병원 침대에 앉아 교정을 보았다.

일주일 뒤, 아무런 예고 없이 Berne은 갑자기 두 번째 심장발작을 일으켰다. 의사와 간호사들이 그를 살리기 위해 최선을 다했지만, 그의 심장은 이미 치명적인 손상을 입은 상태였다. Eric Berne은 60세를 일기로 1970년 7월 15일에 세상을 떠났다.

한 사람의 인간으로서 Eric Berne

> 가장 재미있고 최고의 정점에 있는 Eric Berne을 만날 수 있었던 시간은 샌프란시스코에서 열린 화요일 저녁 세미나 시간이었다…. [Berne의] 집에 들어서면, 그는 때로는 계단에 앉아서 들어오는 사람들 하나하나에게 '안녕하세요.' 하며 마음이 담긴 인사를 건네거나, 때로는 문 가까이에 서 있다가 남자들에게는 따뜻하게 악수를 청하고 여자들에게는 안아 주거나 어깨를 다독이면서 인사를 했다. 침울하거나 시무룩한 그의 모습은 한 번도 보지 못했다. 그의 얼굴은 늘 웃음을 띠고 있었고, 친근하게 농담을 건네는 그의 깊고 낭랑한 목소리에는 상대방을 반기는 따뜻함이 담겨 있었다 (Cheney, 1971: 14).

이 글은 교류분석 세미나 초기에 Berne과 함께 일했던 Warren Cheney가 묘사한 Eric Berne의 모습이다. Berne이 세미나 모임에서 회기를 어떻게 이끌었는지에 대해 Cheney는 다음과 같이 썼다.

> Berne은 저녁 8시 반에서 10시 반까지는 발표를 진지하게 경청하도록 했고, 토의되는 주제나 발표자에 대한 존중의

표현으로 커피나 다른 음료수를 마시지 못하게 했다. 10시에 시간을 맞춰서 토론을 끝내면서 그는 언제나 발표자에게 감사를 표시했다. 그가 사례의 분석과 평가에 소요된 준비 작업을 잘 알고 있으며 가치 있게 여긴다는 것을 우리 모두 알 수 있었다(Cheney, 1971: 14).

세미나 시간이 끝나면 Berne은 즐겁게 노는 시간[일종의 뒤풀이]임을 선언했다.

Berne은 노는 것을 진지하게 일하는 것만큼 중요하게 여겼다. 그리고 노는 시간에 진지한 질문에 대답해야 할 경우 이를 눈에 띄게 싫어했다. 이 시간은 일하는 시간이 아닌 즐기는 시간이었다. Berne은 기분이 나면 모든 사람들에게 집에서 나와 가까운 식당으로 자리를 옮겨 노는 시간을 계속 이어 가자고 했다(Cheney, 1971: 14).

이 세미나 모임을 진행하고 있을 무렵, Berne은 시카고에 있는 심리치료 관련 전문가 집단에게 교류분석을 소개하는 강의를 해 달라는 초대를 받는다. 이 모임을 조직한 사람은 심리치료자인 Fanita English로, 그녀는 이후 교류분석의 주요 이론가 중 한 사람이 된다. Berne은 그녀의 초대에 응낙했고, English는 Berne의 강의를 학수고대했다. 그러나 일이 어긋나 강의는 성사되지 않았다. 그로부터 15년 뒤에 English는 죽은 Berne에게 보내는 편지 형식의 글에서 다음과 같이 밝힌다.

> 아쉽게도 그 큰 행사는 무산되었습니다. 당신은 우리들 각자를 화나게 만드는 것에서 어떤 악의적인 즐거움을 느끼는 것 같았습니다. 그 당시 저는 너무도 실망해서 뭐가 잘못되었는지 파악할 수가 없었어요. 그저 당신이 마지막에 한 부탁의 말만 간신히 머리에 집어넣었을 뿐이에요. "당신이 나를 좋아하지 않는다고 해서 교류분석까지 같이 평가절하하지는 마십시오…." (English, 1981: 46)

이 글에 나오는 Berne과 Cheney의 글에 등장하는 따뜻하고 활기 넘치는 모임의 리더가 과연 동일한 사람일까? 명백히 그러하다. Jacqui Lee Schiff 역시 Berne의 세미나에 참석했던 사람이었는데, Schiff는 당시에는 사회복지사였지만 나중에는 Berne의 교류분석 이후의 주요 '학파' 중 하나를 세우게 된다. Schiff는 자신이 개인적으로 경험한 Berne을 다음과 같이 기술한다.

> 그 세미나에는 Eric Berne의 독창적인 천재성이 배어 있었다. 다른 사람들은 Berne을 따뜻하고 인자하고 인간적인

사람으로 기억하고 있지만 나는 그를 그렇게 보지 않았다. 한 인간으로서의 Berne은 사람들의 이야기 속에서 사라진 듯하다. … 그는 독설가였으며, 경쟁적이었고 밑도 끝도 없이 논쟁을 벌였다. 그의 다정하고 부드러운 면은 종종 뭐라 설명하기 어려운 우울함과 예기치 않은 적개심에 가려졌다. 성마른 성격이 안정감과 권위를 앞질러 튀어나오기도 했다. Berne은 집단이 리더에게 바라는 여러 가지 성품을 가지고 있지 않았으며 그 자신도 리더로서의 역할을 하려고 하지 않았다. 그렇지만 그는 사람들에게 영향을 미쳤고 신뢰와 애정을 주었다. 그의 풍부한 호기심, 가식을 참지 못하는 성격, 지적인 성취에 대한 존중은 자연스럽게 집단에 어떤 체계를 가져왔다(Schiff, 1977: 56).

이렇게 Berne에 대한 사람들의 개인적인 반응이 극명한 차이를 보이는 것처럼, 그에 대한 사람들의 기억도 매우 달랐다. Jacqui Schiff는 Berne을 만난 지 얼마 안 되었을 때에도 이미 그의 긍정적인 면과 부정적인 면을 모두 본 듯하다. 다른 사람들은 그의 긍정적인 면과 부정적인 면 중 한 가지 면만을 경험했다. 샌프란시스코 세미나 집단의 초대 총무였던 Viola Litt Callaghan은 다음과 같이 밝힌다.

Eric과 가까웠던 몇몇 사람들은 한 인간으로서의 Berne

과 치료자로서의 Berne을 모두 알았다. 나머지 다른 사람들은 두 가지 측면 중 한 가지만을 보았다. 어떤 사람들은 그를 냉철하고 논리적인 과학자로 보았고, 어떤 사람들은 따뜻하고 인정 많은 사람으로 보았다(Callaghan, 1971: 69).

Berne과 가까웠던 동료들만 이렇게 그에 대해 서로 상반된 의견을 내놓은 것은 아니다. Jules Levaggi는 1962년에 Berne이 정신과 의사로 있었던 매콜리 신경정신의학 연구원(McAuley Neuropsychiatric Institute)에서 수석 사회복지사로 일하고 있었다. Levaggi는 그 당시를 회상하면서 Berne이 그보다 보수적이었던 정신과 의사 동료들에게서 받은 평을 다음과 같이 적었다. "Berne에 대한 사람들의 의견은 분명했다. 중간 지점의 평판은 거의 없었다. 사람들은 Berne을 무언가 기여하는 존재 혹은 허풍쟁이로 보았다." (Levaggi, 1971: 64)

물론 권위 있는 위치에 있는 카리스마적인 인물은 누구든지 긍정적인 의견과 부정적인 의견 모두를 얻기 마련이다. 그러나 Berne과 가까웠던 사람들의 평으로 보았을 때 그는 실제로 다중적인 사람이고 어떤 면에서는 서로 모순되는 성격을 가졌던 것 같다. Muriel James는 교류분석으로 Berne에게 초기 슈퍼비전을 받은 사람 중 하나로, 후에 Berne의 학문적 동료가 되었으며 교류분석의 베스트셀러

작가로서 Berne의 뒤를 이었다. James 역시 Berne의 세미나에 참석했다. 그녀의 기억 속에서 Berne은 세미나 회기에 음식을 먹거나 커피를 마시는 것을 금지하면서도 자신은 계속해서 파이프 담배를 피우고 발표와 토론이 진행되는 동안 파이프를 청소하곤 했다. 그러나 누구도 Berne의 이런 행동 역시 세미나 모임에 부적절하다고 지적하지 않았다. James는 다음과 같이 말했다. "일관적이지 않다는 것이 Berne의 공통적인 특징이었다…. 아마도 Eric을 아는 모든 사람들은 그에 대해 저마다 다른 의견이 있을 것이다." 그녀 자신은 Berne을 '책임감 있고, 명석하고, 수줍어하고, 같이 있으면 재미있고, 매우 영리한' 사람이라고 했다(James, 1977: 26, 23).

보다 오랫동안 Berne과 알고 지낸 사람들의 양가적인 반응에서도 Berne의 복잡성은 드러난다. Berne에 대한 Fanita English의 첫인상은 매우 부정적이었지만, 그녀는 나중에 자신이 그로부터 너무나 많은 것을 받았음을 인정했다(English, 1981). 특히 그녀는 자신의 글쓰기에 대한 공포를 없애는 데 Berne의 공이 컸다고 했다. 그러면서도 그녀는 Berne이 자신을 돕는 과정에서 매우 직면적이었던 것에 대해 복잡한 감정을 표출했다. 한 예로 English는 다음과 같은 사건을 밝힌다. English는 Berne이 참석하는 학회에서 발표를 하기로 되어 있었다. 그녀는 자신의 학술

발표를 구술 발표가 아니라 학회지에 낼 수 있도록 논문으로 준비해야 한다는 Berne의 의견에 동의했지만 실제로 그렇게 준비하지 못했다. English가 학술회의장에 도착했을 때, Berne은 그녀를 기다리고 있었다. Berne은 학술발표를 논문 형식으로 써 왔는지 물으면서 말을 걸었고, 그녀는 그러지 않았다고 대답했다. 그러자 Berne은 그녀의 발표에 참석하지 않겠다고 차갑게 얘기하고는 그대로 가버렸다.

그날 오후에 English는 이 일에 대해 이야기하려고 했다. 하지만 Berne은 그녀가 발표 내용을 논문으로 쓰기 전에는 아무 말도 하지 않겠노라고 했다. English는 Berne의 일방적인 통지에 몹시 화가 났다. 그리고는 집으로 가서 타자기를 두드리기 시작했고, 논문을 완성해 Berne에게 보냈다. Berne은 그다운 방식으로 반응했다. 곧바로 답장을 보내어 English의 생각을 칭찬하면서도 그녀의 글 쓰는 스타일을 비판하면서, '영어선생님에게 가서 수정을 받아야' 한다고 덧붙였다. English는 지금 와서 돌이켜보면 자신이 Berne과의 싸움에 너무 몰입해서 자신의 글쓰기 공포는 생각할 여유가 없었다고 한다. 그녀는 그 논문을 수정해서 학회지에 보냈고, 결국 논문으로 낼 수 있었다.

Claude Steiner가 기억하는 Berne

Claude Steiner는 Berne과 오랫동안 함께한 가장 가까웠던 동료 중 한 사람이다. 그는 자신의 책 『우리가 사는 각본(*Scripts People Live*)』에서 Berne을 다음과 같이 기억한다(Steiner, 1974: 10–20). 두 사람은 1958년에 처음 만났고, 그 이후로 계속 가까운 친구관계를 유지했다. Steiner는 다음과 같이 회상한다. "친해지는 데에 몇 년이 걸렸던 천천히 쌓인 관계였다. 그와의 관계를 끊어 버리고 싶었던 몇몇 안 좋은 순간들이 있었는가 하면 많은 멋진 시간들도 있었다." (Steiner, 1974: 14)

Cheney와 마찬가지로 Steiner도 세미나 시간에 분명하게 생각할 것을 요구하는 Berne의 모습에 강한 인상을 받았다.

> 그는 모임 중에 커피나 알코올이 섞인 음료수를 마시지 못하게 했고, '톡톡 튀는 아이디어' (주목을 받기 위한 시도)가 토론 진행에 끼어들지 못하게 했다. Berne은 학술 모임에서 (핑계를 대면서) 살짝 빠져나가려는 행동, (그럴싸한 말로 포장해서) 사실인 것처럼 꾸며대는 행동, (겉만 화려한 아이디어와 가설적인 예를 들어서) 옆길로 새는 행동, (음료수를) 소리 내어 마시는 행동을 금지했다(Steiner, 1974: 15).

Jacqui Schiff와 마찬가지로 Steiner 역시 학구적인 말만 늘어놓으면서 지식을 뽐내는 것을 직면시키는 Berne의 방식을 높이 평가했다.

> 그는 짧은 단어, 짧은 문장, 짧은 논문, 짧은 모임, 짧은 발표를 강조함으로써 학구적인 신비화를 일축했다. 그는 사람을 묘사하는 데 있어서 '수동적인' '적대적인' '의존적인'과 같은 형용사를 사용하지 않도록 했다. 그보다는 동사를 사용할 것을 주장했다(Steiner, 1974: 14-15).

Berne이 적정 수준보다도 훨씬 더 많이 일하고 있다는 것은 Steiner가 보기에도 자명했다.

> …내가 보기에 Berne이 스트로크를 받거나 삶을 즐기는 일은 거의 없었다. 그의 삶은 일을 향해 집중되었으며, 그의 인생의 중요한 목표인 사람들을 치유하는 책을 집필하는 것이 삶의 원동력이었다(Steiner, 1974: 16).

여기서 '스트로크(strokes)'란 문자 그대로 또는 비유적으로 인정, 알아주는 것, 마음을 움직이는 것을 의미한다.

Berne의 초기 세미나에 참여했던 다른 사람들과 마찬가지로 Steiner도 세미나 뒤에 즐겁게 노는 시간—때로는

Berne의 특별한 '방방 뛰기 파티(jumping-up-and-down parties)' 도 있었던—을 기억한다. 그렇지만 Steiner는 Berne이 자신이 선택한 방식대로 사람들이 즐기도록 하면서 뒤풀이 시간 진행 역시 매우 엄격하게 통제했다고 회상한다. Steiner는 Berne이 "거만하게 굴거나 '어른스럽게' 행동해서 재미를 방해하는 사람들에게 매우 심술궂게 굴기도 했다."고 기억한다. Muriel James 역시 Berne이 노는 시간에도 엄격한 부모 역할을 했음을 인정했다(James, 1977: 26).

이렇게 때로는 통제하는 부모로, 때로는 장난기 가득한 어린이로 보이는 Berne의 성격적 모순은 Steiner의 전기에서도 반복해서 등장하는 주제다.

> 위엄을 보이는 것은 매우 중요했다…. Berne은 의사들과의 동료애에 매우 충실했고, 전통적인 방식과의 연계를 유지하고 싶어 했다…. 반면에 그는 악동 같고 재치 있고 장난기가 많았다(Steiner, 1974: 16).

Berne의 어린아이 같은 성격의 한 표현으로, Steiner는 Berne의 글에서 나타나는 '감출 수 없는 유머' 에 대해 말한다. 그의 글에는 실제로 유머가 있었는데, 그 유머는 기발하고 비꼬는 투였다. 1940년에 「콘돔은 누구인가(Who Was

Condom?)」라는 논문에서 Berne은 태연하게 자신의 이름을 딴 도구를 발명한 사람에 대해서 시치미를 뚝 떼고 썼다. 이 논문은 학술지 *Human Fertility*에 당당히 실렸다(Berne, 1940). Berne은 1970년 6월에 '대인관계 상호작용이 비언어적 의사소통에 미치는 영향에 대한 이론에서 벗어나면서(Away from a Theory of the Impact of Interpersonal Interaction in Non-Verbal Participation)' 라는 제목하에 자신의 마지막 대중 강연을 했다(Berne, 1971). 강연이 시작하고 몇 분 후에 Berne은 청중에게 이렇게 말했다. "여러분이 이미 아시겠지만, 제 강연의 제목은 그냥 붙여 본 겁니다. 이걸 모르셨다면 여기 계신 것을 행운으로 생각하십시오." 늘 그러하듯이, Berne의 마지막 강연은 심리치료의 본질과 목표에 대한 날카롭고 깊이 있는 설명을 담고 있었다. 이 책의 2장과 3장의 첫 부분에 이 강연의 인용문이 소개되어 있다.

학술논문과 서적 저술 활동으로 몹시 바쁜 와중에도 Berne은 'Cyprian St Cyr' [역자 주]나 'Ramsbottom Horseley' 같은 필명을 사용하여 유머, 수수께끼, 우화 같은 짤막한 글들을 계속 썼다.

역자 주 | 'Cyprian St Cyr' 는 'Cyprian Sincere' 로 읽을 수 있다. Cyprian은 3세기경에 미국에서 활동했던 초기 기독교 작가다(출처: www.wikipedia.com).

이렇게 Berne의 성격에서 정반대되는 측면들을 어떻게 통합해서 이해할 수 있을까? Steiner에게서 얻은 연결 고리는 Muriel James 역시 언급했던 Berne의 한 가지 모습에 있었다. 학자적 위엄, 아버지 같은 따뜻함, 초등학생 같은 장난기를 왔다갔다하는 겉모습의 이면에서 Berne은 늘 수줍음을 타는 사람이었다.

> 그는 수줍음을 탔고, 다른 사람들의 장난을 좋아하는 아이 같은 부분(어린이 자아 상태)에 많은 관심이 있었다…. 그는 아이들을 사랑하고 존중했으며, 다른 사람들의 어린이 자아 상태 역시 사랑하고 존중했다. 하지만 그의 수줍음으로 인해 상황이 지극히 안전하다고 느끼지 않으면 자신의 어린이 자아 상태를 표현하거나 드러내지 않았다(Steiner, 1974: 16).

Berne이 한 게임?

Fanita English 역시 Berne을 '겉모습 뒤에 상처받기 쉬운' 사람으로 보았다(English, 1981: 47). Berne이 사망한 지 10년이 지나 되돌아보면서, English는 Berne이 고안한 '심리적 게임' 이론의 관점에서 Berne의 인간관계를 분석했다. '게임' 이란 고통스러운 결과를 야기하는 일련의 반복되는 상호작용을 말한다(게임에 대한 보다 자세한 설명은 2장에서 다룰 것임). English는 Berne에게 보내는 공개 편지에서 자신이 어떻게 Berne에게 그의 게임을 직면시켰는지 회상한다.

> 나는 당신이 '나에게 까불었다가는 후회할 거야.' 라는 게임을 하고 있다고 했지요(당신은 동의하지 않았지만). 그 게임은 먼저 고의적으로 다른 사람들을 화나게 만들고는… 나중에 어쨌든 당신이 아주 똑똑하다는 것을 보여 주거나… 아니면 그들이 당신을 과소평가했으며 당신을 비난하거나 무시하지 말았어야 했다는 것을 보여 주는… 그런 일을 만들어 내는 겁니다. 이를 공식으로 만들어 보면… 당신에게 보상(payoff)은 당신을 얕보고 거만하게 굴었던 바보들의 콧대를 꺾는 것이지요. 결국 그들은 Berne 박사의 천재성을 제대로 인정하지 않았던 것을 후회하게 되는 것입니다(English, 1981: 47).

Berne의 사망 이후에, 그리고 자신이 Berne에게 보내는 공개 편지가 나오기 전에, English는 Berne의 게임 이론의 수정판을 개발했다(English, 1977). 그녀는 '라켓(rackets)'의 역할에 주목했는데, 라켓이란 어떤 사람이 관심('스트로크')을 얻기 위한 교묘한 수단으로 사용하는 감정과 행동을 말한다. 라켓을 사용하는 이들은 스스로 자각하지 못한 채 그것을 사용한다. 라켓은 어린 시절에 학습되며, 관심을 얻는 다른 직접적인 방법들이 실패로 돌아갔을 때 차선책으로 사용한다. 어린아이는 보다 기분 좋은 관심을 받는 것이 어려워 보일 경우 고통스러운 방식으로 관심을 받으려고 한다('부정적 스트로크'). English는 자신의 새로운 이론을 적용해서 Berne이 했던 게임 이면의 동기를 해석했다.

> 나는 종종 당신이 성숙하지 못한 유머와 냉소적인 방식으로 부정적 스트로크를 이끌어 내는 것을 낙담한 채로 보았습니다. 이제 나는 그런 당신의 모습이 관심을 받고 싶거나 부드러움 또는 따뜻함과 연결되는 감정이 '위협적으로' 떠오를 때마다 그것을 대신해서 나타난 것이라고 이해합니다….
>
> 나는 당신을 두꺼운 안경을 끼고 커다란 코를 가진 깡마르고 조그만 유태인 아이로 봅니다. 그 아이는 '감정을 절제하는 것'이 강조되고, 머리가 좋은 것보다는 힘이 센 것이 더 우대받는 캐나다의 한 초등학교에서 버티려고 애쓰고 있었지요…. 내 짐작에 어린 Eric은 자신의 외모, 자신의 직관력, 또는 임금님의 새 옷[역자 주]을 의심하는 '어린 교수'로서 세상

역자 주 | 여기에서 '임금님의 새 옷(Emperor's New Clothes)'은 덴마크의 동화작가 안데르센의 동화에서 따온 것이다. 그 줄거리를 보면, 어느 재봉사가 착한 사람에게만 보이는 천으로 임금님에게 가장 아름다운 옷을 만들어 주겠다고 한다. 재봉사는 옷을 만들어 왔다고 하면서 아무것도 보여 주지 않지만, 자신이 착하지 않아서 옷을 보지 못한다고 생각한 임금님은 그대로 행차를 한다. 행차 도중 한 어린아이가 "임금님이 아무것도 안 입었잖아!"라고 외치자 사람들도 웃기 시작하지만 임금님은 행차를 멈추지 않는다.

을 보는 자신의 방식에 대해 그가 그토록 갈망했던 긍정적인 스트로크를 받지 못한 것 같습니다. 부정적인 스트로크가 쌓이면서 총명함은 현학적이고 잘난 척하는 것으로 변했지요. 다른 사람들을 놀림거리로 만듦으로써 다음번에는 그들이 함부로 당신을 비웃지 못하게 하거나 당신을 놀린 것을 후회하도록 하는 것이 적어도 재미있기는 했습니다. 하지만 나중에는 당신의 라켓으로 인해서 많은 진심 어린 스트로크를 받지 못했고 이를 진정으로 받아들이지 못했습니다(English, 1981: 47-48).

저자는 Fanita English가 그린 이미지가 Berne의 삶과 그의 성격에 대해 예리한 통찰을 제시한다고 믿는다. 그것은 Berne이 어떻게 자신과 자신의 이론이 '부정적인 스트로크'를 받도록 만들었는지를 보여 주기도 한다. 이에 대해서는 4장에서 다시 살펴볼 것이다.

Eric Berne의 마지막 모습

몬트리올에서 의사의 어린 아들이었을 때 Berne은 자신의 인생 이야기의 마지막 모습을 이미 결정했던 것일까? Berne의 친구이자 가까운 동료였던 Claude Steiner의 글을 인용하며 이 장을 마친다.

Berne이 만들어 낸 뛰어난 생각 중 하나는 사람들의 삶이 각본에 의해서 어렸을 때 미리 결정되며, 사람들은 이후 그 각본을 충실하게 따라간다는 것이다. 나는 Eric 역시 심장마비로 인해 일찍 사망하는 인생 각본하에 있었다고 본다. 이런 비극적 결말은 한편으로는 다른 사람들을 사랑하고 다른 사람들의 사랑을 받아들이는 것에 저항하는 매우 강력한 명령(injunctions), 그리고 다른 한편으로는 독립적이고 분리된 성인이 되고자 하는 강한 성격의 결과였다….

어떤 면에서 Berne이 자신의 심장을 돌보았다고 할 수 있지만, 다른 면에서 그는 자신의 마음을 전혀 돌볼 수 없었다. 그가 너무나 큰 사랑을 받았으면서도 그것이 그에게 거의 도움을 주지 못했으며 그의 마음을 달래지 못했음을 생각하면 나는 슬픔에 잠긴다. Berne의 애정관계는 그 수명이 짧았고, 그가 원하고 바랐던 편안함을 주지 못했다. 그는 이를 동떨어지고 외로운 상태에서 혼자 일하는 것으로 방어했다….

Berne은 나를 포함하여 그를 사랑했고 그가 사랑한 사람들로부터 거리를 두었고, 이 거리로 인해 우리는 그에게 따뜻하게 다가갈 수 없었다. 그는 우리의 삶에서 빠져나가 버렸고, 나는 여전히 그의 빈자리를 느낀다. 그는 카멜의 햇볕 내리쬐는 해변에서 아흔아홉 살까지 살 수도 있었다(Steiner, 1974: 16-19).

2 주요 이론적 공헌

> 이론에 대해서; 이론이란 다음의 두 가지 중 하나다. 즉, 이론은 자기 눈으로 직접 인간을 본 적이 한 번도 없는 사람이 소형 컴퓨터나 아주 정교한 계산기 앞에 앉아서 인간의 행동에 대한 이론을 만드는 것 같은… 그런 빛나는 아이디어다. 또 한 가지는 경험으로부터 나온 진짜 이론이다. 더 많은 환자들을 보면 볼수록 당신의 이론은 점점 향상될 것이다 (Berne, 1971: 7).

Eric Berne의 이론의 뿌리는 그 자신의 임상 경험이다. 이론은 실제로 관찰한 것과 대조해서 그 정확성을 확인할 수 있어야 한다고 Berne은 주장했다. 그에게 가치 있는 이론이란 실생활에서 유용하게 사용할 수 있는 이론이다. 저자가 이 장에서 소개하는 '주요 이론적 공헌' 은 이러한 정신에 바탕을 두고 선택한 것이다.

이 장의 대부분, 즉 세 번째 절부터 끝까지는 Berne의 이론을 설명하는 데 할애된다. 그 전에 두 번째 절에서는 Berne의 이론적 사고와 치료적 사고의 배경이 된 철학적 관점을 개관한다.

하지만 이를 살펴보기 전에 먼저 첫 번째 절에서 왜 Berne의 이론이 가치 있는지에 대해서 짚어 보고자 한다. Berne이 기여한 공헌의 핵심은 무엇인가? 그가 심리치료 이론에 새롭고 중요하게 기여한 점은 과연 무엇인가?

Berne의 이론적 공헌의 핵심

교류분석(transactional analysis: TA)은 Berne의 풍부한 상상력 속에서 완전한 형태로 개발되어 나온 것이 아니다. 이와는 반대로, Berne의 주요 개념들이 그 이전의 이론가들의 생각에서 발전되어 왔다는 것은 분명하게 알 수 있다. Berne 자신이 정신분석가로서 받은 수련 역시 중요한 영향을 끼쳤다.

그렇다면 Berne이 새롭게 발전시킨 중요한 점은 무엇인가? 그것은 Berne이 개념상으로는 정신역동 이론이면서도 실제 세계에서 관찰한 것과 비교하여 그 정확성을 검증할 수 있는 이론을 세웠다는 점이다. 그의 이론에서 가장 중요한 것은 실제 세계에서 관찰될 수 있는 사건에 대한 기술이다. 이러한 기술이 Berne의 이론의 논리적 구조에서 핵심적인 역할을 하며, 이론과 실제 세계를 체계적으로 비교하여 이론의 정확성을 검증할 수 있는 방법이 된다.

물론 다른 정신역동 이론가들도 자신들의 이론을 실제 세계에서의 적용과 관련지었다. 그러나 Berne을 제외한 어떤 이론가도 자신의 이론 전체의 핵심적 요소로 관찰 가능성(observability)을 제시하지 않았다. 이것이 Berne이 심리치료 이론에 기여한 가장 중요한 공헌이라고 저자는 평가한다. 자신의 이론 전반에 걸쳐서 Berne은 다른 정신역동 이론가들이 추상적이거나 일반적인 단어로 기술한 개념들을 다시 구체화해서 실제 생활에서의 관찰을 통해 그 개념들을 확인할 수 있도록 했다. 몇 가지 예를 다음에 간단히 소개한다. (이 예들에 대해서는 이 장에서 보다 자세하게 설명할 것이다.)

교류분석 이론에서 가장 핵심이 되는 개념은 자아 상태(ego-states)다. Berne이 자아 상태의 용어나 개념을 새롭게 개발한 것은 아니다. 그는 자아 상태의 용어와 개념 모두 자아심리학자인 Paul Federn과 Edoardo Weiss의 이론에서 가져왔음을 분명히 밝혔다. Berne이 새롭게 개발한 점은 자아 상태의 이동이 관찰 가능한 행동의 변화와 일관되게 연결된다는 것을 보여 준 것이다.

'전이(transference)' 와 '역전이(countertransference)' 역시 Sigmund Freud가 사용한 일반적인 용어다. Berne은 이 개념들을 Freud로부터 그대로 가져왔지만 한 걸음 더 나아가 교류(transactions)라는 관찰 가능한 의사소통의 패턴을 구체적으로 설명하였고, 이 교류를 통해서 전이와 역전이(또는 전이와 역전이의 부재)가 잘 드러날 수 있다고 제안하였다.

Freud가 제안한 일반적인 개념인 '반복하려는 강박 행동(compulsion to repeat)' 은 Berne의 이론에서는 게임(games)으로 알려진 패턴으로 표현된다. 게임이란 예측 가능하고 반복적으로 나타나며 일정한 순서를 따르는 사람들 간의 상호작용을 말한다. 여기에서도 역시 게임은 관찰 가능하다.

Berne의 이론에서 각본(script)이란 Adler의 '생활 양식(life-style)' 과 마찬가지로 그 자체로는 관찰될 수 없는 이론적 구성 개념이다. 그러나 Berne은 관찰을 통해서 언제든지 어떤 사람이 자신의 각본에 따라 행동하고 있는가를 판단할 수 있는 여러 가지 방법을 구체적으로 제시했다. 게임을 하는 것도 그러한 단서 중 하나가 된다. '각본 신호(script signals)' 를 보이는 것 또한 단서가 될 수 있다. 각본 신호란 어떤 사람이 자신의 각본을 재생할 때 일관적으로 나타나는 호흡, 자세, 어조, 기타 관찰 가능한 행동에서의 다양한 특징들을 말한다(Berne, 1972: 315-317).

관찰 가능성이 왜 중요한가

관찰 가능성이라는 요인이 왜 Berne의 이론에서 중요할까? 이에 대한 답으로 저자는 다음의 세 가지 이유를 제시한다.

1. 관찰 가능성은 교류분석 이론이 개인심리학뿐만 아니라 사회심리학으로도 작용할 수 있음을 의미한다.
2. 관찰 가능성으로 인해 교류분석 치료는 비교적 반복하기가 쉬우며, 따라서 이 치료를 가르치는 것이 상대적으로 수월하게 이루어진다.
3. 관찰 가능성으로 인해 적어도 이론적으로 교류분석이론을 검증하는 것이 가능하다.

Berne 자신도 관찰 가능성이 가져오는 이와 같은 장점에 주목하기는 했지만, 이와 관련된 글은 그의 저서 여기저기에 흩어져 있다. Berne이 이를 체계적으로 정리하지 않았지만, 저자는 다음에서 이에 대해 정리해 보았다.

교류분석은 일종의 사회심리학이다

Berne의 이론은 관찰 가능한 행동에 초점을 두며 관찰 가능한 행동을 그 사람의 내적 경험과 관련짓는다. 우리가 궁금해하는 많은 행동들은 사람들 간의 상호작용인 경우가 많다. 교류분석은 특히 교류 이론과 게임 이론을 통해서 이와 같은 대인관계에서의 주고받음을 이해하고 예언하는 방법을 제공한다. 따라서 Berne의 정신역동적 접근은 일종의 개인심리학이면서 동시에 사회심리학이다. Clarkson과 Gilbert(1990: 199)가 말했듯이, 교류분석은 '개인 내면의 역동과 개인 간의 행동을 통합하는' 이론이다.

교류분석 치료는 비교적 반복하기 쉽다

Berne은 다른 정신역동 이론가들보다도 구체적이고 관찰 가능한 행동에 초점을 두었다. 물론 모든 심리치료 이론에서 공통적으로 치료자가 지금 내담자에게 어떤 일이 일어나고 있는지를 예민하게 지각하는 것은 매우 중요하다. 그러나 이를 어떻게 실행할 것인가에 대해서는 많은 치료적 접근에서 '라포 형성하기(building rapport)' 또는 '공감 유지하기(maintaiaing empathy)' 와 같은 일반적인 개념에 많이 기대고 있다(예: Malan, 1979; Rogers, 1961 참조). 따라서 이런 치료 접근을 따르는 치료자는 '라포' 나 '공감' 이 무엇을 의미하는지, 그리고 그것을 어떻게 이룰 것인지를 자신의 머리에서 짜내야 한다. 따라서 당연하게도 몇몇 심리치료자들은 다른 치료자들보다 라포나 공감을 더 잘 하게 된다. 또한 '어떻게 하는가?' 에 대한 구체적인 설명이 없기 때문에 보다 효과적으로 라포나 공감을 하는 치료자들이 자신의 기술을 체계적인 방식으로 다른 사람들에게 전달하기가 상대적으로 더 어렵게 된다.

라포와 공감은 다른 치료 접근에서와 마찬가지로 Berne의 교류분석에서도 중요한 개념이다. 하지만 교류분석 치료자는 내담자로부터 관찰할 수 있는 구체적인 행동의 긴 목록이 있고, 교류분석 이론이 제공하는 설명에 근거해서 각 행동을 해석할 수 있다는 유리한 고지에 서 있다. 교류분석 치료자는 또한 자신이 반응을 보일 때 선택할 수 있는 구체적인 행동 목록도 있다. 예를 들면, "내담자는 금방 한숨을 쉬고 바닥을 물끄러미 쳐다보더니 한쪽으로 고개를 돌렸다. 나는 이를 각본 신호로 해석하였고, 내담자가 어린이 자아 상태로 이동했다고 본다. 내담자는 아마도 나를 게임에 끌어들이고 있을 것이다. 나는 교류를 교차하는(cross) 것으로 이에 반응할 것이다. 이를 위해 나는 어른 자아 상태를 나타내는 행동을 할 것이다." 이는 전형적인 순서로 전개된 생각이며, 이 문장을 읽는 데 걸리는 시간보다 훨씬 더 빨리 이러한 생각이 이루어지게 된다. 초보 치료자는 한 단계 한 단계 논리적으로 판단해 나갈 것이다. 경험이 많은 치료자는 의식적으로 생각하지 않은 상태에서 이 생각의 과정을 끝내지만, 나중에 슈퍼비전에서는 자신의 논리를 설명할 수 있다.

이처럼 교류분석에는 행동과 관련된 '어떻게 하는가?' 에 대한 설명이 풍부하기 때문에 유능한 교류분석가가 자신이 효과적으로 하는 행동을 다른 사람들에게 설명하는 것이 상대적으로 용이하다. 따라서 초보 치료자에게 실질적인 기술을 훈련시키는 것도 상대적으로 용이하게 이루어진다.

교류분석 이론은 검증할 수 있다

이 마지막 특징은 특히 연구자들의 관심을 끈다. 과학철학의 용어를 사용하면, Berne의 이론에는 경험적으로 검증 가능한(empirically testable) 진술문이 풍부하다.

Berne의 철학적 토대

Berne은 고대와 현대를 망라하는 많은 철학적 관점을 자신의 이론에 접목시켰다. 지금 돌이켜 살펴보면 Berne의 이론과 치료 실제에 가장 많은 영향을 끼친 것으로 보이는 세 가지 철학 사조가 있는데, 경험주의(empiricism), 현상학(phenomenology), 실존주의(existentialism)가 그것이다.

경험주의

앞 절에서 저자가 기술한 것에 따르면 Berne은 경험주의자다. 즉, Berne은 자신의 이론을 실제 세계에서 일어나는 사건과 밀접하게 관련지었고, 끊임없이 자신의 이론을 현실에서의 관찰과 비교하여 그 정확성을 검증하고자 하였다.

이와 같이 Berne이 관찰 가능성을 강조한 것은 일부 정신분석가들이 과도하게 비현실적으로 이론화하는 것에 대한 반작용이었을 수도 있다.

그렇지만 Berne은 극단적인 경험주의자는 아니다. 이런 면에서 Berne은 그가 교류분석을 발전시키기 시작했던 때에 유행했던 일부 행동주의자들의 생각과는 다르다. 이런 행동주의 이론가들은 추상적 개념을 일체 거부하고 오로지 관찰될 수 있는 상태만을 다루고자 했다(예: Wolpe, 1958 참조). Berne의 이론은 추상적인 개념과 관찰 가능한 진술 모두를 담고 있으며, 그의 이론의 논리적 구조 안에서 이 둘이 서로 잘 연결되어 있다.

현상학

현상학의 기본 개념은 인간은 자신의 직접적·개인적 경험으로써 세계를 가장 잘 이해할 수 있다는 것이다. 이는 기존 과학의 '객관적인' 분석과는 뚜렷하게 대조된다. 현상학자들은 '…새롭게 세상과 만나며, 아주 근본적이고 오로지 직관을 통해서만이 우리가 알 수 있는 것을 발견하고자' 했다(Van Deurzen-Smith, 1990: 150). Berne은 자신의 저서에서 특정한 현상학자를 인용하지는 않았지만 현상학적 접근에 대해서는 자주 언급했다. 실제로 그는 자신의 이론이 '체계적인 현상학' 이라고 했다(Berne, 1961: 270-271).

하지만 어떻게 Berne이 경험론자이면서 동시에 현상학자일 수 있을까? 이 두 가지 접근은 상반되는 것처럼 보인다. 실제로 일부 철학자들의 엄격한 해석을 적용하면 둘은 서로 대립되는 관점이다. Berne은 이러한 갈등을 해결했는데, 이는 이후 그의 이론에서 매우 핵심적인 위치를 차지하게 된다.

우리가 1장에서 살펴보았듯이, Berne은 직관에 대한 일련의 논문에서부터 이론을 정립하기 시작했고, 이것이 이후 교류분석으로 발전된다. 직관에 대한 논문들에서 핵심적인 주제 중 하나는 직관 그 자체를 어떻게 경험적으로 연구할 수 있는지를 탐색하는 것이었다(예: Berne, 1949). Berne은 또한 임상가들이 어떻게 직관과 객관적 관찰을 유용하게 결합시킬 수 있는지를 보여 주고자 했다. 그는 직관과 객관적 관찰을 함께 사용하는 것이 각각을 따로 사용할 때보다 훨씬 더 좋은 결과를 가져올 것이라고 제안했다.

> …과학적 방법을 사용할 때가 있고 직관을 사용할 때가 있다. 과학적 방법은 확실성을 가져오고, 직관은 가능성을 가져온다. 이 둘을 함께 사용할 때만이 창조적 사고를 할 수 있는 토대가 된다(Berne, 1949: 30).

실존주의

'실존주의' 라는 단어는 여러 이론가들에게 다양한 의미를 가진다. 열성적인 포커 플레이어이기도 했던 Berne에게 실존주의가 어떤 의미를 가졌는지 살펴보자.

> …포커는 세상에 남아 있는 몇 안 되는 진짜 실존적인 상황 중 하나다. 여기에서 실존이 의미하는 바는 다음과 같다. 아무도 당신을 간섭하지 않는다. 아무도 당신을 동정하지 않는다. 내가 하는 모든 행동에 대한 책임은 온전히 나에게 있다. 일단 돈을 걸었다면 돈을 건 것이다. 다른 어느 누구도 탓할 수 없다. 돈을 건 것에 대한 결과는 온전히 나의 몫이다. 책임을 회피하는 일이란 있을 수 없다(Berne, 1971: 8).

이와 같은 책임감과 진실성에 대한 존중은 인간에 대한 Berne의 관점에서 매우 중요하다. 그의 이론과 심리치료에 대한 관점의 밑바탕에는 이러한 생각이 깔려 있다.

Berne은 종종 실존주의의 창시자 중 한 사람인 Kierkegaard의 글을 인용했다(예: Berne, 1961: 84-85). 그는 또한 Rollo May와 같은 실존주의 심리치료의 선구자의 이론에 정통했으며, 자신의 이론과 실존주의 치료 접근을 비교하는 것을 좋아했다(Berne, 1966: 305-311).

Berne의 이론: 미리 보기

이 절에서는 Berne의 이론을 개략적으로 살펴보도록 한다. 이렇게 먼저 훑어보면 그다음에 이어지는 이론의 자세한 설명을 이해하는 데 도움이 될 것이다.

Berne의 이론은 크게 네 부분으로 나눌 수 있다. 그것은 첫 번째에서 두 번째가 개발되고 두 번째에서 세 번째가 개발된 식이기 때문에 하나의 논리적인 순서로 나열할 수 있다. 그 네 가지 부분은 다음과 같다.

- 자아 상태의 구조 모델
- 교류
- 게임
- 각본

이것은 Berne이 제시한 순서이기도 하다(예: Berne, 1972: 11-27). 다음 절에서 저자는 각각의 용어를 자세하게 살펴볼 것이다. 여기에서는 Berne의 이론이 어떻게 단계별로 만들어졌는지를 간단히 살펴보도록 한다.

자아 상태의 구조 모델　Berne은 성격의 구조에 대한 모델을 만드는 것에서부터 시작했다. 그의 정의에 따르면 자아 상태는 이 모델의 기본 단위다.

교류 다음으로 Berne은 사람들 간의 의사소통에서 나타나는 유형들을 살펴보았다. 그는 각 개인이 취하는 자아 상태의 관점에서 이를 분석했다.

게임 여기에서 Berne은 심리치료에서 항상 등장하는 질문 중 하나, 즉 '왜 사람들은 자신에게 고통을 주는 행동을 계속하는가?'를 다루었다. 예상할 수 있는 결과를 가져오는 일종의 전형화되어 있고 반복적인 일련의 교류를 나타내는 개념으로 게임이 소개된다.

각본 게임 자체는 보다 광범위한 인생에서의 패턴인 각본의 한 가지 표현이다.

이어지는 네 개의 절에서 저자는 Berne의 이론 네 부분을 하나씩 다룰 것이다. 각본까지 살펴보고 나서 다시 자아 상태의 구조 모델로 돌아와서 그것의 보다 자세한 특징을 살펴볼 것이다. 이것은 Berne이 『심리치료에서 교류분석(*Transactional Analysis in Psychotherapy*)』(1961)에서 사용했던 형식이기도 하다. 이렇게 각 부분을 따로따로 나누어 설명함으로써, 저자는 처음부터 구조 모델의 세부 특징을 지나치게 설명하는 오류를 피하고자 한다.

자아 상태의 구조 모델: 기본 이론

'성격 구조(structure of personality)' 라는 용어는 Berne이 직접 만든 것이다(예: Berne, 1961: 7 참조). Berne의 모델은 '구조분석(structural analysis)' 을 목적으로 한다. 그렇다면 그는 어떤 의미에서 성격을 '구조' 를 가진 개념으로 보았을까? 또 그의 모델이 구조를 분석했다는 것은 어떤 의미일까?

Berne이 직접 이 질문들을 던지지는 않았지만, 구조분석에 대한 그의 글을 통해서 우리는 그 답을 추론해 볼 수 있다. Berne에게는 보다 효과적인 심리치료 방법을 찾는 것이 가장 중요한 목표였다(예: Berne, 1957b). 그는 개인의 '성격' 을 구성하는 수많은 생각, 감정, 행동을 이해할 수 있는 방법을 찾고자 했다. Freud나 Federn과 마찬가지로, Berne도 모델을 만듦으로써 이를 구현하고자 했다. 모델은 심리치료자가 매 치료 회기의 매 순간 받는 엄청난 양의 데이터에 일종의 구조를 부여하는 기능을 한다. 모델을 사용해서 심리치료자는 이러한 정보를 체계적인 순서로 분류할 수 있게 되고, 따라서 그것들을 보다 수월하게 이해할 수 있다. 이런 의미에서 Berne의 모델은 '성격 구조를 분석' 하는 것이다.

Berne의 자아상태 이론에 영향을 준 이론

'자아 상태(ego-state)' 라는 용어는 Berne이 만들지 않았으며, 그 개념 역시 그가 개발한 것이 아니다. 자아 상태라는 용어와 개념은 모두 Paul Federn(1952)의 '자아심리학' 에 그 기원을 둔다. 자아 상태는 이후 Federn의 제자인 Edoardo Weiss(1950)에 의해 보다 발전되었다. Berne은 『심리치료에서 교류분석』(Berne, 1961: xix-xxi)의 서문에서 이 두 학자의 업적임을 명시했다. 거슬러 올라가면, Federn, Weiss 및 Berne은 모두 그들의 이론 구조의 많은 부분을 Sigmund Freud를 포함한 초기 정신역동 이론가들의 연구에서 가져왔다고 볼 수 있다.

Freud의 이론에서 '자아(ego)' 는 완전히 추상적인 단어다. Freud는 제3의 관찰자가 보거나 듣거나 또는 다른 어떤 방식으로든 직접 관찰할 수 있는 방식으로 '자아' 를 설명하지 않았다. 또한 그는 '자아' 의 존재나 작동을 보여 주는 어떤 관찰 가능한 사건에 대해서도 구체적으로 설명하지 않았다.

Federn의 자아심리학에서 '자아 상태' 는 어떤 순간에서 한 사람의 정신적 · 신체적 경험의 총체(totality)를 의미한다. Federn은 사람이 때로 생애 초기 단계로부터의 자아 상태를 재경험할 수 있다고 제안했다. 그러나 현재(current) 자아 상태와 옛날(archaic) 자아 상태 간 차이는 그 사람의 내적 경험에서만이 뚜렷하게 구별될 수 있다. Federn 역시 개인이 하나의 자아 상태에서 다른 자아 상태로 이동하는 것을 외부 관찰자가 체계적으로 감지할 수 있는 방법을 제시하지는 않았다. 그러나 Federn의 '자아 상태'는 Freud의 '자아'와는 달리 완전히 추상적인 개념이 아니라 개인이 직접 경험하는 것이다.

Berne은 자신의 모델을 세우면서 Federn의 자아 상태의 개념, 즉 '한 사람이 살아온 시간을 토대로 하며 그 사람의 정신적 · 신체적 자아가 실제로 경험하는 현실'에서 출발했다. Berne은 또한 개인이 현재 자아 상태 혹은 어린 시절로부터 다시 반복되는 자아 상태를 경험할 수 있다는 Federn의 관점을 받아들였다(Berne, 1961: xix). 그러나 Berne은 Federn의 모델에서 두 가지 점을 크게 수정했다.

1. Berne은 자아 상태의 각 범주들이 내적으로 경험될 뿐 아니라 서로 구별되는 고유한 특징을 가진 행동 세트로 나타난다고 주장했다.
2. Berne은 Federn의 모델에서 제안한 두 가지 자아 상태와 더불어 세 번째 독립적인 자아 상태 범주가 있다고 제안했다.

여기서 첫 번째 특징은 Berne의 모델에서 매우 중요한 관찰 가능성을 나타낸다. Federn의 모델처럼, Berne의 모델에서도 하나의 자아 상태를 아는 한 가지 방법은 그것을 자신이 직접 경험하는 것이다. 그러나 Berne의 정의에 따르면 각각의 자아 상태는 또한 특정한 행동의 세트로 일관성 있게 나타난다. 이러한 행동들은 물론 관찰 가능하다. 다시 말하면, Berne의 '자아 상태' 는 내적으로 경험할 수도 있고 외부에서의 관찰에 의해 알 수도 있다.

자아 상태의 세 번째 범주

Berne은 Federn의 모델에서 충분히 설명되지 못한 일련의 경험과 행동이 있다고 보고, 이를 위해 자아 상태의 세 번째 범주를 제시했다. Federn이 제안한 현재 자아 상태와 옛날 자아 상태에 더해서, Berne은 개인이 다른 사람을 모방한 것처럼 보이는 경험과 행동으로 구성된 자아 상태의 세 번째 세트[부모 자아 상태]가 있다고 보았다. 여기에서 '다른 사람' 은 주로 부모나 부모 역할을 하는 사람이다(Berne, 1961: xx).

Berne의 이런 생각 역시 완전히 새로운 것은 아니다. Edoardo Weiss는 이미 '또 다른 자아의 심적 이미지' 를 그리는 '정신적 존재(psychic presence)' 를 언급한 바 있다. Berne이 보다 발전시킨 점은 이렇게 '외부로부터 도입된' 성격 요소가 자아 상태의 독립적인 세 번째 범주를 구성한다는 것이다.

Fairbairn(1952: 171) 역시 자아가 세 가지 부분으로 구성되어 있다는 이론적 모델을 제시했다. 어떤 대상을 추구하는 '리비도적 자아(libidinal ego)'와 관찰하는 '중심 자아(central ego)'에 더해서, Fairbairn의 모델에는 '반(反)리비도적 자아(anti-libidinal ego)'가 있다. 이런 자아의 세 번째 부분은 비판적이거나 억누르는 역할을 수행한다고 보는데, 이는 통제적인 부모가 하는 행동과 어느 정도 비슷하다. 그러나 Fairbairn은 이러한 자아의 세 가지 부분이 (Berne이 제시한 모델에서처럼) 관찰 가능한 행동으로 일관성 있게 드러난다고 제안하지 않았다. 뿐만 아니라 Berne의 부모 자아 상태 범주는 모방된 행동과 경험이 Fairbairn이 제시했던 비판적 기능뿐 아니라 따뜻하게 양육하고 보호하는 역할을 할 가능성에 대해서도 열어 두고 있다(Clarkson, 1991: 50-51 참조).

늘 그렇듯이, Berne은 일상적인 용어를 사용해서 자신의 모델을 설명했다. 현재 지금-여기에서의 자아 상태에 대해서는 '어른(Adult)'이라는 단어를 사용했고, 다른 사람으로부터 모방한 자아 상태에 대해서는 '부모(Parent)'라는 용어를 사용했다. 단어의 첫 자를 대문자로 쓴 것은 실제 어른(adults), 어린이(children), 부모(parents)의 개념과 자아 상태 개념을 구분하기 위한 장치였다.

구조 모델을 그림으로 표현하면 어른, 어린이, 부모 자아 상태를 나타내는 세 개의 원을 세로로 쌓아올린 모습으로 나타낼 수 있다([그림 2-1] 참조).

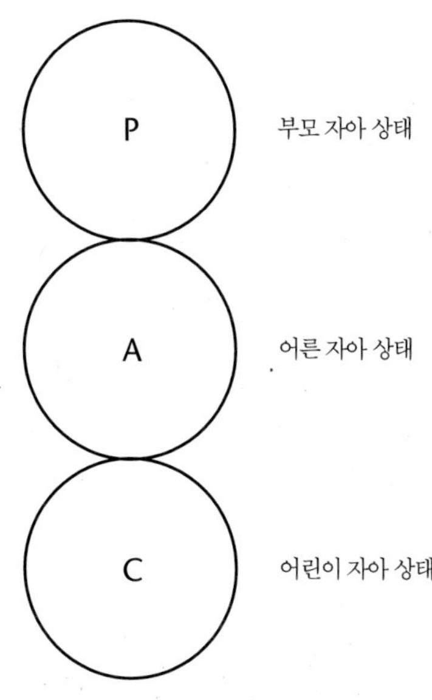

[그림 2-1] 자아 상태의 구조 모델

자아 상태의 정의

자아 상태에 대한 Berne의 공식적인 정의는 저자가 앞서 설명한 특징들을 모두 모으면 완성된다. Berne은 자아 상태가 감정과 경험의 일정한 패턴이며, 이에 대응하는 일정한 행동 패턴과 직접적으로 연결된다고 정의했다(Berne, 1966: 364).

부모 자아 상태(Parent ego-state)는 '부모의 패턴과 매우 비슷한 감정, 태도, 행동의 일정한 패턴'을 말한다(Berne, 1961: 66). Berne은 또한 부모 자아 상태를 '빌려 온(borrowed)' 자아 상태라고도 했다(Berne, 1966: 366).

어른 자아 상태(Adult ego-state)는 '현실에 적응된 감정, 태도, 행동 패턴의 독립적인 세트'를 말한다(Berne, 1961: 67).

어린이 자아 상태(Child ego-state)는 '한 사람의 어린 시절의 유물인 감정, 태도, 행동 패턴의 세트'로 정의된다(Berne, 1961: 69).

Berne은 일생 동안 다양한 방식으로 자아 상태에 대한 정의를 내렸다. 그러나 자아 상태에 대한 그의 정의 중 어떤 것들은 저자가 여기에서 제시한 것처럼 완전하지 않으며, 이런 여러 가지 정의들이 서로 일관적이지도 않다. 그리고 Berne은 자아 상태에 대해 이야기할 때에도 자신이 세운 정의와 일관되게 기술하지 않았다. 따라서 이 점이 교류분석가들과 다른 분야의 비평가들 모두에게 때로 혼란을 야기했다는 사실은 그다지 놀라운 일이 아니다. 이에 대해서는 이 장의 후반부와 4장에서 다시 논할 것이다.

자아 상태의 '범주'

Berne의 완전한 모델에서는 '세 가지 자아 상태(three ego-states)' 가 있는 것이 아니라 자아 상태의 세 가지 범주(categories)가 있다. 예를 들면, 그의 정의에서 '어린이 자아 상태' 라는 용어는 '하나의 자아 상태' 가 아니라 여러 자아 상태들의 전체 범주를 말한다. 이 범주에 속하는 모든 자아 상태들은 한 가지 공통적인 특징, 즉 모두가 그 사람의 어린 시절로부터의 오래된 흔적이라는 특징을 가진다. 자신의 초기 저서에서 Berne조차도 이 점을 모호하게 만드는 문구들을 종종 사용했다. 그는 '그 어린이 자아 상태(the Child ego-state)' 라든지 '그 부모(the Parent)' 와 같은 표현을 자주 사용했다. Berne의 원래 정의를 모르는 독자에게는 Berne의 정관사(the) 사용으로 인해 각각의 명칭이 마치 하나의 자아 상태를 나타내는 것처럼 보인다.

Berne의 뒤를 이은 많은 교류분석 이론가들은 그의 단축 어구를 그대로 쓰면서도 그 의미는 글자 그대로 해석했다. 그 결과 구조 모델이 '부모, 어른, 어린이의 세 가지 자아 상태' 로 구성되어 있다는 문장을 흔히 볼 수 있게 되었다. Berne의 모델을 간단하게 소개하는 문장에서는 이러한 단축 어구가 상당히 유용할 수 있다. 그러나 Berne의 이론에 대한 깊이 있는 이해를 위해서는 그의 원래 정의를 따르는 것이 중요하다고 저자는 믿는다.

왜일까? 예를 들어, 옛날 자아 상태 범주를 생각해 보자. 이 범주에 대한 단축 어구로 '그 어린이(the Child)' 를 쓸 수 있다. 그런데 실제로는 한 사람이 다양한 시점에서 서로 다른 많은 옛날 자아 상태를 재경험할 수 있다. 어떤 경우에는 자신이 6세 때 처음 경험했던 자아 상태를 다시 경험할 수 있다. 또 다른 경우에는 15개월 때의 자아 상태나 3세 때의 자아 상태 혹은 어린 시절의 여러 '심리적 시기(psychological epochs)' 에서의 자아 상태를 다시 경험할 수 있다. 이렇게 서로 다른 어린이 자아 상태에는 각각 독특한 감정과 경험의 세트가 있을 것이며, 이는 또한 각각 독특한 행동 세트로 드러날 것이다.

내담자가 이같이 서로 다른 어린이 자아 상태들 사이를 이동하는 궤도를 쫓아가는 것이 상담자나 심리치료자의 주된 관심이다. 각각의 자아 상태는 서로 다른 발달 단계에서의 경험과 표현을 나타낸다. 이는 '자아 상태의 범주' 를 강조하는 것이 단지 단어 선택의 문제만이 아닌 것에 대한 실제 이유이기도 하다.

빌려온 자아 상태 범주에 대해서도 유사한 방식으로 논의할 수 있다. 빌려온 자아 상태를 '그 부모(the Parent)' 라는 말로 짧게 표현할 수는 있다. 하지만 실제로는 모든 사람들이 여러 가지 다양한 부모 자아 상태를 가지고 있다. 이는 많은 사람들에게 부모나 부모 역할을 하는 사람이 적어도 한 사람 이상 있기 때문이기도 하다. 예를 들면, 저자의 부모 자아 상태에는 어머니, 아버지, 삼촌, 숙모 그리고 학교 선생님들로부터 빌려 온 자아 상태들이 있다.

나아가서 각각의 부모 역할을 하는 사람들은 자신들의 부모 자아 상태, 어른 자아 상태, 어린이 자아 상태들을 가지고 있다. 따라서 저자가 나의 아버지로부터 빌려 온 자아 상태에 있다고 한다면, 예를 들어서 저자의 아버지의 어린이 자아 상태들 중 하나에 속하는 감정이나 경험 또는 행동을 재생하고 있는 것일 수 있다. (이 부분은 이차 구조분석에 해당하는 내용이다. 이에 대해서는 구조모델 이론 부분에서 보다 자세하게 다룰 것이다.) 여기에서도 마찬가지로 이렇게 내담자가 경험하는 여러 가지 서로 다른 부모 자아 상태들을 구별하는 것이 심리치료자에게 중요한 과제다.

같은 논리가 어른 자아 상태에도 적용될 수 있을까? 어른 자아 상태란 한 사람의 지금-여기에서의 감정과 경험의 총체 및 이와 연관되는 행동으로 정의된다. 각 개인이 여러 가지 다양한 어른 자아 상태를 경험한다는 것은 분명하다. 그러나 이것을 어린이나 부모 자아 상태와 똑같은 의미로 볼 수는 없는데, 왜냐하면 현재와 과거의 시간 차원이 서로 다르기 때문이다. 어린이 자아 상태와 부모 자아 상태는 모두 그 사람 자신의 과거에 '축적된' 것이다. 이와는 대조적으로 어른 자아 상태는 계속 변화하는 현재에서 경험되는 것이다. 시간은 순간순간 변화하기 때문에 한 사람의 어른 자아 상태의 감정, 경험, 행동 역시 계속 변할 것이다.

그렇다면 이론상으로 사람은 일생 동안 서로 다른 다양한 어른 자아 상태들을 무한대로 경험한다고 할 수 있다. 그러나 Berne은 Federn의 의견을 따라서, 현실적으로 하루라는 시간의 단위를 자아 상태 경험의 한 단위를 나타내는 것으로 볼 수 있다고 제안했다. Berne은 이를 나타내기 위해 '자아 단위(ego unit)' 라는 용어를 사용했다(Berne, 1961: 37). 여기에서 하루를 선택한 이유는 다음과 같다. 사람은 매일 깨어 있는 시간 동안 경험을 쌓고, 밤에 꿈을 꾸는 동안 그 경험을 동화시킨다. 그리고 그다음 날 아침이 되면 그날의 단위 경험을 새롭게 시작하게 된다.

자아 상태의 진단

어떤 이론이든지 그 이론을 경험적 증거에 비추어 검증하려면 그에 필요한 관찰을 어떻게 할 것인가에 대한 지시문이 반드시 있어야 한다. Berne의 자아상태 이론에는 그러한 지시문이 있다. Berne은 자아 상태를 진단하는 방법으로 다음의 네 가지 방법을 규정했다.

– 행동적(behavioral)

– 사회적(social)

– 개인력적(historical)

– 현상학적(phenomenological)

이 단어들을 설명하기 위해서 Berne이 이 네 가지 방법을 적용하여 부모 자아 상태를 진단한 것을 인용문 그대로 소개하도록 한다. (Berne의 원문에서는 인용문이 한 문단으로 되어 있지만, 여기에서는 저자가 각 진단법당 한 문단씩 네 문단으로 나누었다.)

> 일반적으로 진단은 태도, 몸짓, 목소리, 단어 사용, 그밖의 다른 특징들에 대한 임상적 경험에 기초하여 처음 이루어진다. 이것은 행동적 진단이다.
>
> 만약 이러한 패턴이 주변에 있는 누군가의 어린이 같은 행동에 반응해서 특히 잘 일어난다면 부모 자아 상태에 대한 이 진단은 더 분명해진다. 이것은 사회적 진단이다.
>
> 만약 그 사람이 어떤 부모 역할을 한 사람으로부터 자신의 행동의 원형(prototype)을 물려받았는지 확실하게 말한다면 이 진단은 더욱 확실해진다. 이것은 개인력적 진단이다.
>
> 마지막으로 그 사람이 자신이 그 부모 자아 상태에 동화되었던 순간이나 시기를 그 강도가 전혀 약해지지 않은 채 그대로 재경험한다면 이 진단은 타당한 진단이 된다. 이것이 현상학적 진단이다(Berne, 1961: 67).

부모 자아의 행동적 진단의 대상이 되는 행동들은 그 사람이 자신의 부모 역할을 한 사람으로부터 모방한 행동이 된다.

물론 각각의 내용이 수정되어야 하지만, 이 네 가지 방법은 어린이 자아 상태를 진단하는 데도 동일하게 적용된다. 여기에서 관찰되는 행동은 그 사람이 자신의 어린 시절에서 연관되는 '심리적 시기'에 했던 행동이 될 것이다. 어린이 자아 상태를 사회적으로 진단하려면 이 행동들이 주변 누군가의 부모 자아 행동에 반응해서 가장 자주 나타날 것이다. 개인력적 분석에서는 그 사람이 자신의 삶에서 그 특정한 시간에서의 상황을 기억할 수 있어야 한다. 그리고 어린이 자아의 현상학적 진단에서는 그 사람이 자신이 그 시기에 경험했던 자아 상태 전체를 '전혀 그 강도가 약해지지 않은 채 그대로' 재경험하게 된다(Berne, 1961: 69).

어른 자아 상태는 그 정의상 지금-여기에 속하기 때문에 어른 자아를 진단하는 데 개인력적 진단은 사용할 수 없다. 어른 자아의 현상학적 진단에서는 지금 이 순간에서의 감정과 경험을 그대로 완전히 보고하게 될 것이다. 어른 자아의 행동은 그 사람의 현재 나이에 적절한 행동들이다. 사회적 진단에서는 그 사람의 어른 자아 행동이 다른 사람들의 어른 자아 행동에 반응해서 가장 자주 나타나게 된다.

몇 가지 짚고 넘어갈 사항

앞서 제시한 인용문에서 몇 가지 점을 강조해 두고자 한다.

1. 처음에 진단에 대한 인상은 행동적 진단으로부터 올 것이다. 그러나 신뢰도를 높이기 위해서 관찰자는 다른 진단방법에서 처음 진단에 대한 확증을 구해야 한다. Berne은 임상가가 어떤 행동적 단서의 기준표를 가지고 부모 자아, 어른 자아, 어린이 자아를 단순히 '읽어낼' 수 있다고 하지 않았다.
2. 일반적으로 이 네 가지 진단방법은 앞서 제시한 순서대로 사용된다.
3. 처음에 내린 자아 상태에 대한 행동적 진단은 궁극적으로 현상학적 진단을 통해서 '타당화' 된다. 이는 Berne 모델의 원천이 된 Federn의 직접적으로 경험하는 자아 상태와도 관련된다. 이는 또한 Berne의 이론이 경험주의와 현상학이라는 두 사상을 어떻게 결합했는지도 잘 보여 준다.

모델을 뒷받침하는 증거

Berne은 자신의 임상 경험에 기초하여 모델을 세웠다. Berne은 자신의 이론을 뒷받침하기 위해 Federn과 Weiss의 연구 결과를 가져왔는데, 그들의 결과 역시 임상 작업에 기초한 것이었다.

또 다른 분야에서의 증거로, Berne은 신경외과 의사인 Penfield와 그의 동료들의 연구를 인용했다(Berne, 1966: 281; Penfield & Jesper, 1954). 이 연구자들은 뇌수술을 하는 과정에서 약한 전류로 측두엽 부분을 자극했다. 환자들은 그에 반응해서 자신들의 어린 시절의 장면들을 생생하게 재경험했다. Penfield는 뇌에 일종의 녹음기와 같은 기능이 있어서 그 사람이 경험한 특정 장면들을 시간 순서대로 저장한다고 가정했다. 이것이 사실이라면 자아 상태의 신경학적 근거가 될 수 있다고 Berne은 제안했다. 그는 자신의 저서 곳곳에서 이러한 가능성을 언급했지만(예: Berne, 1972: 100, 147) 그것을 검증되지 않은 가설로서 말했다. Berne이 자아 상태에 대한 신경생리학적 근거가 있다고 단언한 것은 아니었다.

Berne은 보다 '객관적인' 연구방법, 이를테면 표준화된 관찰방법과 통계분석을 사용해서 자신의 임상적 통찰의 타당성을 검증하는 단계까지는 나아가지 않았다. 그러나 Berne 이후에 많은 연구자들이 이 빈자리를 채워 넣었다(예: Falkowski, Ben-Tovim, & Bland, 1980; Gilmour, 1981; Steere, 1982; Williams et al., 1983 참조). 이러한 연구의 결과들은 공통적으로 자아 상태의 이동이 '실제로' 존재한다는 결론을 지지한다. 다시 말하면, Berne의 이론에서 제안한 대로 사람들은 자신의 내적 경험과 일치하는 일관적인 행동 세트를 보인다는 것이다. 이러한 경험적 연구에서는 또한 Berne이 강조한 또 하나의 논점을 뒷받침하는 결과가 나왔는데, 특정 자아 상태를 나타내는 세부적인 행동 신호는 개인마다 독특하며 '표준 단서표' 와 같은 것으로 간단하게 나타낼 수 없다는 것이다.

자아 상태의 기술적 측면

Berne은 "…부모 자아 상태는 작동하는 자아 상태 혹은 영향을 미치는 존재로도 기능한다."(Berne, 1961: 25)라고 했다. 어떤 사람이 부모 역할을 하는 사람처럼 행동하는 것은 부모 자아 상태가 작동하고 있음을 나타낸다. 그리고 그 사람이 부모 역할을 하는 사람이 좋아했을 법한 행동을 하는 것은 부모 자아 상태가 일종의 영향을 미치는 기능을 한다고 할 수 있다.

후자의 경우 우리가 보게 되는 행동은 어린이 자아 상태에서 오는 것이다. 이는 마치 자아 상태 간에 내적 대화가 오가는 것으로 볼 수 있다. 그 사람의 내부에서 영향을 미치는 부모 자아 상태가 어린이 자아 상태에게 '말하는' 것이다. 여기에 어린이 자아 상태는 대답을 하고, 이 대답이 그 사람의 행동에 반영되는 것을 보게 되는 것이다.

Berne은 어린이 자아 상태가 보일 수 있는 반응 스타일을 다음의 두 가지로 구별했다.

> 순응적 어린이 자아 상태(adapted Child)는 부모 자아 상태의 영향하에 있는 옛날 자아 상태다. 반면에 본질적 어린이 자아 상태(natural Child)는 그런 부모 자아 상태의 영향으로부터 자유롭거나 혹은 자유롭고자 하는 옛날 자아 상태다 (Berne, 1961: 25).

Berne에 따르면 부모 자아 상태 역시 그 기능이 영향을 미치는지 혹은 작동하고 있는지에 따라서 두 가지 스타일로 나누어진다. 하나는 양육하는 부모 자아 상태(nurturing Parent)이고, 다른 하나는 통제하는 부모 자아 상태(controlling Parent)다. (Berne의 초기 저서에서는 통제적 부모 자아 상태를 편견적 부모 자아 상태(prejudicial Parent)라고 했다.) 그 명칭을 보면 자연스럽게 그 뜻을 알 수 있다.

자신의 마지막 저서인 『인사를 하고 나서 어떤 말을 하시나요?(*What Do you Say After You Say Hello?*)』를 썼을 때, Berne은 이러한 자아 상태의 기술적 측면을 나타내기 위해 대문자를 사용했다(예: Adapted Child, Nurturing Parent). Berne은 또한 어린이 자아 상태에 세 번째 기술적 측면인 반항적 어린이 자아 상태(Rebellious Child)를 추가했다. Berne은 이 모든 것을 하나의 정교한 자아 상태 그림으로

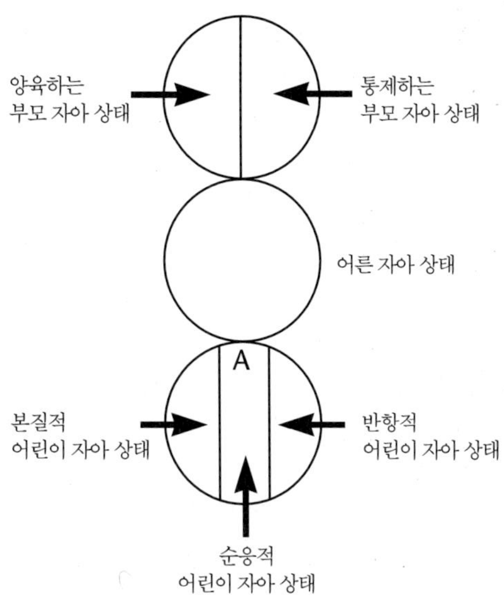

[그림 2-2] 성격의 기술적 측면

나타내었다([그림 2-2] 참조; Berne, 1972: 13).

이와 같은 '기술적 측면들' 에 대해서 Berne이 쓴 글을 살펴보면 한 가지 논점이 눈에 띄는데, 저자는 이 점을 강조할 필요가 있다고 본다. 즉, 이런 모델의 세분화된 버전에서도 Berne은 여전히 어린이와 부모 자아 상태의 원래 정의를 유지한다는 것이다. 어린이 자아 상태는 옛날 것이고, 부모 자아 상태는 빌려 온 것이다.

후대 이론가들은 이 두 가지 정의를 종종 간과하곤 했다. 사실 Berne 자신도 때로는 이를 간과한 것처럼 글을 쓰곤 했다. '기술적 측면들' 의 명칭은 교류분석에서도 딱 보았을 때 매력적인 부분들이기도 하다. 어떤 사람이 '본질적 어린이 자아 상태' 에 있다든지 '통제하는 부모 자아 상태' 로부터 온다고 할 때, 이것이 어떤 종류의 행동을 의미하는지 마음속으로 쉽게 그려 볼 수 있다. 그러나 Berne이 애초에 의도했듯이, 이러한 기술적 제목들이 단지 행동 양상만을 의미하는 것은 아니다. 만약 내가 '본질적 어린이 자아 상태' 에 있다고 하면 나는 단지 [일반적으로] 어린아이가 부모의 통제에서 벗어났을 때 하는 행동을 하는 것이 아니다. 나는 나의 어린 시절에 사용했던 검열받지 않은 행동 방식을 다시 하고 있는 것이다. 이런 행동과 더불어 나는 그 당시 내 삶에 있었던 감정과 생각을 다시 할 것이다. 마찬가지로 '통제하는 부모 자아 상태' 에 있을 때 나는 단지 [일반적으로] 어린아이를 통제하는 부모처럼 행동하는 것이 아니다. 나는 나의 부모 역할을 했던 사람들 중 한 사람의 행동, 생각, 감정을 다시 하는 것이다.

다시 말하면, 자아 상태를 정의하는 데 있어서 시간이라는 차원이 매우 중요하다는 것이다. 어린이 자아 상태와 부모 자아 상태는 모두 과거로부터 울려퍼지는 목소리이고, 어른 자아 상태만이 현재에 대한 직접적인 반응이다. 그러나 자아 상태의 '기술적 측면' 에 대한 후대의 글에서는 이 중요한 특징이 종종 생략되었다. 그 결과로 '기술적인' 제목에서 추측될 수 있는 행동에 대한 직관적인 그림들로만 이루어진 모델이 남게 된다. 저자는 이렇게 과도하게 단순화된 모델로 인해 상당한 손상이 가해졌다고 믿는다. 이에 대해서는 4장에서 다시 다룰 것이다.

교 류

Berne의 목표 중 하나는 '사회적 행동에 대한 이론' 을 개발하는 것이었다(Berne, 1972: 20). Berne은 사람들이 사용하는 자아 상태로 사람들 간의 의사소통 방식을 분석함으로써 그 이론을 개발했다. 이것이 **교류(transactions)**에 대한 분석이다.

여기에서도 역시 관찰 가능성이라는 주제가 그 핵심이 된다. 자아 상태에 대한 행동적 단서를 관찰할 수 있다는 것은 앞서 살펴보았다. 여기에서는 사람들이 서로 의사소통을 할 때 자아 상태가 이동하는 것을 체계적으로 관찰할 수 있다고 본다. 교류에 대한 이론에서 Berne은 일반적으로 관찰되는 상호작용의 다양한 패턴들을 나열하고 그것이 의사소통에 미치는 효과를 정리했다.

따라서 교류 이론은 자아상태 이론을 확장한 것이다. 자아 상태의 특성을 완전히 이해하면 한 걸음 더 나아가 교류를 이해하는 것이 쉽다. 하지만 먼저 자아 상태의 특성을 제대로 이해하는 것이 중요하다. 자아 상태에 대한 Berne의 이론을 완전히 이해하지 못한다면 교류의 중요한 측면 역시 놓치게 될 가능성이 높다.

특히 교류분석 이론의 몇 가지 대중적인 버전에서는 Berne의 자아상태 개념에서 매우 중요한 시간의 차원이 무시되거나 미미하게 그려졌다. 그 결과로 교류 이론의 중요한 특징인 전이와 역전이 이론의 개념 역시 모호하게 되었다.

교류의 본질

> 교류란 언어든 비언어든 하나의 자극과 하나의 반응으로 구성되며 사회적 행동의 한 단위다(Berne, 1972: 20).

[그림 2-3] [그림 2-4] [그림 2-5]에 이러한 자극-반응 교환의 예가 그림으로 제시되어 있다. 그림에서 화살표는 자극(S)과 반응(R)을 의미한다. 각 화살표는 첫 번째 사람이 대화를 시작하는 자아 상태로부터 출발해서 그 사람이 상대방에게 전달하고자 하는 자아 상태로 나아간다. 교류에서 반응은 종종 다음에 이어지는 자극을 만들고, 이와 같은 식으로 일련의 교류가 일어나게 된다.

Berne은 교류를 상보(complementary), 교차(crossed), 이면(ulterior)이라는 세 가지 형태로 구별했다. 그는 각각의 교류 형태가 그에 해당하는 '의사소통 규칙'과 관련된다고 제안했다(Berne, 1966: 223-227). [그림 2-3]은 상보 교류의 한 예를 보여 준다. 그림을 보면 두 개의 화살표가 서로 나란히 가고 대화를 시작한 자아 상태와 그에 반응하는 자아 상태가 동일하다. 이런 상황에서는 Berne의 **의사소통의 첫 번째 규칙**이 잘 들어맞는다. 첫 번째 규칙은 '교류가 상보적으로 이루어지면… 의사소통은 끝없이 이어질 수 있다.'는 것이다.

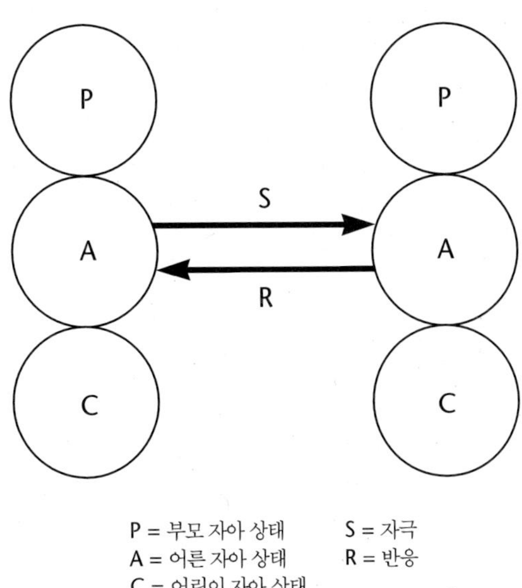

[그림 2-3a] 어른-어른(A-A), 어른-어른(A-A)의 상보 교류

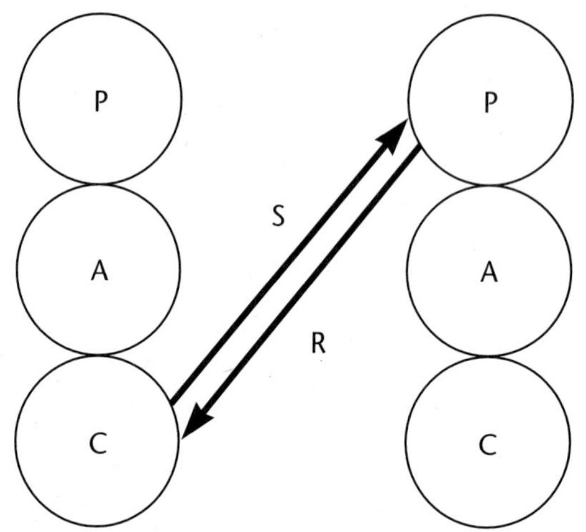

[그림 2-3b] 어린이-부모(C-P), 부모-어린이(P-C)의 상보 교류

[그림 2-3] 상보 교류의 예

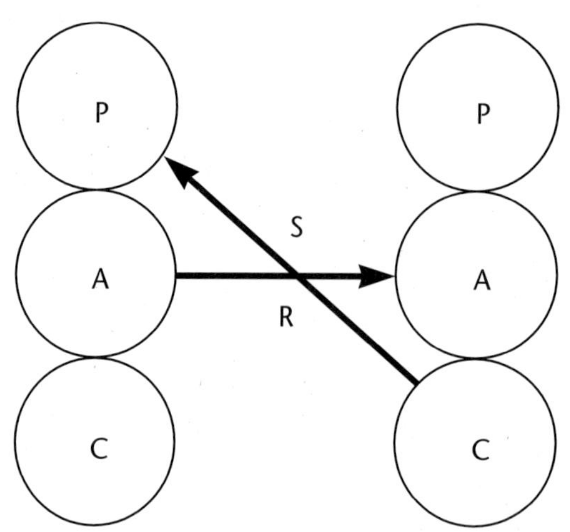

[그림 2-4a] 어른-어른(A-A), 어린이-부모(C-P)의 교차 교류

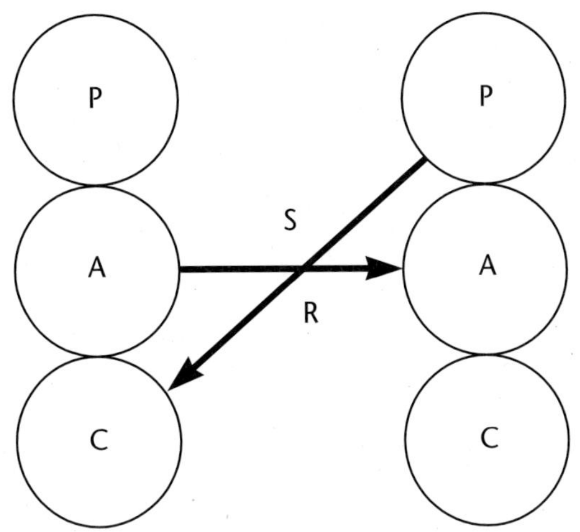

[그림 2-4b] 어른-어른(A-A), 부모-어린이(P-C)의 교차 교류

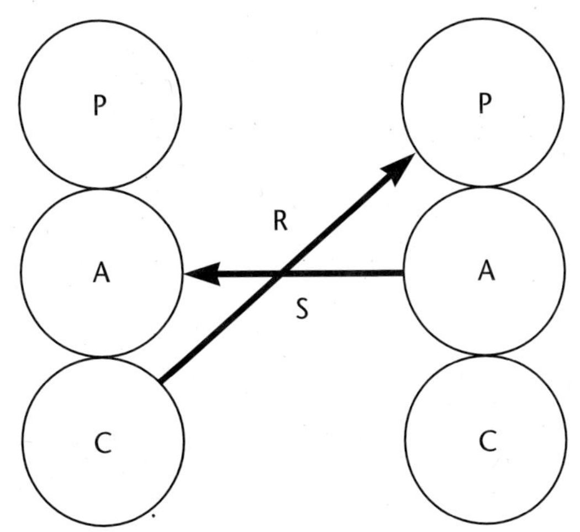

[그림 2-4c] 어린이-부모(C-P), 어른-어른(A-A)의 교차 교류

[그림 2-4] 교차 교류의 예

대조적으로 [그림 2-4]에 제시된 교류는 교차(crossed)되었다. 교차 교류에서는 그림의 화살표가 서로 나란히 가지 않거나 또는 대화를 시작하는 자아 상태와 이에 반응하는 자아 상태가 서로 다르다. Berne의 의사소통의 두 번째 규칙은 '교류가 교차될 때 의사소통은 단절된다.'는 것이다. 맥락상으로 볼 때 여기서 Berne이 의미하는 바가 의사소통이 영구적으로 단절된다는 것은 아님을 알 수 있다. '단절된다(break)'는 것은 예상하지 못했던 어떤 일이 일어났다는 것이 순간적인 느낌으로 경험되는 것이다.

이면 교류(ulterior transaction)([그림 2-5] 참조)에서는 두 가지 메시지가 동시에 전달된다. 하나는 사회적 수준(social-level)에서의 교환으로(Ss, Rs), 주로 언어 내용으로 전달된다. 다른 하나는 심리적 수준(psychological-level)에서의 메시지로(Sp, Rp), 대개 비언어적인 것으로 드러난다. 여기에 의사소통의 세 번째 규칙이 적용된다. 그것은 '~이면 교류의 행동 결과는 사회적 수준이 아닌 심리적 수준에서 결정된다.'는 것이다.

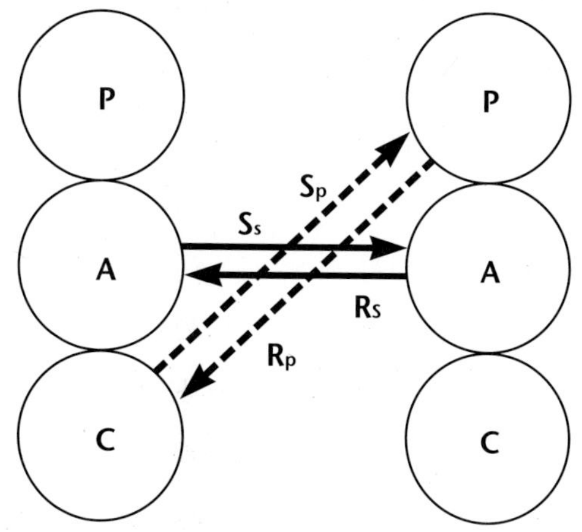

Ss = 사회적 수준 자극 **Sp** = 심리적 수준 자극
Rs = 사회적 수준 반응 **Rp** = 심리적 수준 반응

사회적 수준에서는 어른-어른(A-A)의 상보 교류,
심리적 수준에서는 어린이-부모(C-P), 부모-어린이(P-C)의 상보 교류

[그림 2-5] 이면 교류의 예

교류와 전이

'전이(transference)'와 '역전이(countertransference)'라는 용어는 심리치료 문헌에서 다양한 의미로 사용되어 왔다. 따라서 이들 개념이 어떻게 Berne의 이론과 관련되는지를 논하기 전에 먼저 그것을 정의하는 것에서 시작하도록 한다.

고전적 정신분석 용어에서는 전이와 역전이를 오로지 심리치료 관계 안에서만 일어나는 현상으로 본다. Rycroft가 쓴 『정신분석 주요 용어사전(*Critical Dictionary of Psychoanalysis*)』에서는 전이를 “환자가 과거 자신의 삶에 있던 사람들로부터 기인하는 감정과 생각 등을 자신의 분석가에게 전치하는 과정”으로(Rycroft, 1972: 168), 역전이는 “분석가의 전이가 환자를 대상으로 이루어지는 것”으로 정의한다(Rycroft, 1972: 25).

이 두 용어는 심리치료 문헌에서 가장 폭넓게 사용되어 왔다. Clarkson(1991: 148)은 가장 일반적으로 해석했을 때 ‘전이’의 의미는 다음과 같다고 제안했다.

> (과거 경험에 기초해서) 알고 있는 성질(qualities)을 현재에 그와 유사한 것으로 가져오는 현상…. 전이는 정서, 지각 또는 반응이 지금-여기에서 금방 일어나기보다는 과거 경험과 관련이 됐을 때 나타난다.

정신분석 훈련을 받았던 Eric Berne은 전이와 역전이의 엄격한 고전적 정의를 분명히 알고 있었다. 그러나 그의 글을 보면 Berne이 Clarkson이 제안한 것과 같은 넓은 의미에서의 전이와 역전이에 대해서도 인식하고 있었다는 것을 분명히 알 수 있다. 예를 들어, Berne은 각본이라는 전의식적 인생 계획(뒤에 나오는 각본에 대한 부분 참조)에 대해서 쓰면서 이 인생 계획을 ‘전이 드라마’라고 기술했다. 이 드라마는 결코 심리치료실에만 국한된 것이 아니다. 그보다 각본이라는 인생 계획은 그 사람이 심리치료를 받는가에 상관없이 그 사람의 생애 전체를 통해 나타나는 것이다(Berne, 1961: 129n 참조).

Berne은 자신의 교류 이론이 전이와 역전이를 분석하는데 어떻게 사용될 수 있는지를 분명하게 설명했다. 그의 설명은 전이와 역전이에 대한 엄격한 고전적 정의와 이에 대한 보다 광범위한 해석 모두와 관련된다.

[그림 2-4a]의 어른-어른(A-A)과 어린이-부모(C-P)의 교차 교류를 하나의 예로 살펴보자. 여기에서 반응(R)을 주는 사람은 어린이 자아 상태에서 교류하고 있다. 즉, 그 사람은 자신이 마치 여전히 어린 시절에 있는 것처럼 상대방과 관계를 맺는 것이다. 따라서 그는 상대방이 마치 자신의 부모 역할을 하는 사람들 중 하나이거나 또는 자신이 과거에 알고 지냈던 누군가인 것처럼 생각하기 쉽다. Berne은 이와 같은 교류 형태를 '교차 교류 유형 I (Crossed Transaction Type I)' 이라고 했다. 그는 이것이 심리치료에서 '전형적인 전이 반응' 을 나타낸다고 보았다(Berne, 1966: 225). 또한 이러한 교류 유형이 '사회, 직장, 가정 생활에서 겪는 어려움의 가장 일반적인 원인' 이라고 했다.

[그림 2-4b]는 Berne이 '교차 교류 유형 II' 라고 부른 것의 한 예다. 여기에서 어른-어른(A-A) 자극은 부모-어린

이(P-C) 반응과 교차된다. 반응하는 사람은 부모 자아 상태에서 교류하고 있다. 즉, 반응하는 사람은 마치 자신이 자신의 부모 역할을 했던 사람들 중 하나인 것처럼 상대방과 교류하고 있는 것이다. 따라서 그는 상대방을 어린아이처럼 대할 가능성이 높다. Berne은 이것이 심리치료에서 '역전이 반응의 가장 일반적인 형태를 나타낸다.' 고 했다(Berne, 1966: 299).

여기에서 우리는 Berne의 의사소통의 두 번째 규칙[교류가 교차될 때 의사소통은 단절된다]이 단순히 의사소통이 편안한가 그렇지 않은가의 다소 지엽적인 질문을 다루는 것이 아님을 알 수 있다. 여기에서 더 중요한 문제는 '의사소통에서의 단절' 이 항상 전이나 역전이와 관련된다는 것이다. [그림 2-4a]나 [그림 2-4b]에 제시된 교류에서 첫 번째 사람의 의사소통에는 전이가 없다. 그러나 두 번째 사람의 반응으로 인해 첫 번째 사람이 과거의 역할[부모 자아 상태나 어린이 자아 상태]을 하게 되면서 의사소통의 흐름이 끊어지게 된다.

[그림 2-4c]에 제시된 교차 교류에서는 이와는 반대로 진행된다. 여기에서 어린이-부모(C-P) 자극은 어른-어른(A-A) 반응과 교차된다. Berne은 이를 '교차 교류 유형 III' 이라고 명명하고, 이를 "동정을 받고 싶어 하는 사람이 동정 대신 사실을 받았을 때 보이는 '격앙된 반응(exasperating response)'" 이라고 했다(Berne, 1972: 17). 그

러나 이 형태 또한 심리치료에서 자주 볼 수 있다. 치료자가 전이적 자극에 대해서 역전이가 없는 반응으로 직면할 때 이러한 형태가 나타난다. 여기에서도 마찬가지로 첫 번째 사람이 기대했던 의사소통의 흐름이 단절되는 결과를 낳게 된다.

상보 교류에서는 어떠한가? Berne은 상보 교류까지 명시적으로 분석하지 않았다. 하지만 가령 [그림 2-3b]에 그의 논리를 적용해 보면 상보 교류 역시 전이와 역전이를 포함하고 있음을 알 수 있다. 의사소통을 하는 자아 상태가 어른 대 어른인 경우를 제외하고는 상보 교류도 전이와 역전이를 포함한다. 이런 경우에 두 사람은 모두 전이적 교환을 하게 된다. 예를 들면, [그림 2-3b]에서는 심리치료에서 치료자에 대한 내담자의 전이가 내담자에 대한 치료자의 역전이와 서로 잘 맞아떨어지는 상황을 그리고 있다. 심리치료자라면 누구나 알 수 있겠지만, 이런 종류의 교환은 Berne의 의사소통의 첫 번째 규칙[상보 교류에서 의사소통은 끝없이 이어질 수 있다]에서 나타나듯이 매우 편안하게 느껴지며 끝없이 이어질 수 있다.

전이의 관점에서 보면 Berne의 의사소통의 세 번째 규칙[이면 교류의 행동 결과는 사회적 수준이 아닌 심리적 수준에서 결정된다]에서도 흥미로운 함의점을 발견할 수 있다. [그림 2-5]에 제시된 예를 살펴보자. 여기에서 사회적 수준에서의 교류는 어른에서 어른으로 가는 것처럼 보인다. 그렇지만 심리적 수준에서는 어린이에서 부모로 가고 부모에서 어린이로 오는 전이적 교류가 이루어진다. 만약 Berne의 세 번째 규칙이 맞다면, 이 관계에서 일어나는 일은 무엇이든지 겉으로 드러나는 의사소통의 내용이 아닌 오로지 전이에 의해서만 결정될 것이다. Berne의 말을 직접 보자.

> 사회적 수준에서 어떤 종류로 그리고 아무리 많이 진행된다고 하더라도 이면 교류의 행동적 결과를 예언할 수 없다; 어떤 경우든지 예언이란 심리적 수준에서의 지식에 수반하여 발생한다(Berne, 1966: 227).

심리치료 상황에서 이런 종류의 교류는 대개 슈퍼비전에서 논의의 대상이 된다. 치료가 잘못된 방향으로 나아가거나 더 이상 진행되지 않는 경우에, 이것은 종종 심리치료자가 역전이를 경험하면서도 그것을 인식하지 못하기 때문에 일어난다. 이런 경우 사회적 수준에서 치료자와 내담자 간에 이루어지는 교류는 심리적 수준에서의 교류와 더 이상 일치하지 않는다. 이때 슈퍼비전에서 해야 할 일은 치료자와 내담자가 서로 주고받는 이면적 메시지를 밝히는 것이다.

물론 이면 교류가 치료 장면에서만 나타나는 것은 아니다. 사실 이면 교류의 사슬은 Berne이 게임이라고 부르는 반복적인 관계 패턴의 뿌리가 된다. 다음에서 이에 대해 살펴보자.

게 임

Berne보다 훨씬 이전에 Sigmund Freud는 이미 '반복하려는 강박' 에 주목했다. Freud는 사람들이 종종 어떤 행동과 감정 패턴을 계속해서 반복하며, 자신이 고통스러움에도 불구하고 그 패턴을 계속한다는 점에 주목했다.

이러한 Freud의 인식에 덧붙여 Berne은 다음의 두 가지 측면을 제시했다. 첫째, 이렇게 반복되고 고통스러운 패턴 중 적어도 몇 가지는 일정한 순서의 행동에 따라서 이루어진다는 것이다. 이는 사람들이 인식하지는 못하지만 어떤 게임의 공식화된 규칙을 따라가는 것과 같다. 둘째, 이러한 일정한 행동들을 행동 용어로 설명했다. 따라서 여기에서도 마찬가지로 그의 이론은 관찰 가능한 예언을 만들어 낸다.

이것이 게임(games) 이론이다. 게임 이론은 아마도 Berne의 교류분석에서 가장 잘 알려진 공헌이다. 이는 전 세계적인 명성을 자랑하는 Berne의 책 『심리적 게임』(Berne, 1964)으로 인한 것이다. 사실 Berne은 자신의 베스트셀러인 『심리적 게임』이 출판되기 몇 년 전에 이미 게임의 개념을 소개한 바 있다. 게임이라는 용어는 1950년대 후반에 출판한 연구논문에서 처음 등장한다(Berne, 1958).

Berne의 일생 동안 게임에 대한 그의 생각은 중요한 변화를 거친다. 특히 그의 마지막 두 저서인 『인간의 사랑에서 성』과 『인사를 하고 나서 어떤 말을 하시나요?』에서 그려진 전형적인 게임의 과정은 『심리적 게임』에서 기술된 게임의 과정과 상당한 차이를 보인다. 여기서 우리는 게임 이론에 대한 Berne의 가장 널리 알려진 설명과 최종 완성 단계에서의 게임 이론의 설명이 서로 일치하지 않는 묘한 상황을 마주하게 된다.

이 절에서는 먼저 Berne이 그의 마지막 저술에서 제시한 형태로 게임의 개념을 살펴볼 것이다. 현재 대부분의 교류분석 이론가들은 이 마지막 버전이 게임에 대한 Berne의 생각을 가장 완전하고 명확하게 설명하고 있다는 것에 동의한다. 하지만 『심리적 게임』에 나와 있는 초기 설명 또한 잘 알려져 있으므로, 이것이 게임 과정에 대해 Berne이 이후에 설명한 것과 어떻게 다른지도 살펴볼 것이다.

게임의 본질: 공식 G

Berne의 이론의 최종 버전에서, 게임은 자세하게 정의된 여섯 개의 단계를 따라서 진행되는 일련의 교류다. Berne은 '공식 G(Formula G)' 라는 것으로 이런 단계들을 설명했다. 늘 그렇듯이, Berne은 여섯 단계를 명명하는 데 있어

일상적인 용어를 사용했다.

그는 냉소적인 어구를 써서 게임이 다른 사람들을 교묘하게 조종한다는 사실—비록 게임을 하는 사람들은 자신들이 조종한다는 것을 인식하지 못 하지만—강조했다. 공식 G는 다음과 같다.

$$C + G = R \rightarrow S \rightarrow X \rightarrow P$$

이 공식에서 문자는 게임을 규정하는 여섯 가지 단계를 의미한다. 공식을 풀어서 읽으면, '미끼(Con) 더하기 약점(Gimmick)은 반응(Response)과 같고, 반응은 전환(Switch)을 유도하고, 전환은 혼란(Crossup, X)을 유도하고, 보상(Payoff)으로 끝난다.'

게임을 시작하는 사람은 자신의 미끼(Con)를 드러내는 것으로 시작한다. 이것은 자신의 게임에 상대방을 끌어들이려는 숨겨진 초대다. 그러면 상대방은 자신의 약점(Gimmick), 즉 '미끼에 반응하도록 만드는… 자신의 약점이나 욕구'를 드러낸다(Berne, 1972: 161). 이 반응(Response)이 나타나면 게임을 시작한 첫 번째 사람이 갑자기 자신의 배경(ground)을 바꾼다. 즉, 전환(Switch)을 한다. 그러면 두 사람은 순간적으로 혼란스러움을 느끼게 되는데 이것이 혼란(Crossup, 'X')이다. 혼란을 느낀 직후에 두 사람은 모두 안 좋은 감정이라는 보상(Payoff)을 얻게 된다.

Berne은 다음과 같이 간단한 게임의 한 예를 제시했다.

> …환자가 묻는다. "제가 나아질 거라고 생각하세요, 선생님?" 그러면 다정다감한 치료자는 "물론 그렇고 말고요."라고 대답한다. 이때 환자는 자신의 질문에 숨겨진 동기를 드러낸다. "고마워요."라고 말하며 직접적인 교류를 하는 대신, 환자는 "무슨 근거로 당신이 다 안다고 생각하시죠?"와 같이 말하며 전환을 한다. 이런 대답은 치료자를 교란시키고 순간적으로 흔들리게 만드는데, 이것이 바로 환자가 바라는 것이다. 그러면 게임은 끝나게 된다. 환자는 상담자를 골려먹었다는 것에 즐거워하고, 상담자는 좌절하게 된다. 환자와 상담자가 느끼는 이런 감정들이 보상이다.
>
> 이 게임은 '공식 G'를 정확하게 따른다. 여기에서 미끼는 환자가 처음 던진 질문이고, 약점은 치료자의 다정다감함이다. 미끼와 약점이 서로 맞물리게 되면 치료자는 환자가 예상한 대로 반응한다. 그러면 환자는 전환을 일으키고, 이는 혼란을 야기한다. 이때 치료자와 환자는 각자 보상을 얻는다 (Berne, 1972: 24).

이 예에서처럼 게임은 때로는 몇 초 안에 일어나기도 하고, 반대로 몇 달 또는 몇 년 동안 지속되기도 한다. 후자의 경우에는 게임을 하는 두 사람이 미끼와 약점에서 이면적 메시지를 계속 반복하면서 반응 단계가 연장된다.

게임과 교류

모든 게임은 일정한 순서가 있는 이면 교류로 이루어진다 (Berne, 1961: 103). 이러한 교류는 사회적 수준과 심리적 수준 모두에서 나란히 이루어진다([그림 2-5] 참조). 일반적으로 **사회적 수준**에서는 겉으로 드러나는 의사소통의 내용이 드러난다. 앞서 제시한 Berne의 예를 보면, 사회적 수준에서는 단순히 질문, 답변 그리고 답변에 대한 질문이라는 정보의 교환으로 구성된다.

심리적 수준에서는 게임을 하는 사람들이 미끼, 반응, 전환으로 구성된 이면적 메시지를 주고받는다. 이러한 비언어적 의사소통을 말로 표현하면 다음과 같다. 환자가 처음 던지는 질문인 '모든 것을 다 아는 부모님처럼, 따뜻하게 저를 안심시켜 주시겠어요?' 는 미끼다. 치료자의 '다정다감한' 반응은 '그럴게요. 당신은 나 없이는 살 수 없다는 걸 아니까요.' 라는 메시지다. 여기에서 내담자가 전환을 일으키면서 보내는 메시지는 '나한테 걸려들었군, 하하. 당신 나한테 한방 먹었어요!' 다.

이러한 심리적 수준에서의 메시지에서 두 사람의 숨은 목적이 드러난다. 그러나 정작 당사자들은 적어도 전환이 일어날 때까지는 이러한 자신들의 이면적 동기를 인식하지 못한다. 전환이 일어난 후에도 게임을 하는 두 사람은 무언가 예상하지 못했던 일이 일어났다는 것(이것이 혼란에서 '혼란스러운 순간' 이다)을 어렴풋이 느낄 뿐이다. 게임을 하는 두 사람은 어떻게 구체적으로 교류가 일어나서 혼란과 보상에 이르게 되었는지 인식하지 못한다.

따라서 게임을 하는 사람들은 과거에 그들이 여러 번 똑같은 순서대로 게임을 해 왔다고 하더라도 다시 게임을 반복할 가능성이 크다. 그리고 게임을 다시 반복할 때 전환과 혼란이 일어나면 그때마다 똑같이 놀랄 것이다. 두 사람은 게임의 보상을 받아가면서 이렇게 중얼거릴 것이다. '이 모두가 너무나 익숙하군. 그런데 도대체 어떻게 내가 이걸 또 반복하고 있지?' Berne이 이후 자신의 저술에서 규정했듯이, 이러한 역설적 성격은 게임의 중심적인 본질이다.

게임에서 '익숙한 놀라움' 이라는 요소는 전환이 일어날 때에만이 경험하게 된다. 전환이 일어날 때까지, 게임을 하는 사람들은 막연하게 게임이 일어나는 경로가 익숙하다고 느끼지만 그것이 놀랍다고는 생각하지 않는다.

따라서 전환은 게임이라고 부를 수 있는 모든 일련의 교류에서 매우 중요한 요소다. 이는 Berne이 자신의 마지막 저서 두 권을 쓸 때 가졌던 생각이기도 하다. 『인사를 하고 나서 어떤 말을 하시나요?』에서 게임을 설명하면서, Berne은 공식 G를 제시하고 다음과 같이 덧붙였다. "이 공식에 맞는 것은 어떤 것이든지 게임이고, 맞지 않는 것은 어떤 것이든지 게임이 아니다." (Berne, 1972: 24)

『심리적 게임』과 게임의 본질

반면, Berne의 초기 저서에서 게임의 정의는 보다 덜 구체적이다. 『집단치료의 원리(*Principles of Group Treatment*)』(Berne, 1966: 364)에서 Berne은 게임에 대해 "약점을 사용한 일련의 이면 교류로 구체적인 보상이 나오게 된다."고 정의했다. 『심리적 게임』에서의 정의도 이와 유사하다(Berne, 1964: 44). Berne은 '약점'을 '덫'이나 '숨겨진 동기'로 설명했다. 이러한 정의에서는 전환에 대해서 말하고 있지 않다는 것을 알 수 있다. 사실 전환은 『인간의 사랑에서 성』(Berne, 1970a)에서 비로소 등장한다. 이 책에서 Berne은 혼란이 없다는 것만 제외하고는 공식 G와 동일한 게임의 공식(Game Formula)을 제시했다.

『심리적 게임』에서 Berne은 자신이 '게임'이라고 이름붙인 다양한 일련의 행동들을 서른 가지 이상 들어 자세하게 설명했다. 이를 자세히 들여다보면 대부분에 전환이 없다는 것을 알 수 있다. 따라서 『심리적 게임』에 나오는 대부분의 '게임'은 Berne 자신이 최종적으로 내린 정의에 따르면 게임이 아닌 것이다.

이와 같이 전환이 없는 연속적인 행동은 대개 반복적으로 일어나고 익숙하지만 놀랍지는 않다. Berne 자신도 이런 종류의 교환을 취미(pastime)라고 불렀다(예: Berne, 1964: 38). 『심리적 게임』에서 Berne은 취미를 설명하지만 이를 게임과 분명하게 구분하지는 않는다. English(1976) 이후 대부분의 현재 교류분석 이론가들은 이와 같이 전환 없이 계속해서 이어지는 감정이 실린 교류의 교환을 표현하기 위해 라케티어링(racketeering)이라는 용어를 사용했다. 이 절의 나머지 부분에서 저자는 '게임' 이라는 용어를 Berne이 최종적으로 정의한 대로 공식 G에 따라서 일어나는 교류의 연속을 지칭하는 것으로 사용할 것이다.

Freud와 마찬가지로, Berne도 '왜 사람들이 이렇게 고통스러운 패턴을 반복하는가?' 라는 난제에 대한 해답을 찾고자 했다. Freud는 '반복하려는 강박' 이 죽음의 본능인 타나토스(Thanatos)의 한 표현이라고 제안했다(Freud, 1922). Berne은 '사람들이 게임을 함으로써 얻는 이득이 무엇인가?' 라는 질문을 던짐으로써 Freud와는 다른 각도에서 이 문제에 접근했다. Berne은 이 질문에 두 가지 답변을 제안했다. 첫째, 인간은 '각본' 이라는 보다 폭넓은 인생 패턴을 진행시키기 위해 게임을 한다. 둘째, 게임은 게임을 하는 사람에게 몇 가지 '일반적인 이득' 을 준다. 다음에서 Berne이 제안한 이 두 가지 답변에 대해서 살펴볼 것이다.

게임, 라켓, 스탬프 교환 및 각본

Berne은 말년이 되어서야 각본에 대한 자신의 이론을 완전하게 발전시켰다. (다음 절에서 각본 이론에 대해 보다 자세하게 살펴볼 것이다.) 하지만 교류분석에 관한 초기 저서에서도 Berne은 "게임은 **각본(scripts)**이라 불리는 보다 폭넓고 복잡한 일련의 교류 형태의 일부분인 것으로 생각된다."고 밝혔다(Berne, 1961: 117). 간단히 말하면, 각본은 '전의식적인 인생 계획' 이다(Berne, 1971: 25). 이 각본 안에서 게임의 기능은 단순히 '~ 게임을 하는 사람이 각본의 최종 완성을 기다리는 동안 그 시간을 때우고 동시에 행동을 진행시키는 것' 이다(Berne, 1964: 56).

『집단치료의 원리』에서 Berne은 사람들이 각본을 진행시키기 위해 어떻게 게임을 이용하는가를 보다 자세하게 설명한다(Berne, 1966: 286-288). 여기에서 Berne은 자신이 **라켓(rackets)**과 **스탬프 교환(trading stamps)**이라고 이름 붙인 두 가지 개념을 소개한다. '라켓' 이란 일종의 감정으로, 초기에는 자신의 가정에서 학습하고 장려되었다가 후에 성인이 되어서는 착취적인 방식으로 사용된다. 여기에서도 당사자는 착취적인 요소를 의식하지 못한다. 게임에서 보상으로 경험하는 감정은 대개 이러한 성격을 띤다.

게임을 하는 사람들은 매번 게임의 보상으로 라켓 감정의 꾸러미들을 일종의 감정적인 기억으로 차곡차곡 쌓아 놓는다. Berne은 이를 표현하기 위해 '스탬프[역자 주] 교환' 이라는 어구를 사용했다. 스탬프 교환이란 1960년대에 유행했던 일종의 마케팅 전략이다. 가게에서 [물건을 사면] 스탬프를 나누어 주는데, 이를 모아 두었다가 나중에 '무료 선물' 과 교환할 수 있다. 스탬프를 모은 사람들은 스탬프를 조금씩 나누어서 여러 개의 작은 '선물들' 과 바꿀 수도 있고, 스탬프를 더 많이 모았다가 큰 물건 하나와 바꿀 수도 있다. 이와 동일한 방식으로 게임을 하는 사람들은 자신들의 라켓 감정을 모아 두었다가, 나중에 자신의 각본과 일치하는 어떤 결과물을 '정당화(justify)' 하기 위해 모아 둔 라켓 감정을 그 결과물과 바꾸게 된다. 만약 게임을 하는 사람이 라켓 감정을 조금씩 자주 바꾸고 싶어 한다면 '무료 선물' 은 단순히 말싸움이나 과음한 뒤의 숙취 정도일 것이다. 반면에 라켓 감정을 아주 많이 모은 사람이 이 감정의 두툼한 쿠폰북을 '무료 자살, 무료 살인, 무료 정신병, 무료 종결(이혼, 치료 중단, 직장을 그만둠)' 과 바꾸는 경우도 있다(Berne, 1966: 287). 이런 경우에 '무료 선물' 은 그 자체가 각본에서 마지막 장면에 해당될 것이다.

역자 주 | 스탬프는 작은 종이 쿠폰으로 그 자체로는 가치가 없지만 소비자가 일정한 개수 이상을 모아 오면 다른 물건과 교환할 수 있다(출처: www.wikipedia.com). 오늘날의 쿠폰과 비슷한 개념.

게임의 '일반적인 이득'

Berne은 또한 게임에서 축적되는 다른 몇 가지 '일반적인 이득(general advantages)'을 제시했다(Berne, 1964: 50-52). 그는 게임이 개인의 항상성—생물학적 · 심리적 안정성—을 증진시킨다는 사실로부터 이러한 이득이 발생한다고 보았다. Berne은 이러한 이득을 다음의 여섯 가지로 제시했다.

생물학적 이득

게임을 하는 것은 그 사람의 행복의 필요조건인 다른 사람들로부터의 주목과 관심을 끌기 위한 하나의 수단이다. Berne은 이러한 관심에 대한 욕구를 생물학적 필요성으로 보았다. Berne이 좋아하는 일상적인 용어로 표현하자면, 게임을 하는 것은 스트로크를 얻을 수 있는 확실한 방법인 것이다.

실존적 이득

이것은 게임을 하는 것이 그 사람이 초기 유아기에 형성한 자신과 타인에 대한 근본적인 신념을 '확인하는' 기능을 하는 것을 말한다. Berne은 이러한 신념을 태도(position)라고 했다. 태도는 대개 일반적이고 광범위한 용어로 표현된다. 앞서 제시한 Berne의 간단한 게임의 예에서 환자는 다음과 같은 신념을 가지고 있다. '부모라는 사람들은 항상 나를 굴

복시키지. 그러니까 그런 일이 일어나지 않게 하려면 그들이 나를 치기 전에 내가 먼저 치고 들어가야 해.' 이런 신념이 일반화되면 'I'm OK, you're not-OK' 라는 태도가 형성된다. 이 이론에 대해서는 나중에 다시 설명할 것이다.

내적인 심리적 이득

『심리적 게임』에서 Berne은 정신분석적 용어로 내적인 심리적 이득을 설명했다. Berne은 게임이 '정신적 경제성(리비도)에 미치는 직접적인 영향' 에 내적인 심리적 이득이 있다고 했다. 하지만 Berne은 이 말을 교류분석에서 사용하는 보다 쉬운 용어로 풀어서 설명하지 않았다. 맥락상으로 보아 Berne이 의미하는 바는 욕구를 만족시키거나 억압된 감정이 올라오지 않도록 하기 위한 수단으로서 게임의 역할을 말하는 것으로 보인다.

외적인 심리적 이득

이것은 '게임을 함으로써 두려운 상황을 피하는 것' 이다. 앞서 제시한 예에서 환자는 자신이 심리치료자를 '통제하지 못하는' 감정을 느낄 법한 상황을 계속 회피해 왔을 수 있다. 만약 그런 상황이 일어나게 되면 환자는 치료자가 자신을 실망시킬지도 모른다는 두려움에 직면한다.

내적인 사회적 이득

게임은 또한 Berne이 '가짜-친밀감(pseudo-intimacy)'이라고 이름 붙인 것을 가지고 친밀한 사회적 관계에서 다른 사람들과 같이 지낼 수 있는 구실을 만들어 준다. 앞서 제시한 Berne의 예에서 보면, 문제가 되는 것은 환자와 심리치료자 간의 관계다. 두 사람은 게임을 하면서 자신들의 관계가 강해진다고 느낄 것이다. 그러나 이렇게 관계에서 얻는 명백한 이득은 이면적 동기에 그 기반을 두고 있으며, 이면적 동기야말로 모든 게임의 기본이 된다.

외적인 사회적 이득

이 역시 게임을 하는 사람이 시간을 보내는 방식과 관련되지만, 여기서의 이득은 게임을 하는 그 관계가 아닌 다른 관계에서 대화의 소재를 제공한다는 것이다. 앞의 예에서 심리치료자는 자신의 동료들과 함께 어떤 '저항하는 내담자'[앞의 예에서 환자]를 다루는 고충에 대해서 진지하게 의견을 나눌 수 있다.

Berne의 게임 이론에 영향을 미친 이론

Freud의 '반복하려는 강박' 이라는 개념은 Berne의 게임 이론에 대해 단지 일반적인 토대만을 제공했으며, 게임 이론은 Huizinga의 이론에서 보다 구체적인 영향을 받았다.

Huizinga는 인간의 '놀이(play)'는 때로 그저 장난에 지나지 않지만 때로는 매우 진지한 문제가 될 수도 있다고 보았다(Berne, 1961: 84; Huizinga, 1955). Berne은 또한 Gregory Bateson과 그의 동료들의 이론도 인용했다. 그들은 Berne이 이면교류 이론에서 제시했던 두 가지 수준의 의사소통[사회적 수준과 심리적 수준]과 비슷한 개념을 연구했다. Bateson과 동료들은 겉으로는 '이건 놀이야.'라는 메시지가 '이건 놀이가 아니야.'라는 무의식적이고 잠재적인 메시지를 어떻게 가릴 수 있는지를 밝혔다(Bateson et al., 1956; Berne, 1961: 84).

Berne은 또한 자신의 교류적 게임 이론과 비슷한 시기에 발달하고 있었던 게임의 수학적 이론을 잠정적으로 비교해 보기도 했다(Berne, 1961; Kuhn & Tucker, 1950; Luce & Raiffa, 1957). 그러나 두 이론 간의 관련성은 그다지 뚜렷하지 않았고, Berne이나 후대 교류분석 이론가들도 그에 대해 더 이상 연구하지 않았다.

전반적으로 게임의 교류분석 이론의 모든 중요한 요소들은 Berne과 샌프란시스코 세미나에서 Berne과 함께했던 초기 이론가들의 고유한 작품이라고 할 수 있다. 여기에서 Stephen Karpman의 연구가 특히 중요하다. Berne은 그의 연구가 전환(Switch) 개념에 기여했음을 인정했다. 전환의 개념은 1970년에 Berne이 펴낸 『인간의 사랑에서 성』에서 처음 등장했다. 이보다 2년 앞서 나온 연구논문에서 Karpman은 지금은 유명해진 '드라마 트라이앵글(Drama Triangle)' 이라는 모델을 소개했다(Karpman, 1968). Karpman은 우리 인생에서 매일 일어나는 드라마에서—고대 그리스의 드라마처럼—게임을 하는 사람은 각각 박해자(Persecutor), 구원자(Rescuer), 희생자(Victim)의 세 가지 중 하나의 역할을 맡는다고 보았다. 드라마의 클라이맥스에서 게임을 하는 사람들은 갑자기 역할을 서로 바꾸게 된다. 드라마 트라이앵글에서 나타나는 이와 같은 전환은 공식 G에서의 전환이기도 하다.

각 본

각본(scripts)이란 전이 반응이나 전이 상황이 아닌 전이 드라마로부터 나온 형태를 반복하려는 시도다. 각본은 때로 막(幕)으로 나누어지며, 어린 시절의 근본적인 드라마를 직관적인 예술적 형태로 옮기는 연극의 각본과 동일하다. 조작적으로 정의하면 각본은 교류의 복잡한 형태이며, 본질적으로는 반복해서 나타날 수 있지만 반드시 반복 등장하지는 않는다. 왜냐하면 한 사람이 어떤 각본을 완전히 수행하기 위해서는 그 사람의 일생이 걸릴 수도 있기 때문이다(Berne, 1958: 155-156).

각본의 개념은 교류분석 이론의 중심 기둥으로서 자아상태 개념과 동등한 위치를 차지한다. 위의 인용문은 Berne의 저서에서 각본에 대해 가장 처음 언급한 것으로, 그가 1957년 미국집단치료협회(American Group Psychotherapy Association)에서 발표하고 이듬해에 연구논문으로 출판된 「교류분석: 집단치료의 새로운 방법(Transactional Analysis: a New Method of Group Therapy)」에서 나온다(Berne, 1958).

그로부터 십여 년 후에 Berne은 자신의 마지막 저서인 『인사를 하고 나서 어떤 말을 하시나요?』의 대부분을 각본에 대한 자신의 생각을 설명하는 데 할애한다. 이즈음 각본에 대한 Berne의 생각은 훨씬 더 발전되고 확장된 상태였다. 이 책은 각본에 대한 그의 최종 정의를 담고 있다. 각본이란 어떤 결정에 기초한 인생 계획으로 이 결정은 "어린 시절에 내리고, 부모에 의해 강화되며, 이후 일어나는 사건들에 의해서 정당화된다. 이 인생 계획은 자신이 선택한 대안으로 끝이 난다."(Berne, 1972: 445) Berne은 이 인생 계획에 '전의식(preconscious)' 이라는 조건을 더했다(Berne, 1972: 25).

각본 이론에 영향을 미친 이론

각본에 대한 Berne의 이론은 몇몇 초기 정신분석 이론가들의 생각으로부터 자연스럽게 이어진다. 그들은 인간 심리에서 연극, 신화, 전설이 차지하는 역할에 대해 깊이 고찰했다. Freud 자신도 그의 이론의 상당 부분을 그리스 신화, 즉 오이디푸스 신화에 기초를 두었다. Berne이 한 말을 살펴보자.

> 정신분석 용어로 환자는 오이디푸스, 즉 '반응' 을 보이는 '등장인물' 이다. 오이디푸스는 환자의 머릿속에서 계속 진행되는 것이다. 각본분석에서 오이디푸스는 바로 지금 실제로 일어나고 있는 연극으로, 장면과 막으로 나누어져 있고 전개, 클라이맥스, 결말로 구성된다(Berne, 1972: 57–58).

Berne은 특히 Otto Rank와 같은 몇몇 Freud의 추종자들이 인간의 인생 패턴을 고유한 줄거리와 극적 주제를 가진 드라마로 보았다는 점에 주목했다(Berne, 1972: 58; Rank, 1910).

Freud 이후에 그의 이론에서 벗어난 이론가 중에서 Berne은 Carl Jung을 인용했다. Jung은 원형과 페르소나(persona)의 개념 및 신화와 전설에 초점을 두었다(Jung, 1946). 그러나 '가장 각본분석가에 근접해서 마치 각본분석가처럼 말한' 사람은 Alfred Adler였다(Adler, 1963; Berne, 1972: 58–59). Berne은 Adler의 '인생 목표(life goal)' 의 개념 그리고 연극이 마지막 장면을 향해 나아가듯 인간이 무의식적으로 자신의 인생 전체 계획을 이 인생 목표를 향해서 세운다는 Adler의 이론을 즐겨 인용했다.

각본에 대한 Berne의 연구는 또한 Joseph Campbell로부터 큰 영향을 받았다. Campbell은 역사를 통해 인간 심리에서 신화와 전설의 중심적 역할에 대해 연구하였다. Berne은 Campbell의 책인 『천 개의 얼굴을 가진 영웅(*The Hero with a Thousand Faces*)』을 '각본분석가를 위한 최고의 교재' 라고 불렀다(Berne, 1972: 47; Campbell, 1949).

Berne은 자신과 동시대의 인물들 중에서는 자신의 분석가이며 사람들이 어떻게 출생부터 죽음에 이르는 인생주기(life-cycle)를 밟아 가는지를 연구한 Erik Erikson의 영향을 꼽는다(Erikson, 1950). 더불어 Berne과 그의 동료들과는 독립적으로 연구를 하면서 각본분석에서 사용했던 것과 매우 유사한 이론과 용어를 개발했던 R. D. Laing도 꼽는다. (Berne이 Laing의 논문을 직접 인용하지는 않았으나 Laing, 1976을 참조하라.)

교류분석 분야 자체 내에서는 역시 샌프란시스코 세미나에서 Berne과 함께 연구했던 동료들이 각본 이론의 형성 초기에 중요한 기여를 했다. 이 중 주목할 만한 사람이 Claude Steiner다. Steiner는 개인의 자아 상태와 부모의 자아 상태의 관점에서 각본을 분석하는 모델인 각본 매트릭스(script matrix)를 고안했다(Steiner, 1966). Berne은 자신의 마지막 저서에서 자신의 연구와 함께 Steiner와 다른 사람들의 연구를 함께 인용하고 이를 인정했다.

Berne의 공헌

그렇다면 Berne이 각본 이론에 고유하게 기여한 공헌은 무엇인가? 여기에서도 다시 한 번 그 답은 관찰 가능성에 있다. Berne은 다음과 같이 설명했다.

> 어떤 사회적 집단에서든지… 개인은 자신이 좋아하는 게임과 연결된 교류를 하려고 애쓸 것이다. 그 사람은 자신의 각본과 관련된 게임을 하려고 애쓸 것이다…. 각본이 사회적 상호작용에 큰 영향을 미치고, 또 각본은 그의 부모와의 초기 경험으로부터 나오기에 부모와의 초기 경험이 그가 맺는 모든 관계와 인간관계의 선택에 가장 중요한 결정 인자다. 이는 이 문장을 읽고 마음속에 금방 떠오르는 우리에게 익숙한 전이 이론보다 더 일반적인 설명이다. 왜냐하면 그것은 모든 사회적 집단에서 일어나는 모든 관계에 적용되기 때문이다…. 그것은 자격을 갖춘 관찰자라면 누구든 어디에서나 검증할 수 있다는 점에서 유용하다. 이런 검증을 하는 데에는 오랜 시간의 준비 기간이나 특별한 상황이 필요하지 않다(Berne, 1961: 128-129).

각본에 대한 Berne의 가장 자세한 설명은 그의 마지막 저서인 『인사를 하고 나서 어떤 말을 하시나요?』에 등장한다. 이것은 분량이 매우 많고 여러 가지 생각들이 서로 부딪치면서 변화무쌍하게 이어지는데, 그 가운데에서 오늘날 각본 이론의 주요 원리를 발견할 수 있다. 해설자가 해야 할 일은 Berne이 이 책에서 제시한 다른 여러 가지 생각들과 재미있는 제안들에서 이러한 각본 이론의 핵심을 추출해 내는 것이다. 이 책에서 제시된 생각과 제안의 상당 부분은 이후 교류분석 이론이나 치료에서 다시 나오지 않았다.

이 절의 나머지 부분에서는 교류분석에서 각본 이론의 핵심이 되는 다음의 개념을 검토한다.

- 각본과 인생 행로
- 태도
- 각본의 요소
- 각본의 전달
- 과정 각본 유형

각본과 인생 행로

각본은 그 사람이 유아기 초기에 계획한 것이고, 인생 행로(life-course)는 실제로 일어난 것이다. 인생 행로는 유전자, 부모의 배경 그리고 외부 환경에 의해서 결정된다(Berne, 1972: 53).

이 인용문은 언뜻 보기에 Berne이 각본 자체는 결정적인 것이 아니라고 말하는 것처럼 보인다. 즉, 개인은 자신의 어린 시절의 계획을 따르지만 어느 정도 행동의 자유를 가지고 있다고 말하는 것처럼 보인다. 그러나 바로 이어지는 내용에서 Berne은 이와는 다른 이야기를 하고 있다. Berne에 의하면 각본을 따라가는 것이 그 사람의 잠재력에 제한을 가할 뿐만 아니라 그 사람의 '유전자' 와 '외부 환경' 이 그의 잠재력에 부가적인 제한을 가한다. 예를 들면, 어떤 사람의 인생 계획은 일정한 나이까지 사는 것일 수 있지만, 이러한 계획은 암이나 당뇨[유전자에 해당] 또는 다른 사람이 일으킨 교통사고[외부 환경에 해당]로 인해 무산될 수도 있다.

Berne은 다음과 같은 놀라운 비유를 사용하여 각본에 대한 자신의 결정론적 관점을 강조했다. 그는 자신이 예더라는 세례명을 붙인 '전형적인 인간' 을 설정하고 그에 대해 다음과 같이 썼다.

> 예더는 자신의 각본을 충실하게 수행한다. 그 각본은 어린 시절 부모님에 의해서 그의 머리에 주입되었고 부모님이 돌아가신 뒤에도 그것이 그의 일생 동안 남아 있기 때문이

다. 각본은 컴퓨터 테이프나 자동 재생 피아노[역자 주] 악보(player-piano roll)처럼 움직이는데, 이것들은 사람이 구멍을 만들고 사라지고 나서 오랜 시간이 지난 후에도 미리 계획된 일정한 순서에 따라서 반응을 나타낸다. 피아노가 저절로 연주되는 동안, 에더는 그 피아노 앞에 앉아서 지금 연주되고 있는 편안한 발라드나 장중한 콘체르토를 치는 사람이 자기 자신이라는 환상을 품고 건반 위에서 손가락을 움직이고 있다(Berne, 1972: 66).

그렇다면 여기에서 Berne은 모든 사람들의 삶은 전적으로 미리 결정되어 있으며 유전과 외부 사건과 각본이 정해 놓은 한계 속에서 살아간다는 것을 의미하고 있는가? 그런 것은 아니다. Berne에 의하면 어떤 사람들은 '스스로를 자유롭게 해서 자신의 방식대로 살아갈 수 있다.' (Berne, 1972: 53) 그렇게 하려면 그 사람은 '자신의 각본의 대부분 또는 전부를 버리고 다시 시작해야 한다.' 하지만 Berne에 따르면, "…대부분의 사람들은 그렇게 하고 싶어 하지 않는

역자 주 | 자동 재생 피아노란 구멍이 뚫린 종이 롤을 사용해서 연주자가 없이도 미리 프로그램된 곡을 연주할 수 있는 장치가 장착된 피아노를 말한다. 둘둘 말린 종이 롤에 다양한 크기의 구멍이 뚫려 있고 이 구멍을 통과하는 공기압에 의해서 피아노 건반이 움직이면서 피아노 연주가 가능하다.

다.”(Berne, 1972: 37) 여기에서 그는 『심리적 게임』의 마지막에 나오는 유명한 말을 한다. “…인간 전체에게는 희망이 없다. 하지만 인간 개개인에게는 희망이 존재한다.”(Berne, 1964: 162)

각본은 주어지는가, 아니면 스스로 결정하는가

Berne은 자신이 각본에 대해 쓴 글의 여러 곳에서 각본이 부모에 의해 아이에게 강제로 부여되는 것임을 암시하고 있다. 앞서 예로 제시한 인용문에서도 각본은 ‘어린아이의 머릿속에 주입되는 것’으로 그려지고 있다. 또한 Berne은 종종 각본이 부모에 의해 ‘프로그램된다(programmed in).’고 말했다(예: Berne, 1972: 110).

그러나 Berne은 또한 명백한 자가당착을 보이면서 각본을 결정하는 것은 아이라고 했다. 그는 다음과 같이 썼다. “사람들은 각자 어떻게 자신이 살아가고 어떻게 죽을 것인지를 어린 시절 초기에 결정한다…. 그러한 계획을 각본이라고 한다.”(Berne, 1972: 4) 다시 말하면, 부모가 각본을 명령한다고 하더라도 ‘아이가 이를 수용하지 않으면 각본은 작동하지 않을 것이다.’(Berne 1972: 112)

사실 이와 같은 두 가지 대조적인 관점은 쉽게 화합점을 찾을 수 있다. Berne의 다음 글을 살펴보자.

아이가 해야 할 일은 부모가 무엇을 의미하고 있는지를 알아내는 것이다. 이것은 부모의 사랑을 유지할 수 있게 하며, 적어도 부모가 아이를 보호하게 하고, 최악의 경우에는 아이가 살아남을 수 있도록 돕는다. 하지만 무엇보다도 아이는 자신의 부모를 사랑하며, 인생에서 아이의 중요한 목적은 부모를 기쁘게 하는 것이다(부모가 이를 허락한다면). 부모를 기쁘게 하려면 아이는 부모가 진짜 원하는 것이 무엇인지를 알아야 한다.

따라서 부모가 내리는 명령으로부터… 아이는 가장 중요한 핵심을 파악하려고 애쓴다…. 이와 같은 방식으로 아이는 자신의 인생 계획을 짠다…. 이를 프로그래밍이라고 하는데, 그것은 부모의 명령이 영구적으로 영향을 미치기 때문이다. 아이에게는 부모의 바람이 곧 자신의 명령이다. 그리고 극적인 큰 변화가 일어나지 않는 한 아이의 일생 동안 계속 그럴 것이다(Berne, 1972: 101).

덧붙여 Berne은 심리치료가 이러한 '극적인 큰 변화'를 제공할 수 있다고 했다.

태 도

Berne은 아이가 학교에 갈 정도의 나이가 되면 이미 자신과 타인의 가치에 대해서 어느 정도 깊숙이 각인된 신념을 가지게 된다고 했다. 자신에 대해서 아이는 'I'm OK' 또는 'I'm not-OK' 라고 믿는다. 타인에 대한 아이의 신념은 'You're OK' 또는 'You're not-OK' 일 수 있다. Berne에 따르면 이러한 신념은 '아이의 일생 동안 남아 있을 것' 이다(Berne, 1972: 84).

Berne에 따르면 각 신념은 주어에 'I' 또는 'You', 서술어에 'OK' 또는 'not-OK' 를 가지고 있다. 이러한 주어와 서술어의 가능한 모든 조합을 만들어 보면 아이가 가질 수 있는 네 가지 태도(positions)가 나오게 된다.

1. I'm OK, you're OK
2. I'm OK, you're not-OK
3. I'm not-OK, you're OK
4. I'm not-OK, you're not-OK

"모든 게임, 각본 그리고 운명은 이 네 가지 기본 태도 중 하나에 기초한다." (Berne, 1966: 270)

태도의 의미

이 네 가지 어구; 특히 'I'm OK, you're OK' 는 아마도 교류분석 용어 전체에서 그 의미가 가장 잘못 이해되고 있는 어구일 것이다. 교류분석을 비판하는 사람들은 이 네 가지 어구가 교류분석이 본질적으로 판단적(judgemental)이고 사소한 사회 목표에 순응하도록 조장한다는 것을 보여 준다고 주장했다. 실제로 Berne 이후의 몇몇 교류분석 이론가들은 이 어구들을 그런 방식으로 사용해 왔다. 이러한 비판에 대해서는 4장에서 다시 살펴볼 것이다.

일단 여기에서는 Berne이 이 네 가지 태도에 대한 용어를 선택한 것은 일반적으로 이해되고 있는 것과는 전혀 다른 의미라는 것만 짚어 두자. Berne은 '태도'라는 단어와 그 의미를 아동 정신분석가인 Melanie Klein에게서 가져왔음을 밝혔다(Berne, 1966: 291; Klein, 1949; 또한 Clarkson, 1991: 7 참조). Klein과 마찬가지로, Berne은 유아가 가장 초기에 타인과 맺는 관계에서 받아들이는 방향성/태도(orientations)를 말하고 있다. Berne의 일상생활 용어인 'OK'와 'not-OK'는 이렇게 유아가 지각하는 가치로움과 무가치함에 대한 단축 어구인 것이다.

Berne이 네 가지 태도 중 세 가지에 붙인 임상적 명칭(편집증, 우울증, 분열성) 역시 Klein을 그대로 따른 것이다. Berne이 기여한 점은 네 번째 태도를 추가한 것인데, 그는 이 네 번째 태도를 건강한 태도라고 불렀다. 새로 추가된 이 태도는 주어와 서술어에 대한 Berne의 사고를 논리적으로 따라간 것이다(Berne, 1966: 269).

Berne의 이론의 강조점 또한 Klein의 이론에서 강조하는 것과는 차이를 보인다. Klein은 초기 발달과정 자체에 중점을 두었다. 하지만 Berne의 주된 초점은 이 네 가지의 서로 다른 태도에서 작동하는 성인에게서 관찰할 수 있는 인생 패턴이다(Berne, 1972: 86-87).

첫 번째 태도: I'm OK, you're OK

이것은 건강한 태도다. 이에 대해서 Berne은 "그 사람이 생애 초기에 자연스럽게 가지게 되거나, 아니면 그 이후에 아주 힘들게 노력해서 배워야 한다. 단지 의지에서 나오는 행동만으로는 이 태도를 얻을 수 없다."라고 기술했다. 이것은 네 가지 태도 중 유일하게 '직관적으로 이해가 되고 도움이 되며(constructive), 따라서 실존적으로 가능하다.' (Berne, 1966: 270) 심리치료 과정에서 이것은 '좋아지는(get well)' 태도다. 이 태도를 가진 사람은 게임을 하려는 강박관념을 가지고 있지 않다.

두 번째 태도: I'm OK, you're not-OK

이것은 편집증적 태도다. 이 태도를 가진 사람은 '나는 왕자, 너는 개구리'라는 생각에서 행동할 것이다. 인간관계에서의 어려움에 대처하기 위해 그들이 잘 사용하는 방식은 타인을 제거하는 것이다. 그들은 이 목표를 위해서 게임을 할 것이다. 아주 극단적인 경우에 이런 사람들은 극적 클라이맥스에서 다른 누군가를 죽이는 각본을 선택할 수도 있다.

세 번째 태도: I'm not-OK, you're OK

이것은 우울한 태도다. 이 태도를 가진 사람은 다른 사람을 제거하기보다는 자기 자신을 없애는 것을 택한다. 그들은 이 목표를 이루기 위해 자신의 게임과 각본을 선택한다. 이런 사람들은 자기 고립을 통해서, '감옥이나 정신병동으로 가거나' 또는 '우울로 인한 자살'을 함으로써 목표를 이룰 수 있다. 그들의 구호는 '내가 …하기만 했어도' 이다.

네 번째 태도: I'm not-OK, you're not-OK

임상적으로 이 태도는 정신분열성(schizoid) 또는 조현병(schizophrenia)이다. Berne은 또한 이 태도를 '백해무익한 태도(futility position)' 라고 했다. 이런 태도를 가진 사람들은 '(자살하거나, 미치는 것 등을) …못 할 게 뭐 있어?' 라는 구호에 맞는 각본과 게임을 선택한다.

태도의 이동

Berne은 순간순간 삶의 과정에서 사람은 이 네 가지 태도 중 몇몇 혹은 네 가지 태도 모두 사이를 이동할 수 있다고 보았다. 하지만 그는 일반적으로 사람이 '자신의 삶이 걸려 있고 자신의 게임과 각본의 바탕이 되는… 하나의 기본 태도'

를 가진다고 제안한다(Berne, 1972: 87). 그에 의하면 어떤 사람들은 자신의 기본 태도를 안정적으로 유지하며 좀처럼 그 태도에서 벗어나지 않는다. 다른 사람들은 좀 더 변화 있게 여러 가지 태도 사이에서 움직인다.

하지만 어떤 사람들이 계속해서 다양한 태도 사이를 왔다 갔다한다면 어떻게 이 태도 모델이 예언력을 가질 수 있을까? 이는 Berne 자신이 제기한 질문이다. 자신의 질문에 스스로 대답을 제시하면서, Berne은 다시 한 번 유용한 이론에서 관찰 가능성의 중심적 역할을 강조했다. 그는 '실제 교류에 대한 주도면밀한 분석'을 통해서 제3의 관찰자가 한 사람이 이 네 가지 태도에서 이동하는 패턴을 추적할 수 있다고 보았다. 이를 근거로 관찰자는 이론에 따른 결과를 예언할 수 있는데, 예를 들면 다양한 게임에서 그 사람의 상대적인 선호를 예언할 수 있다. 더 나아가 Berne은 다음과 같이 말한다.

> 일단 예언을 하게 되면, 그것은 더 많은 관찰을 통해서 쉽게 검증될 수 있다. 만일 이후의 행동이 예언을 확증하지 못하면 분석이 잘못되었거나 태도 이론이 잘못된 것이며, 따라서 수정이 필요할 것이다. 만일 예언이 확증되면 그 이론은 더욱 힘을 얻을 것이다. 지금까지의 증거는 이를 지지한다(Berne, 1972: 89).

Berne의 경험주의적 철학에 대해 이보다 더 명확하게 보여 주는 진술문은 생각해 내기 어려울 것이다. 다시 말하지만, 그의 주요 공헌은 기존의 정신역동 이론에 관찰 가능성이라는 요소를 더한 것임을 알 수 있다.

각본의 요소

Berne과 그의 초기 동료들은 치료 실제에서 각본을 연구하면서 사람들의 인생 계획에 몇 가지 공통적인 요소가 있다는 생각을 가지게 되었다. 이러한 구성 요소들을 Berne은 '각본 장치(script apparatus)' 라고 불렀다(Berne, 1972: 106-126). Berne이 원래 제시한 각본 장치를 구성하는 일곱 개의 요소는 다음과 같다.

1. 보상(payoff)
2. 명령(injunctions)
3. 반(反)각본(counterscript)
4. 프로그램(program)
5. 혹하게 하기(provocation)
6. 악마(demon)
7. 내적 분출(internal release)

Berne은 '반(反)각본' 과 '명령' 의 개념은 자신의 동료인

Claude Steiner의 공으로 돌렸다(Berne, 1972: 297).

오늘날 대부분의 각본분석가들은 요소를 해석하는 몇 가지 중요한 측면에서는 Berne과 의견을 달리하지만 위 목록의 첫 번째부터 네 번째까지 요소의 중요성에 대해서는 그에게 동의한다. 그러나 그들은 나머지 세 가지 개념은 중요하게 보지 않거나 각본 장치에서 제외한다. 다음에서 Berne이 기술한 대로 각본 장치의 요소들을 설명할 것이다.

1. 보상 또는 저주

Berne에 따르면 보상 또는 저주(payoff or curse)는 부모가 아이에게 자신의 삶을 끝내라고 말하는 방식이다. 말로 하든 비언어적 신호를 보내든, 부모가 아이에게 보내는 메시지는 '나가 죽어!' 또는 '넌 언젠가는 누구를 죽일 거야!'부터 '오래 살아라!'까지 다양한 양상을 보인다. 때로 부모의 지시는 일종의 암호 형식을 띠기도 한다. 예를 들면, '너는 (말하지 않은 부분: 죽도록 일만 하다가 심장마비로 일찍 죽은) 네 삼촌 해리처럼 될 거야!'와 같은 것이다.

Berne은 여기에서 중요한 조건은 '아이가 그 보상을 수용하지 않는 한 그 보상은 효력을 발휘하지 않는다.'는 것이라고 했다. 아이는 부모의 메시지를 수십 번 또는 수백 번 듣고 나서야 겨우 부모의 명령을 따르기로 결심한다. 또는 부모의 명령을 따르지 않을 수도 있다. Berne에 따르면 드물게는 아이가 신체적 학대와 같은 외상 경험을 하게 될 경우 그런 단일 경험만으로도 부모의 명령을 따르기도 한다.

2. 명령 또는 방해자

Berne은 명령(injunctions)을 '각본 장치에서 가장 중요한 부분'으로 보았다. 그리고 그것을 '부모의 불합리하고 부정적인 명령'으로 정의했다. 명령을 하는 의도는 아이가 보상에서 벗어나지 못하도록 하기 위해서다. 명령의 예로는 '그렇게 영악하게 굴지 마!' '꺼져!' '불평하지 마!' 등이 있다. 명령은 다양한 강도로 전달되며, 앞의 보상 메시지와 마찬가지로 명령도 여러 번 반복되고, 위반했을 시 처벌이 뒤따라야 아이는 그것을 받아들이기로 결정한다.

Berne은 명령의 또 다른 명칭으로 방해자(stopper)를 사용했는데, 이는 사람이 어른이 되어서 명령을 재생하면서 그것이 '그 사람이 가는 길을 막는' 성격이 있다는 것을 전달하기 위한 의미를 지닌다. Berne은 또 다른 비유적 표현으로 전극(electrode)이라고도 했다. 전극이 의미하는 바는 어떤 사람이 부모의 명령을 내면에서 '들을' 때 마치 머릿속에 전극이 주입된 실험동물처럼 즉각적으로 그 명령에 복종한다는 것이다.

3. 반(反)각본

반(反)각본(counterscript) 역시 부모의 메시지를 통해서 전달된다. 그러나 각본 보상이나 명령이 아동기 초기(약 6세 정도까지)에 전달되는 반면, 반각본 메시지는 아동기 후기에 전달된다. 아동기 후기가 되면 아이는 단어와 어휘 구사력이 완성되기 때문에 반각본 메시지의 언어적 내용이 명령에서의 언어적 내용보다 상대적으로 더 중요하게 된다. 부모로부터 오는 메시지는 일반적으로 표어, 격언, 좌우명, 지시문의 형태를 띤다. 어떤 가족에서는 이러한 몇몇 메시지가 한 세대에서 다음 세대로 전수되기도 한다. 예를 들면, '열심히 일해!' '착하게 살아라!' '돈을 아껴라.' 같은 것들이다. Berne은 명령과 선택된 각본 보상이 한 사람의 운명을 결정한다면 반각본은 대개 그 사람의 삶의 방식을 결정한다고 보았다.

4. 프로그램 또는 패턴

여기에서 부모는 아이에게 각본을 완성하기 위해 무엇을 해야 하는지를 가르친다. 이는 종종 모델링을 통해 이루어지기도 한다. Berne은 다음과 같은 예를 들었다. 한 여성의 아버지는 '아름다워야 한다.' 는 반각본 메시지와 '섹시하지만 천박해서는 안 된다.' 는 명령을 내린다. 그리고 그녀의 어머니는 '어떻게 아름다운 여성이 되는지' 의 모델로 자신을 보여 준다(Berne, 1972: 121).

5. 혹하게 하기 또는 꼬시기

Berne은 부모가 보내는 혹하게 하거나(seductive) 욱하게 만드는(provocative) 메시지를 설명하기 위해 이 용어를 사용했다. 혹하게 하기(provocation)는 아이로 하여금 각본을 따르게 하기 위한 일종의 자극으로 작용한다. 꼬시기(come-on)는 부모에게 있는 어린이 자아 상태에서 장난스러운 분위기로 전달된다. 예를 들면, '다 던져 버려, 안 그런다고 뭐 크게 달라지겠어?' '또 저런다, 하하.' 와 같은 것이다.

6. 악마

Berne의 이론에서 악마(demon)는 예측할 수 없는 충동이자 '인간 존재에서 광대,[역자 주] 심리치료에서 조커' 다(Berne, 1972: 122). 이것은 실제 목소리가 어떤 일을 하라고 설득하는 것으로서 마음속에서 경험한다. 예를 들면, 심리치료를 받던 내담자가 악마의 목소리를 따라가서 어떤 뚜렷

역자 주 | 여기서 광대(jester)는 서양 광대로 주로 중세시대와 관련된다. 이 광대는 모자가 특징적인데, 천으로 만들어졌으며 모자 끝이 세 가닥으로 나누어져서 각각의 끝에 방울이 달려 있다(출처: www.wikipedia.com).

한 설명이나 사전의 의사 타진 없이 치료를 그만두는 것이다. Berne은 이에 대해서 "악마는 원초아(Id)의 원래 개념과 같다."라는 흥미로운 각주를 붙였지만 더는 자세하게 설명하지 않았다.

7. 내적 분출 또는 주술 파괴자(spell-breaker)

Berne은 적어도 몇몇 각본에는 어떤 내장된 요소가 있어서 이 요소가 활성화되면 각본은 '자기 파괴적(self-destruct)' 이 된다고 보았다. 이러한 내적 분출(internal release)은 특정한 사건에 수반될 수 있다고 Berne은 제안한다. 사건 자체는 실제로 일어나는 사건이거나 혹은 오직 환상 속에서 존재하는 것일 수 있다. 예를 들면, '아이들이 집을 떠나면…' '심장발작이 일어나게 되면…' '동화 속의 왕자님에게 키스를 받으면…' 등이 있다. 내적 방출 대신에 각본 파괴자(script breaker)가 있을 수 있는데, 각본 파괴자는 시간의 흐름과 관련된다. 예를 들면, '50세가 되면…' '네가 네 아버지 나이가 될 때…' 와 같은 것이다. 이것이 변형되어 나타나는 일반적이고 섬뜩한 각본 파괴자로는 '죽게 되면…' 이 있다.

허가

부모가 주는 메시지가 항상 부정적이고 한계를 지우는 것만은 아니다. 부모는 아이에게 허가(permissions)를 주기도 한다. 그렇지만 허가는 단순히 긍정적인 명령이 아니다. 허가는 여러 가지 중에서 아이가 자유롭게 선택할 수 있는 메시지다. "일종의 낚시 면허[역자 주]와 같은 것이다. 아이가 낚시 면허를 가지게 되면 억지로 고기를 잡으려고 하지 않는다. 아이는 자신이 원하는 대로 낚시 면허를 사용할 수도 있고 사용하지 않을 수도 있다…." (Berne, 1972: 123) 명령과 마찬가지로, 허가도 아이가 말을 배우기 이전의 발달 시기에 아이에게 전달된다.

Berne에 따르면 허가에서 사용하는 말은 긍정적일 수도 있고 부정적일 수도 있다. 예를 들면, '분명하게 생각하는 건 괜찮아.' 또는 '바보같이 행동할 필요 없어.' 와 같다.

Berne은 사람들이 각본을 깨고 나와서 자유로워질 수 있는 능력을 가지는 데 허가가 핵심적인 역할을 한다고 보았다. 더 많은 허가를 받을수록 각본에 덜 얽매이게 된다. 역으로 말하면, 명령이 강하게 주어질수록 각본에 더 얽매이게 되는 것이다.

Berne은 치료자가 할 수 있는 가장 효과적인 치료 개입

역자 주 | 미국과 캐나다에서는 16세(혹은 18세) 이상 65세 이하의 사람이 낚시를 하려면 각 주가 발급하는 낚시 면허(fishing license)를 취득해야 한다.

중 하나가 내담자에게 내담자의 부모로부터 받아보지 못한 허가를 주는 것이라고 보았다. 이에 대해서는 3장에서 보다 자세하게 알아볼 것이다.

열망과 피시스

Berne은 '인간의 운명에 미치는 힘' 을 네 가지로 구별했다(Berne, 1972: 56). 첫 번째는 외부에서 주어지는 숙명(Fate)의 힘이다. 두 번째는 각본에서 부모의 부정적 프로그래밍이 미치는 영향으로, 부모와 아이에게 모두 존재하는 악마(demon)의 목소리에게 설득당하게 된다. 이에 대응하는 긍정적인 측면으로는 부모의 긍정적 프로그래밍[세 번째 힘]이 있는데, 이것은 오래전에 퓨시스(Phusis)[역자 주]라는 생명의 힘의 도움을 받는다. 마지막으로 또 다른 긍정적인 힘인 '독립적 열망(independent aspirations)' 의 힘이 있다. Berne에 따르면 이것은 대개 사람들의 공상에서 '자신이 하고 싶은 대로 할 수 있다면 무엇을 할 것인가에 대한 시각적 이미지' 로 나타나곤 한다.

Berne은 이 두 가지 긍정적인 힘, 즉 열망과 피시스

역자 주 | 그리스어로 '탄생(birth)' 으로 번역되기도 하고 자연(nature), 자연적 성질(nature qualities), 힘(powers) 등으로 번역되기도 한다(출처: www.wikipedia.com).

(Physis, Phusis의 보다 일반적인 음역)에 대해서 자신의 이론적 저서에서 거의 언급하지 않았다. 이 두 개념은 또한 Berne 이후의 교류분석 저서에서도 다루어지지 않고 있다. 그 결과, Berne의 이론과 교류분석은 일반적으로 치유보다는 병리에 무게 중심을 두고 있는 것으로 여겨진다. 즉, 어떤 것이 사람들에게 도움이 되는가보다는 무엇이 잘못되었는지에 더 이론적 관심이 있다는 것이다. 최근에 이루어진 Berne의 업적에 대한 재평가에서 이러한 긍정적인 측면의 중요성이 재조명을 받게 되었다(Clarkson & Gilbert, 1990; Clarkson, 1991 참조).

Berne이 긍정적인 측면을 중요시했다는 점은 그가 심리치료 및 치료자가 해야 할 일에 대해 논의한 부분에서 많이 드러난다. 예를 들면 다음과 같다.

> 각본분석의 목적은 예더와 조를 자유롭게 해서 그들이 세계에 대한 자신들의 열망을 펼칠 수 있도록 하는 것이다. 이것은 그들의 머릿속의 혼란스러운 목소리들[역자 주]을 없앰으로

역자 주 | 원문에서는 the Babel(성경에 나오는 바벨탑 이야기에서 기원한 것. 바벨탑을 쌓는 사람들의 말을 서로 다르게 만듦으로써 탑을 쌓지 못하게 되었고, 결과적으로 그 전에 동일했던 사람들의 언어도 여러 가지로 나누어졌음)로 표현된다.

써 어린이 자아 상태가 '하지만 이것이 내가 하고 싶은 것이고, 내 방식으로 할 거예요.' 라고 말할 수 있도록 하는 것이다(Berne, 1972: 131).

치료에 대한 Berne의 철학에 대해서는 다음 장에서 좀 더 자세히 다룰 것이다.

피시스라는 개념으로 인해 Berne의 교류분석은 '성장하고자 하는 힘(thrust to growth)' 을 강조하는 여타의 인본주의적 접근들과 보다 가깝게 된다. 이러한 인본주의적 접근에는 실존심리치료, 인간중심적 상담 그리고 게슈탈트 치료가 있다. 실제로 Berne은 이러한 운명의 긍정적인 힘에 대해 논의하면서 Fritz Perls의 이론을 즐겨 인용했다(Berne, 1972: 131).

각본의 전달

Berne은 각본 매트릭스 모델을 개발하는 데 있어서 Claude Steiner의 공헌이 컸음을 밝혔다. 동시에 Berne은 자신도 『심리치료에서 교류분석』에서 모델의 기초가 되는 몇몇 아이디어를 만들었고 완전하지는 않지만 일부 그림도 그렸다고 했다(Berne, 1972: 287; 1961: 218; Steiner, 1966). Berne에 따르면 Steiner가 기여한 것은 각본이 아이에게 전달되는 과정에서 부모의 서로 다른 자아 상태들이 어떤 역할을 했는지를 자세하게 밝힌 것이다.

[그림 2-6]은 『인사를 하고 나서 어떤 말을 하시나요?』에 나오는 Steiner-Berne 각본 매트릭스의 가장 완성된 버전에 기초한 것이다. (Berne의 책에 나오는 그림은 특정한 사례의 예와 관련된 설명이 붙어 있다. [그림 2-6]은 저자가 보다 일반적인 형태로 다시 그린 것이다.[저자 주]) 각본 매트릭스에서는 각본 분출 및 열망과 함께 각본 장치의 주요 요소를 보여 준다. 측면에 제시된 화살표는 부모의 세 가지 자아 상태로부터 전달되는 각본 메시지, 그리고 이 메시지가 받아들여지는 아이의 자아

저자 주 | Berne(1972: 128)의 각본 매트릭스 그림에서는 어린이 자아 상태-어린이 자아 화살표가 '각본(Script)'을 나타내는 S로 표시되어 있다. Berne은 때로 Steiner를 따라서, 부모로부터 받은 일련의 명령(injunctions)을 표현하는데 '각본'이라는 단어를 일종의 집합적 용어로 사용했다. 이는 반각본과는 대조되는 표현이다. 따라서 '각본'이라는 말은 각본 전체를 의미하기도 하고, 각본에서 명령과 관련된 부분만을 의미하기도 한다. 이를 명확하게 하기 위해 저자는 어린이 자아 상태-어린이 자아 화살표에 대해 ('각본' 대신) '명령'으로 대치하는 것이 더 좋다고 본다. 어찌 되었든 이것이 일반적으로 현대에 사용되는 용례다.

Berne은 아버지의 어린이 자아 상태에서 그 사람의 어린이 자아 상태로 가는 화살표에 내적 분출(internal release)이라고 표시했다. 하지만 저자는 여기에서 Berne이 내적 분출이 **항상** 동성 부모로부터 전달됨을 제안하는 것은 아니라고 본다(물론 그가 그런 의도로 표시했을 수도 있지만).

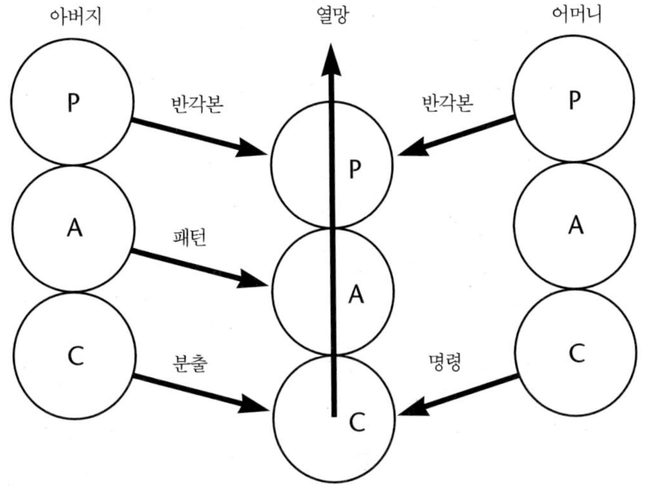

[그림 2-6] 각본 매트릭스

상태를 나타낸다. Berne과 Steiner는 패턴이나 프로그램 또는 어떻게 각본을 성취할 것인가에 대한 일련의 지시문은 동성 부모로부터 전달되는 반면, 명령은 주로 이성 부모로부터 온다고 보았다. 매트릭스 가운데에 있는 수직 화살은 각본에서 벗어나려는 그 사람의 동기를 상징하는 것으로, 자신의 자율적 열망을 성취하는 방향으로 위를 향해 있다.

과정 각본 유형

각본 이론에 대한 Berne의 가장 주목할 만한 공헌 중 하나는 시간에 따라 사람들이 자신의 각본을 살아가면서 일련의 전형적인 패턴을 따라간다는 것을 발견한 것이다. 이러한 패턴은 오늘날 과정 각본 유형(process script types)으로 알려져 있지만, 정작 Berne 자신은 이 패턴들을 그렇게 부르지 않았으며 그것들을 총체적으로 부르는 이름도 붙이지 않았다. 현재 사용되고 있는 명칭인 과정 각본 유형은 이러한 패턴들이 각본의 내용이 아니라 온전하게 각본의 과정과 연관된다는 점을 강조한다. 각본의 내용은 무수히 많으며 개인에 따라서 그 내용이 달라진다. 그러나 각본의 내용과는 대조적으로 과정 각본 유형은 그 수가 몇 개 되지 않는다. Berne은 이를 여섯 가지로 구별하고 다음과 같은 이름을 붙였다.

- 결코 아닌(Never)
- 항상(Always)
- ~할 때까지(Until)
- ~한 후에(After)
- 계속해서(Over and Over)
- 끝이 없음(Open-ended)

이 명칭들은 오늘날에도 여전히 사용되고 있다. 단지 Berne이 '계속해서(Over and Over)' 라고 불렀던 과정 각본 유형은 일반적으로 '거의(Almost)' 라고 불린다. 이는 아마도 여섯 가지 패턴이 모두 '계속해서' 에 이어질 수 있다는 인식[즉, 여섯 가지 패턴이 모두 '계속해서' 라는 과정을 거칠 수 있기 때문에 다른 이름이 필요하다는 인식]을 반영한 것이다.

과정각본 이론에 영향을 미친 이론

여섯 개의 과정 각본 패턴은 Berne의 마지막에서 두 번째 저서인 『인간의 사랑에서 성』에 처음으로 등장한다(Berne, 1970a: 148-155; 또한 Berne, 1972: 205-207 참조). Berne이 이 이론을 만드는 데 있어서 다른 사람의 아이디어를 가져왔다고 해도 그는 이를 참고문헌으로 언급하지 않았다. 그는 그리스 신화의 열성적인 독자였으며, 각 과정 패턴은 각기 해당하는 신화의 영웅이나 여주인공을 가지고 있다.

다음에 각각의 과정 각본 패턴에 대한 설명이 제시되어 있다.

결코 아닌(Never) 이 각본을 가진 사람은 '내가 가장 원하는 것은 결코 가질 수 없어.' 라는 생각 속에 산다. 그들은 그리스 신화에 나오는 영웅인 탄탈루스(Tantalus)와 같다. 그는 음식과 물이 눈앞에 있지만 결코 먹거나 마실 수 없는 저주를 받았다.

항상(Always) 이는 아라크네(Arachne)로 그녀는 여신 미네르바(Minerva)와 베짜기 시합을 해서 어리석게도 이겨 버렸다. 이에 대한 벌로 그녀는 거미가 되어 영원히 거미줄을 짜야 되는 저주를 받았다. 이 각본에 따라서 사는 사람은 자신의 부모로부터 '만약 그게 네가 하고 싶은 거라면 평생 동안 그냥 그렇게 그 일을 하면서 살면 되지.' 라는 메시지를 받고 그에 대한 반응으로 이 각본을 받아들인다.

~할 때까지(Until) 이 과정 각본에서의 구호는 '어느 정도 나쁜 일을 겪을 때까지는 나에게 좋은 일이 생길 수 없다.' 이다. 이는 이아손(Jason)에서 찾아볼 수 있다. 그는 일련의 과제를 수행하고 나서야 왕이 될 수 있었다.

~한 후에(After) 이것은 '…할 때까지' 의 반대다. 이 각본의 패턴은 '지금 좋은 것을 먼저 얻을 수 있어. 하지만 내일 나쁜 일을 겪음으로써 이를 갚아야 되겠지.' 이다. 이에 해당하는 신화 속의 인물로는 데모클레스(Democles)가 있다. 그는 자기 머리 바로 위에 말털 한 오라기에 묶인 칼이 매달린 채로 만찬을 즐겼다.

계속해서(Over and Over, 지금은 '거의' 로 불림) 우리는 시지푸스(Sisyphus)의 신화에서 이 패턴을 볼 수 있다. 그는 영원히 언덕 꼭대기까지 무거운 바위를 굴려 올리는 벌을 받았다. 그가 거의 언덕 꼭대기까지 다다랐을 때 바위는 그의 손에서 미끄러져 다시 언덕 아래로 떨어져 버린다.

끝이 없음(Open-ended) Berne은 이를 '허공에 떠 있는 파이(pie in the sky)[역자 주 1)] 시나리오' 라고 불렀다. 이 과정 패턴에서 사람은 자신의 인생에서 어떤 시점에 다다르고 나서 자신이 자신의 각본에 있는 부모의 모든 명령을 다 완수했고 이제 무엇을 해야 할지 모른다는 것을 깨닫는다. 이에 해당하는 신화로는 필레몬(Philemon)과 바우키스(Baucis)의 신화가 있다. 그들은 월계수 나무로 변해서 평생 서로 곁에서[아무 일도 하지 않고] 가만히 서 있었다.[역자 주 2)]

이러한 그리스 신화에 근거하여 Berne이 과정 각본 패턴의 아이디어를 얻긴 했지만, 그것이 존재한다는 증거는 경험적 관찰에 있다. 이 증거는 현실에서 이러한 각본 패턴이 실제로 존재한다는 것에 대한 명확한 근거를 제공한다. 이러한 과정 각본 패턴은 범문화적으로 적용되며 나이, 성, 학력과 같은 다른 개인 배경 변인과 관련되지 않는 것으로 보인다. 어떤 사람이든지 이 패턴들을 모두 약간씩은 보이지

역자 주 1) 헛된 약속이나 겉만 근사한 말을 가리킨다. 나중에는 천당에 갈 수 있다고 약속하지만 현세에서는 죽도록 일해야 한다.

역자 주 2) '끝이 없음' 에 대해 부연설명을 하면, 나이가 든 사람들이 자신이 해야 할 일을 다 완수하고 나서 이제 어떤 일을 해야 할지 몰라서 남은 인생을 마치 식물처럼 가만히 있거나 나뭇잎이 흔들리듯이 이런저런 이야기를 하면서 보내는 것을 의미한다. 아이들을 열심히 키우고 아이들이 집을 떠난 후에 허탈해하는 엄마나 몸바쳐 일한 직장에서 은퇴한 다음 어떻게 해야 할지 모르는 이들의 대표적인 각본 패턴이다.

만, 자신이 주로 보이는 패턴은 한 가지다. (자주 보이지는 않지만 두세 가지 패턴이 비슷한 중요성을 가지는 사람들도 있다.)

과정 각본의 패턴은 일반적으로 장기간과 단기간 모두에서 볼 수 있다. 예를 들면, 자신의 주요 과정 각본이 '~할 때까지'인 사람은 자신이 은퇴할 때까지 일생 동안 열심히 일하고 그 이후에 삶을 즐김으로써 평생 동안 자신의 패턴에 따라 산다. 그는 또한 매일 이러한 패턴을 보이기도 하는데, 매일 저녁 집으로 일을 가져와서는 밤 9시까지 일하고 나서야 잠시 쉬는 시간을 가지는 것이다.

이런 과정 패턴 중 어느 것이든지 그 내용은 서로 다를 수 있다. 예를 들면, '~한 후에(After)' 각본을 가지고 있는 두 사람이 있다고 하자. 한 사람은 파티에 가서 신나게 즐기고 그다음 날 두통으로 괴로워하면서 일어나는 방식으로 자신의 과정 패턴을 산다. 다른 한 사람은 [꼭 필요하지는 않지만] 가지고 싶었던 물건들을 새로 사들이는 기쁨을 실컷 누리고 나서는 영수증을 보며 괴로워하고 죄책감에 시달리는 방식으로 '~한 후에' 과정 패턴을 사는 것이다.

구조 모델: 보다 정교화된 이론

자아 상태에 대한 기본 구조 모델에서 시작해서, Berne은 자신의 이론을 여러 가지 방식으로 정교화시켰다. 이 절에서는 이렇게 보다 정교화된 영역 중에서 다음의 세 가지를 살펴보고자 한다.

- 구조병리학
- 이차 구조분석
- 에너지 이론과 자기 이론

구조병리학

구조병리학(structural pathology)에 대한 이론에서 Berne은 역기능적 사고, 감정 또는 행동이 시작되는 원천을 보여 주기 위해 자아 상태의 구조 모델을 사용했다. 구조병리학은 혼합(contamination)과 고립(exclusion)이라는 두 가지 범주로 나누어진다.

혼합

[그림 2-7]은 혼합(contamination)의 예를 보여 준다. 모델에서 혼합이란 어린이 자아 상태의 일부분이나 부모 자아 상태의 일부분 또는 두 가지 모두가 어른 자아 상태의 경계를 침범하는 것을 말한다. 그림에서 혼합된 영역은 회색의 겹쳐진 부분으로 표현된다. Berne은 부모 자아 상태와 어른 자아 상태의 혼합에 대해서 편견(prejudice)이라는 단어를 사용했고, 어린이 자아 상태와 어른 자아 상태의 혼합에 대

해서는 망상(delusion)이라는 단어를 사용했다(Berne, 1961: 31-34, 50-56). 사고, 감정, 행동의 측면에서 볼 때 이 그림은 무엇을 의미하는가?

부모 자아 상태와의 혼합에서는 부모 자아 상태 내용의 일부분을 마치 그것이 지금-여기에서의 현실인 것처럼 경험할 것이다. 만일 이 부모 자아 상태의 편견이 도전을 받게 되면, 그 사람은 일반적으로 그 편견이 '합리적' 이라고 방어할 것이다. 이를 표현한다면 그 사람이 부모 자아 상태의 내용을 어른 자아 동질적(Adult-ego syntonic)으로 경험하고 있다고 할 수 있다.

Berne은 '춤추는 것은 나쁘다.' 는 명제를 '증명' 하기로 결심한 선교사의 아들을 그 예로 들었다. 어느 정도 심리치료를 받은 후에 이 선교사의 아들은 그 명제가 자신이 자신의 아버지로부터 통째로 빌려 온 편견이라는 것을 깨닫게 된다. 이론적으로 설명하면 '춤추는 것은 나쁘다.' 는 그 사람의 믿음은 이제 어른 자아 이질적(Adult-ego dystonic)이면서 부모 자아 동질적(Parent-ego syntonic)이 된 것이다. [그림 2-7a]에서 보았을 때, 우리는 그가 부모 자아 상태와 어른 자아 상태 사이의 회색 부분(또는 적어도 이 회색 부분의 일부분)을 없애고 두 개의 자아 상태 간, 즉 부모 자아 상태와 어른 자아 상태 간에 명확한 경계를 세웠다고 볼 수 있다.

어린이 자아 상태와의 혼합도 같은 방식으로 설명할 수 있

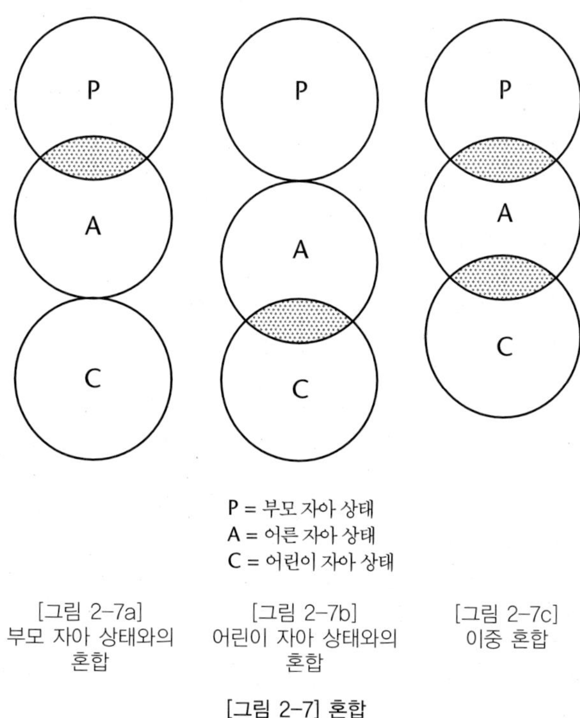

[그림 2-7a] 부모 자아 상태와의 혼합

[그림 2-7b] 어린이 자아 상태와의 혼합

[그림 2-7c] 이중 혼합

[그림 2-7] 혼합

다. 그런데 이 경우에는 어린이 자아 상태의 신념이 어른 자아 상태의 현실 검증 기능을 흩뜨리고 있는 것이다. 이에 대해서 Berne은 "사람들이 제가 욕실에 있는 것을 훔쳐보고 있어요."라고 말하는 한 여성을 예로 들었다. 제3의 관찰자가 보기에는 이에 대한 사실적 증거가 전혀 없었다. 그렇지만 그 여성은 누군가가 자신을 염탐하고 있다고 계속 주장했다. 그녀의 어린이 자아 망상이 어른 자아 동질적이었던 것이다. 치료를 받으면서 그녀는 자신을 훔쳐보는 사람이 현실이 아니라 자신이 어린 시절에 겪었던 외상 사건에 있었음을 알게 되었다.

고립

Berne에 따르면 어떤 사람들은 자신의 자아 상태 구조의 일부를 방어적으로 닫아 버리는데, 이것이 **고립**(exclusion)이다. 고립은 '어떤 위협적인 상황에 부딪혀도 최대한 오래 굳건하게 지속되고, 일정한 틀이 있으며, 예상 가능한 태도로 드러난다.' (Berne, 1961: 27-31) 예를 들면, 자신의 어른 자아 상태와 어린이 자아 상태를 닫은 사람은 **고립된**(또는 일관적인) **부모 자아 상태**에 있다고 할 수 있다. 그 사람은 거의 항상 자신의 부모로부터 빌려 온 방식으로 행동하고 사고하고 느낀다. 외부 관찰자의 눈에 가장 뚜렷하게 드러나는 특징은 그 사람의 대화 패턴이 거의 모든 상황에서 반복해서 일련의 상투적인 말과 격언과 표어로 구성되어 있다는 것이다.

어떤 사람이 **고립된 어린이 자아 상태**에 있을 경우, 그 사람은 충동적 자기애 성격이나 몇몇 조현병 양상과 같은 임상적 특징을 보인다고 Berne은 제안했다. 여기에서 어른 자아 상태의 현실 검증 기능과 부모 자아 상태의 규칙 준수 및 양육 기능은 모두 배제된다.

고립된 어른 자아 상태에 대해서 Berne은 다음과 같은 과학자의 예를 들었다.

…[이 과학자는] 계획자, 정보수집자, 자료처리자로서 혼자 거의 모든 일을 처리했다. 파티에서 그는 다른 사람들과 어울려 즐길 수 없었고, 필요한 경우에도 아내에게 남편 역할을 하거나 학생들에게 아버지 같은 따듯한 격려를 줄 수 없었다(Berne, 1961: 29–30).

Berne이 언급했던 '즐길 수 없는 사람'의 예는 이후 대중적인 교류분석 저서에서 보다 널리 알려졌다. 이로 인해 '어른 자아 상태는 오로지 생각과 계산에만 신경을 쓰는 냉정한 자아 상태다.'라는 잘못된 관념이 널리 퍼지게 되었다. 실제로 자아 상태에 대한 Berne의 완전한 정의에서는 어떤 사람이 어른 자아 상태에 있는 동안 생각하고 느끼고 행동하는 것을 동시에 할 수 있음을 분명하게 명시했다.

이차 구조분석

Berne에 따르면 치료에서 부모, 어른, 어린이 자아 상태의 세 부분으로 구성된 기본 모델을 사용하여 구조분석을 하면 임상 작업에서 요구되는 모든 정보를 얻을 수 있다. 그러나 특정한 문제에 대한 단서를 찾기 위해서는 때로 자아 상태 구조에 대한 보다 세밀한 분석이 필요하다. Berne은 이를 이차 구조분석(second-order structural analysis)이라고 했다.

부모 자아 상태의 이차 구조

부모 자아 상태는 그 사람이 부모(또는 부모 역할을 하는 사람)로부터 빌려 온 사고, 감정, 행동의 일정한 세트로 정의된다. 이 부모(또는 부모 역할을 하는 사람)는 또한 자신의 부모, 어른, 어린이 자아 상태를 가진다. 따라서 우리가 원한다면 우리는 한 사람의 부모 자아 상태를 [그 사람의 부모 역할을 한 사람의] 부모, 어른, 어린이 자아 상태의 관점에서 분석할 수 있다. 이것이 부모 자아 상태에 대한 이차 구조분석이다.

예를 들어, 잭이 자신의 아버지를 모방한 부모 자아 상태에 있다고 가정해 보자. 이 자아 상태에서 잭은 자신의 아버지가 부모, 어른 또는 어린이 자아 상태에 있을 때 사용했던 행동과 사고와 감정을 재생산할 수 있다. 가령 잭의 아버지가 부모 자아 상태에 있을 때 '처음 시도해서 성공하지 못했다면 다시 시도하고 또 시도하라!' 라는 구호를 자주 사용한다고 하자. 사실 잭의 아버지는 이 구호를 자신의 아버지(즉, 잭의 할아버지)로부터 빌려 왔을 것이다. 이제 잭은 자신이 부모 자아 상태에 있을 때 자신의 아버지가 했던 것과 똑같은 구호를 반복하게 된다. 이차 구조 모델의 관점에서 보면 잭은 그의 (아버지) 부모 자아 상태의 부모 자아 상태에 있는 것이다.

부모 자아 상태의 이차 구조는 [그림 2-8a]에 제시되어 있다(Berne, 1961: 209).[저자 주] 보다 간단하게 표현하기 위해 그림

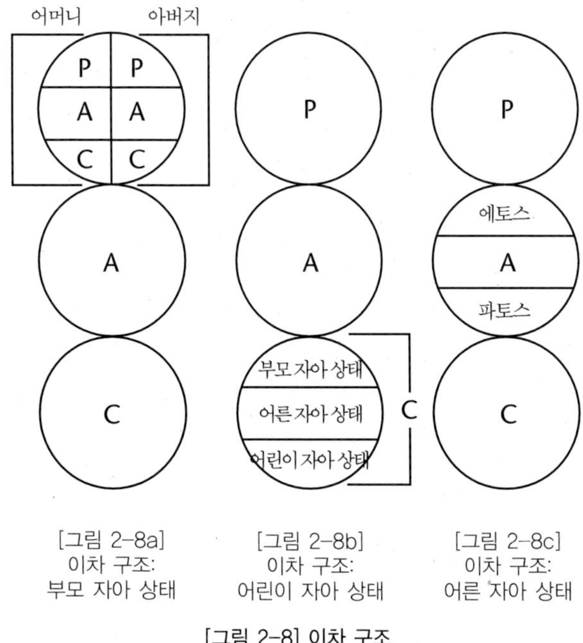

[그림 2-8a]
이차 구조:
부모 자아 상태

[그림 2-8b]
이차 구조:
어린이 자아 상태

[그림 2-8c]
이차 구조:
어른 자아 상태

[그림 2-8] 이차 구조

에서는 부모 역할을 하는 중요한 인물을 어머니와 아버지로만 보았다. 부모 자아 상태에 해당하는 원을 세로로 더 나누면 부모 역할을 하는 다른 사람들도 추가할 수 있다.

저자 주 | Berne이 원래 그린 이차 구조 그림(Berne, 1961: 209)에서 Berne은 구조의 하위 부분을 표시하기 위해 여러 가지 숫자를 첨자로 사용하였다(예: P_1, A_2 등). 후대 저자들 또한 이렇게 숫자를 붙이는 형식을 차용해서 지금은 이것이 기본 모델로 사용되고 있지만, 원래 Berne이 사용했던 그림과는 또 다르다. 여기에서는 혼란을 없애기 위해 Berne이 사용했던 숫자는 생략했다.

어린이 자아 상태의 이차 구조

우리는 또한 어린이 자아 상태에 대해서도 이차 구조분석을 해 볼 수 있다. Berne은 취학 연령이 된 소년의 예를 들어서 어린이 자아 상태의 이차 구조분석을 보여 주었다(Berne, 1961: 207-211). 그 소년을 피터라고 하자.

피터에게는 네 살 어린 여동생이 있다. 때로 피터는 아빠가 자기에게 했던 것처럼 블록 쌓기를 보여 주면서 여동생을 돌본다. 또 어떤 때에는 엄마가 자기를 꾸짖었던 것처럼 여동생을 꾸짖기도 한다("그러면 안 돼!"). 이때 여섯 살인 피터는 부모 자아 상태에 있다.

어떤 때에 피터는 자기 나이에 맞는 단어를 사용해서 여동생과 이야기를 하기도 하고, 여동생과 놀아 주기도 하고, 여동생에게 같이 놀자고 하기도 한다. 또 이따금 동생에게 화가 나면 피터는 자기 나이에 맞는 방식으로 자신의 분노를 표현하기도 한다. 이때 피터는 자신의 현재 나이에서 사고하고 느끼고 행동하고 있다. 즉, 여섯 살 나이에 맞는 어른 자아 상태에 있는 것이다.

때때로 피터는 어린 여동생이 왔기 때문에 엄마, 아빠의 사랑을 잃을까 봐 겁이 나기도 한다. 그럴 때 피터는 엄지손가락을 빤다. 이것은 피터가 훨씬 더 어렸을 때에는 했지만 여동생이 태어나기 전까지 한동안은 하지 않았던 행동이다. 여섯 살 난 피터는 스트레스를 받으면 더 어린 시절에 사용했던 감정, 생각, 행동으로 퇴행하는 것이다. 즉, 그는 어린이 자아 상태에 있게 된다.

이제 20년이 흘렀다고 가정해 보자. 우리는 성인이 된 피터를 만나게 된다. 때로 피터는 자신이 여섯 살이었던 때로부터 나오는 어린이 자아 상태로 이동한다. 이 어린이 자아 상태는 피터가 여섯 살 때 자기(self)의 생각, 감정, 경험을 완전히 재생하는 것이다. 따라서 이것은 우리가 방금 살펴보았던 여섯 살 때 피터의 부모, 어른, 어린이 자아 상태를 포함하고 있을 것이다. 성인이 된 피터는 심한 스트레스 상황을 만나게 되면 여섯 살 때의 어린이 자아 상태의 보다 어린 어린이 자아 상태로 퇴행해서 손가락을 빨기 시작할지도 모른다.

어른 자아 상태의 이차 구조

우리가 부모 자아 상태나 어린이 자아 상태와 동일한 기준을 사용해서 어른 자아 상태에 대한 이차 구조분석을 할 수 없다는 것은 분명하다. 어른 자아 상태는 계속해서 변화하는 지금 여기에서의 그 사람의 경험, 즉 생각, 감정, 행동의 총합으로 정의된다. 부모 자아 상태와 달리, 어른 자아 상태는 다른 사람으로부터 빌려 온 자아 상태의 내용을 담고 있지 않다. 어린이 자아 상태와 달리, 어른 자아 상태는 그 사람의 과거 자아 상태를 재생하는 것이 아니다.

그렇지만 Berne은 어른 자아 상태에 대한 이차 구조분석을 제안했다. 그는 "많은 경우 몇몇 어린아이 같은 성질이 어른 자아 상태로 통합되며(integrated), 이는 혼합과정과는 다른 방식이다."라고 보았다(Berne, 1961: 211). Berne은 어떤 사람들이 '어른 자아 상태로서 기능할 때 어린이에게서 볼 수 있는 것을 연상시키는 매력과 개방성을 가지고 있다.'는 자신의 관찰을 그 근거로 보았다. 또한 사람들은 어른 자아 상태에서 작동할 때 부모 자아 상태와 같은 특질을 보이기도 한다고 하였다. 이는 '성인으로서의 책임감을 지닌 사람들로부터 공히 기대할 수 있는 용기, 진실성, 충성, 신뢰감과 같은 도덕적 특질' 이다(Berne, 1961: 211).

이렇게 때로 어른 자아 상태에 통합되는 '어린이 같으며 윤리적인 측면들' 을 Berne이 어떻게 그렸는지가 [그림 2-8c]에 나와 있다. 그는 어른 자아 상태에서 어린이 자아 상태 같은 측면을 파토스(pathos), 어른 자아 상태에서 부모 자아 상태 같은 측면을 에토스(ethos)라고 불렀다. 어른 자아 상태의 나머지 부분은 일반적으로 정의되는 어른 자아 상태의 특징을 나타낸다. Berne은 자신이 이 주제에 대해 저술하고 있던 당시에 이 '통합' 의 과정이 '구조분석에서 가장 명확하지 않은 영역' 이라는 것을 시인했다(Berne, 1961: 211). 실제로 그는 '통합' 이라는 단어에는 보통 따옴표를 붙였다. 그리고 『심리치료에서 교류분석』 이후에 자신의 저서에서 이 주제를 다시 다루지 않았다.

에너지 이론과 자기 개념

주지하다시피, Berne은 기본적으로 실제 세계에서의 관찰에 바탕을 두고 자신의 구조분석 이론을 세웠다. 그러나 그는 또한 이러한 경험적 관찰에 의한 결과를 정리할 수 있는 보다 추상적인 이론적 틀을 개발할 필요가 있음을 느꼈다. 특히 Berne은 다음의 두 가지 질문에 대한 이론적 답변을 제시하고자 했다. 첫째, 사람이 '하나의 자아 상태에서 또 다른 자아 상태로 이동할' 때 실제로 어떤 일이 일어나는가? 둘째, 사람의 '자기 개념(sense of Self)'의 본질은 무엇이며, 어떻게 그것을 자아 상태의 이동과 관련지을 수 있는가?

이 주제에 대한 Berne의 글은 상당히 복잡해서 여기에서는 한 번 훑어보는 것 이상으로 깊이 들어갈 수 없다. 이 주제에 대해 보다 깊이 있게 알아보고자 한다면, 『심리치료에서 교류분석』(Berne, 1961)과 『인사를 하고 나서 어떤 말을 하시나요?』(Berne, 1972)에 나와 있는 Berne 자신의 설명을 읽어 볼 것을 권한다. 이 이론에 대한 자세한 비평은 Clarkson(1991)에서 찾아볼 수 있다.

Sigmund Freud는 자신의 이론을 개발하면서 이와 유사한 질문을 던졌는데, 그때 그는 'Besetzungsenergie'라는 이론적 개념을 제안했다. 이 독일어 단어에 정확하게 대응하는 영어 단어는 없다. 그것은 '무언가로 가득 찬 에너지를 불어넣는다.'는 뜻을 가지고 있다(Bettelheim, 1983: 89 참조). 일반적으로는 '카섹시스(cathexis)'나 '정신 에너지(psychic energy)'로 번역된다. Berne은 Freud의 이 개념을 받아들이면서 그것을 설명하는 데 사용된 영어 단어가 모호함을 인정했다(Berne, 1961: 26n).

Berne에게 '카섹시스'는 완전히 추상적인 용어다. 그것은 (아직) 관찰되거나 측정될 수 없는 에너지의 특정 형태를 나타낸다. 우리가 자아 상태로 성격을 그린다면, 여기에서의 가정은 카섹시스가 하나의 자아 상태 유형에서 다른 자아 상태 유형으로 흘러간다는 것이다. 또한 하나의 자아 상태가 특정 순간에 카섹시스를 더 많이 가지고 있을 수도 있고 더 적게 가지고 있을 수도 있다고 가정한다.

카섹시스가 자아 상태 '사이를 흘러 다니거나' 혹은 자아 상태가 그것을 '담고 있을' 수 있다고 가정한다면, 우리는 자연스럽게 각각의 자아 상태가 어떤 형태의 경계(boundary)를 가지고 있는 것으로 그려 볼 수 있다. Berne은 이러한 전체적인 이론적 그림이 단지 '개념이나 비유'일 뿐이라고 주의를 주면서도, 언젠가 이에 대한 신경학적 검증이 가능할 것이라고 제안했다(Berne, 1961: 21).

구속된, 구속되지 않은 그리고 자유로운 카섹시스

Freud는 카섹시스가 구속된(bound) 형태와 자유롭게 움직이는(freely mobile) 형태의 두 가지 형태를 띤다고 제안했다. Berne은 이와 같이 두 가지로 구분하는 것이 몇몇 현상, 특히 '자기(Self)' 감정과 연결된 현상을 설명하기에 적절하지 않다고 보았다(Berne, 1966: 298; Freud, 1949). 이에 그는 정신 에너지가 **구속된(bound)** 형태, **구속되지 않은(unbound)** 형태, **자유로운(free)** 형태의 세 가지 다른 형태를 띨 수 있다고 가정했다. 이 세 용어를 설명하기 위해 그는 '나무 위의 원숭이' 라는 비유를 사용했다(Berne, 1961: 23).

원숭이가 나무 위 높은 곳에 가만히 앉아 있을 때, 원숭이의 높은 위치는 잠재적인 에너지를 제공한다. Berne의 비유에서 이것은 **구속된 카섹시스**, 즉 그 사람의 자아 상태 중 하나와 연결되어 있지만 현재 작동하고 있지는 않은 정신 에너지에 해당한다. 원숭이가 나무에서 떨어졌다고 가정해 보자. 이제 잠재적 에너지는 운동 에너지로 전환된다. 이것은 구속된 카섹시스가 **구속되지 않은 카섹시스**로 전환되는 방식을 나타낸다. 이미 자아 상태에 내재해 있던 정신 에너지는 이제 그 사람이 사용할 수 있는 에너지가 된 것이다. 그러나 원숭이는 살아 있는 생명체이기 때문에 세 번째 선택지를 가지고 있다. 즉, 나무에서 뛰어내리기로 결심하는 것이다. 만일 나무에서 뛰어내리면, 원숭이는 세 번째 종류의 에너지인 근육

에너지를 사용하게 된다. Berne의 이론에서 이것은 자유로운 카섹시스가 어떤 것인가를 보여 준다. 사람은 하나의 자아 상태에서 또 다른 자아 상태로 자유롭게 이동할 수 있는 일정량의 정신 에너지를 가지고 있다는 것이다.

자유로운 카섹시스와 구속되지 않은 카섹시스가 같이 합쳐지게 되면, 그 결과로 나오는 총합은 활동적인(active) 카섹시스로 알려져 있다. 이는 자유로운 카섹시스와 구속되지 않은카섹시스가 모두 어딘가에 묶여 있기보다는 그 사람이 사용할 수 있는 에너지임을 나타낸다. Berne은 자유로운 카섹시스가 자아 상태의 경계를 가로질러서 자유롭게 이동할 수 있다고 보았다. 대조적으로 구속되지 않은 카섹시스와 구속된 카섹시스는 일정한 정도 내에서만 자아 상태의 경계를 넘나들 수 있다.

이렇게 세 가지 범주의 정신 에너지를 사용해서, Berne은 사람의 '자기' 에 대한 지각과 그것이 그 사람이 그 순간에서 이미 사용하고 있는 자아 상태와 어떻게 관련되는지에 대한 이론적 설명을 만들었다.

실행력과 실제 자기

Berne의 이론에서 실행력(executive power)을 가진 자아 상태는 그 순간에 그 사람의 행동을 지휘하는 자아 상태다. 이것은 그 사람이 '실제의 나(really me)' , 즉 진짜 자기(real

Self)로 경험하는 자아 상태와 같을 수도 있고 다를 수도 있다. Berne은 이 두 가지 용어를 다음과 같이 정신 에너지와 관련지었다.

1. 자유로운 카섹시스가 우세한 자아 상태가 그 사람의 진짜 자기로 경험될 것이다.
2. 어떤 주어진 순간에서 활동적인 카섹시스(구속되지 않은 카섹시스와 자유로운 카섹시스의 총합)가 가장 큰 자아 상태가 실행력을 발휘할 것이다.

Berne은 그 예로 한 사례를 인용했다(Berne, 1961: 20-24). 그의 환자인 T 부인이라는 젊은 여성은 청결함에 대한 강박관념과 먼지에 대한 공포를 경험해서 치료를 받으러 왔다. 그녀는 하루에도 몇 번씩 손을 씻는 강박관념에 사로잡혔다. T 부인은 세 가지 다른 시점에서 세 가지 다른 방식으로 자신의 문제를 경험했다.

1. 어떤 때 그녀는 잠시 동안 강박적인 패턴에서 벗어난다. 이럴 때 그녀는 청결함에 대한 강박관념이 없고 명랑하고 의사소통도 원활했다.
2. 또 어떤 때 T 부인은 강박적으로 손을 씻는 행동을 하지만 자신의 행동에 기분이 좋지 않다. 이때 그녀는 '자

기 자신이 아니라고' 경험하지만 '자신의 행동을 멈출 수 없을 것 같다.'

3. 또 다른 때 T 부인은 불안한 감정이 전혀 없이 자신의 강박적 패턴을 따라간다. 이럴 때 그녀는 자신이 자주 손을 씻는 행동이 자연스럽고 필요한 행동이라고 느낀다. 그리고 왜 그런 행동을 하는지 질문을 받으면 다른 사람이 보기에는 억지로 합리화하는 그런 이유들을 대곤 한다.

Berne은 이를 다음과 같은 방식으로 자신의 이론적 틀과 연관 지었다.

1. T 부인이 문제가 없는 시기에 있을 때에는 외상을 입은 그녀의 어린이 자아 상태가 주로 구속된 카섹시스를 가지고 있다. 그리고 그녀의 어른 자아 상태는 자유로운 카섹시스로 가득 차 있다. 따라서 그녀는 [자유로운 카섹시스로 가득 차 있는] 자신의 어른 자아 상태를 진짜 자기로 경험한다. 또한 그녀의 어른 자아 상태에 원래 있었던 카섹시스는 주로 구속되지 않은 카섹시스다. 결과적으로 어른 자아 상태에 있는 활동적인 카섹시스의 총합(구속되지 않은 카섹시스와 자유로운 카섹시스의 합)이 어린이 자아 상태나 부모 자아 상태에 있는 활동적인 카섹

시스보다 더 크다. 따라서 이 시기에는 그녀의 어른 자아 상태가 실행력을 갖는다. 달리 말하면, T 부인이 건강하게 행동하는 방식이 그녀가 '그녀 자신'을 표현하는 것으로 보인다.

2. T 부인이 강박적으로 손을 씻지만 이에 대해 불편함을 느낄 때에는 그녀의 혼란스러운 어린이 자아 상태에 있는 카섹시스가 구속되지 않은 카섹시스가 된다[1번에서는 어린이 자아 상태의 카섹시스가 구속된 카섹시스이므로 작동하지 않았음]. 그녀의 자유로운 카섹시스의 대부분은 여전히 어른 자아 상태에 있다. 그러나 전체적으로 보았을 때 이제는 어린이 자아 상태가 어른 자아 상태나 부모 자아 상태보다 더 많은 활동적인 카섹시스를 가지게 된다. 따라서 [활동적인 카섹시스가 많은] 손 씻는 행동을 하는 어린이 자아 상태가 실행력을 가지게 되고, 그녀의 진짜 자기는 [자유로운 카섹시스를 가진] 어른 자아 상태에 있게 된다. 따라서 그녀의 강박적인 양상은 어른 자아 이질적이다. 이에 그녀는 '자기 자신이 아닌' 것처럼 느낀다.
3. T 부인이 자신의 손 씻는 행동을 합리화하고 이를 '자신의 한 부분'으로 느낄 때, 그녀의 어린이 자아 상태에 있는 카섹시스는 여전히 구속되지 않은 상태로 존재한다. 그렇지만 이제 그녀의 대부분의 자유로운 카섹시스

는 어린이 자아 상태에 옮겨져 있다. 따라서 이제 어린이 자아 상태가 실행력을 가질 뿐만 아니라 '진짜 자기'로 경험되는 것이다.

Berne은 자아 상태 구조를 통해서 '자기의 감정이 자유로운 카섹시스와 함께 움직이는' 방식을 표현하기 위해 움직이는 자기(moving Self) 개념을 제시했다(Berne, 1972: 248-254).

분명히 Berne의 이론적 설명은 교류분석 모델에 바탕을 둔 단순한 관점, 즉 인간은 세 가지 자아 상태 중 하나를 취한다는 관점을 불식한다. 자아 상태의 전환은 이보다 훨씬 더 미묘한 것으로 나타난다. '움직이는 자기'가 이차 구조 모델의 모든 하위 부분에 갈 수 있다는 것을 고려한다면 여기에서 나타날 수 있는 복잡성은 더더욱 커진다. 예를 들면, 내가 나의 어머니 부모 자아 상태에 있는 아버지 부모 자아 상태(즉, 나의 외할아버지)의 내용을 '나의 진짜 자기'로 경험하는 것이 가능할 수도 있다.

Berne은 자신의 이론에서 자기(Self)라는 개념이 자세하게 설명되지 않았다는 점을 분명히 했다. 그의 마지막 저서에서 Berne은 구조분석에 대해 다음과 같이 썼다.

구조분석은 적어도 공식적으로는 존재의 핵심인 자기를

> 다루지 않는다. 구조분석은 그것의 영역 밖에 있는 개념이자 자기가 존재하는 공간인 자유로운 카섹시스라는 구성 개념을 의도적으로 내놓았다. 따라서 이로 인해 철학자, 형이상학자, 신학자, 시인과 같은 사람들이 자신들이 보기에 적합하다고 생각하는 방식으로 다룰 수 있는 커다란 장이 생긴 것이다(Berne, 1972: 369).

정신 에너지와 자기에 대한 Berne의 설명을 살펴보는 것을 끝으로 그의 이론에 대한 개관을 마치고자 한다. 다음 장에서는 이론에서 실질적인 적용으로 옮겨 간다. Berne은 어떻게 자신의 이론적 생각을 심리치료 실제에 적용시켰는가?

3 주요 치료적 공헌

…우리가 단 하나의 논문을 써야 한다면 그것은 '어떻게 환자를 치유하는가?'일 것이다. 이 논문이야말로 우리가 우리 일을 제대로 하고자 한다면 쓸 가치가 있는 유일한 논문이다(Berne, 1971: 12).

치유할 것, 언제나 치유할 것, 이것이 심리치료자로서 Eric Berne에게 가장 중요한 목표였다. 그는 자신의 저서에서 여러 차례 이를 강조했다. 이 장에서는 '환자를 치유하는' 실질적인 과제에 대해 Berne이 어떤 논지를 폈는지 살펴보고자 한다.

첫 번째 절에서는 심리치료에 대한 Berne의 철학을 살펴본다. 따라서 첫 번째 절은 뒤에 나오는 모든 내용의 토대가 된다. 앞으로 살펴보겠지만, Berne은 효과적인 심리치료의 성격과 목표에 대해 확고한 의견을 가지고 있었다. 또한 그는 언제나 이러한 자신의 의견을 있는 그대로 솔직하게 표현했다. 두 번째 절에서는 심리치료자에게 요구되는 자질에 대해 Berne이 쓴 글을 살펴볼 것이다. 이는 자연스럽게 세 번째 절의 주제인 심리치료 관계에 대한 그의 생각과 연결된다.

Berne은 '치유'라는 목적에 골몰해 있었다. 그렇다면 그는 치유를 어떻게 정의했는가? 이 질문에 대한 답이 네 번째 절에서 다루어진다. 그리고 다섯 번째와 여섯 번째 절에서는 Berne의 치료 접근에서 핵심이 되는 치료의 두 가지 측면인 계약법과 치료 순서에 대해 알아볼 것이다.

심리치료에 대한 Berne의 철학

Berne에게 심리치료는 오직 치유를 목표로 하는 적극적인 과정이다. 심리치료자는 자신의 모든 전문적 기술을 동원해서 가능한 한 효과적이고 신속하게 치유를 가져와야 할 책임이 있다. Berne은 치유 이외에 다른 치료 목표는 이러한 전문가로서의 책임감을 유기하는 것으로 보면서 다른 치료 목표를 인정하지 않았다.

'치유' 대 '진전을 보이는 것'

Berne은 특히 '치유(cure)' 와 '진전을 보이는 것(making progress)' 을 분명하게 구별했다.

> '진전을 보이는 치료(Making-Progress Therapy)' 는 '완전히 분석받을 때까지는 나아질 수 없다.' 를 의미한다. 반면, '환자를 치유하는 치료(Curing-Patients Therapy)' 는 '먼저 낫게 하고, 그 후에도 여전히 원한다면 분석을 해 주겠다.' 는 것을 의미한다(Berne, 1972: 377).

Berne은 여러 가지 이야기와 비유를 사용해서 이 점을 강조했다. 그는 '진전을 보이는' 환자를 조약돌이 가득 담긴 무거운 가방을 등에 지고 해변을 따라 터벅터벅 걸어가다가 가끔씩 조약돌을 하나씩 떨어뜨리면서 가방 무게를 줄여 나가는 사람으로 비유했다. '치유' 는 간단하게 가방끈을 싹둑 잘라냄으로써 환자가 단번에 모든 짐을 내려놓을 수 있도록 하는 것을 의미한다(Berne, 1972: 377).

또 다른 비유로 Berne은 고르디오스의 매듭(Gordian knot)[역자 주]이라는 고대 신화와 연결 지었다. '진전을 보이는

역자 주 | 알렉산더 대왕과 관련된 신화다. 어떤 수레가 기둥에 묶여 있었는데 그것을 묶은 매듭을 푸는 사람이 훗날 왕이 될 것이라는 예

것' 은 매듭을 풀고자 노력하는 것이다. 이 경우 때로 몇 가닥이 풀려나오기도 하겠지만 매듭 자체는 여전히 꽉 묶여 있다. '치유' 는 치료적 칼을 가지고 목표물을 잘 겨누어서 매듭 한가운데를 잘라 버림으로써 매듭을 푸는 것이다 (Berne, 1968c, 1972: 377). Berne은 여기에 질문 하나를 덧붙인다. '왜 매듭을 푸는 것 대신에 매듭을 잘라 버리는 것이 비윤리적으로 간주되는가?'

또 다른 예로, 그는 자신이 좋아하는 설명 중 하나인 개구리와 왕자 또는 공주 이야기를 들었다.

> …치료 목적에는 두 가지 종류가 있다. 첫 번째 목적은 조금 더 나아지는 것 또는 '진전' 이라는 것을 시도하는 것이다. 결과적으로는 조금 더 편안한 개구리를 만드는 효과가 있다. 두 번째 목표는 완전히 낫는 것 또는 '치유' 를 위한 것이다. 이는 개구리의 껍질을 벗기고 잠시 지체되었던 왕자나 공주가 되는 과정을 다시 시작하는 것이다(Berne, 1966: 290).

Berne은 종종 심리치료의 목표로 거론되는 몇 가지를 겉

언이 있었다. 많은 사람들이 매듭을 풀고자 했으나 실패했다. 기원전 333년에 알렉산더가 그곳에 와서 매듭을 풀려고 했으나 실패했고, 이내 칼로 매듭을 끊음으로써 성공했다(출처: www.wikipedia.com).

만 번지르르한 핑계나 구실로 보고, 그에 대해서도 날카롭게 비평했다. '통찰' 만을 목표로 삼는 심리치료자들에 대해서 Berne은 다음과 같이 말했다. "이런 치료자에게 가장 '통찰력 있고' '흥미로운' 환자는 시체 공시소에서 가장 똑똑한 사람들이거나 주립 병원 또는 교도소에서 가장 똑똑한 사람들일 것이다." (Berne, 1972: 303)

치료 목표의 선택에 대해서 쓴 보다 공식적인 글에서, Berne은 치료자들에게 '단순한 기회주의, 분명하지 않은 생각, 치료에서 맛보는 환희' 에 대해 경고했다(Berne, 1966: 8). 나아가 그는 다음과 같이 충고한다. " '같이 나누기' '통합' '성숙' '성장' 과 같은 용어들은 (만약 사용한다면) 느슨하기보다는 가장 엄격한 방법론적 원리에 따라서 주의 깊게 정의되어야 한다." (Berne, 1966: 8)

시간 요인

'먼저 낫게 하고 그 후에 분석한다.' 는 Berne이 자주 언급한 슬로건으로, 치유가 목표라는 것뿐만 아니라 가능한 한 빨리 이루어져야 한다는 것을 강조한다.

> 나는 마음이 급하다. 나는 사람들을 치유하고 싶다. 나는 진전을 보이는 것에는 관심이 없다…(Berne, 1971).

> 치료자의 과제는… 내담자 개개인의 아픔을 치유하기 위해 필요한 작업이라면 어떤 것이든 가능한 한 빨리 시행하는 것이다…. 그렇게 하지 않는다면 '치료자' 라는 이름은 잘못 붙여진 것이다…(Berne, 1966: 165).

이러한 목표를 논리적으로 따라가서 최종 결론을 내리면, 이상적인 심리치료는 '단일 회기 치유(one-session cure)' 가 된다. Cheney(1971)에 따르면 이것이 바로 Berne이 자신의 수련생이나 동료들에게 종종 권장한 것이다. Cheney는 "Berne은 그러한 목표의 어려움을 아주 잘 알고 있다는 뜻의 미소를 지으며 이를 말했다." 고 덧붙인다. Berne은 자주 자신의 논점을 강조하기 위해 이를 과장해서 말하곤 했다. 즉, 심리치료자의 목표는 치료를 연장하기보다는 되도록 단축해야 하며, 이때 일관적으로 치유가 목표가 되어야 한다.

심리치료자의 책임

Berne은 '치료자가 사람들을 도울 수는 없다. 사람들은 스스로를 도와야 한다.' 는 제안을 받아들이지 않았다. 그는 다음과 같이 말한다.

> 만약 자신의 문제가 무엇인지 잘 알고 있는 어떤 사람이 심리치료에 왔는데, 당신[심리치료자]이 "나는 당신을 도울

수 없습니다. 당신은 스스로를 도와야 합니다."라고 말한다면 그 사람은 바로 나가 버릴 것이다. 나는 그 사람을 비난하지 않는다(Berne, 1971: 11).

Berne은 자신이 좋아하는 '숙련된 장인으로서의 심리치료자' 비유를 들면서 자신의 의견을 강조했다. 자신의 마지막 대중 강연에서 그는 다음과 같이 말했다.

개인적으로 나는 머리를 고치는 수리공입니다. 그게 나라는 사람입니다. 마치 여러분이 머릿속의 어떤 톱니바퀴가 고장이 나서 나를 찾아오고, 그러면 나는 "좋아요, 어디 한 번 당신의 머리를 고쳐 봅시다."라고 하는 것입니다…. 여러분도 이렇게 하고 싶다면 여러분이 제일 먼저 배워야 하는 것은 단순한 순수 심리치료입니다(Berne, 1971: 12).

이러한 '머리 수리공'의 비유는 보일러 기술자에 대한 Berne의 이야기에서 이미 등장했다.

이것은 보일러를 수리하기 위해 부른 기술자의 접근입니다. 그는 막힌 밸브를 하나 찾아서 그것을 두드려 보일러를 고칩니다. 그는 100달러 청구서를 내밉니다. 보일러 주인은 망치를 한 번 두들긴 값치고는 너무 비싸다고 하면서 세부

명세서를 요청합니다. 그러자 수리공은 이렇게 적어 줍니다. "망치로 보일러를 친 값 1달러. 어디를 쳐야 할지 아는 값 99달러." (Berne, 1963a: 3)

Berne의 이야기에서 '숙련된 장인'은 종종 날카로운 통찰력을 가진 경험 많은 의사이기도 하다. 한 예로 Berne은 발가락에 파편이 박힌 남자의 이야기를 한다. 파편이 박힌 발가락은 금방 감염되고 그는 절뚝거리기 시작한다. 절뚝거림을 보완하기 위해 그는 다리와 등 근육에 무리하게 힘을 준다. 근육의 긴장은 목까지 이어져서 두통을 유발한다. 그러면서 발가락의 감염으로 인해 열이 나기 시작한다. 그 남자는 의사를 찾아가고, 의사는 그를 진찰하고는 몸 전체에 증상이 나타나므로 상태가 심각하다고 결론을 내린다. 의사는 자신이 아마도 그를 치유할 수는 있겠지만 장담할 수 없고, 치료하는 데 몇 년은 족히 걸릴 것이라고 말한다.

발가락에 파편이 박힌 남자는 이에 만족하지 못하고 또 다른 의견을 구하기 위해 다른 의사를 찾아간다. 다행스럽게도 두 번째 의사는 Berne이 이야기하는 거만하지 않고 머리가 반백인 베테랑 의사였다.

두 번째 의사는 "아, 이 파편 때문에 당신의 발가락이 감염되었군요."라고 말했다. 그가 핀셋을 들고 파편을 빼내자 열이 가라앉고 맥박도 내려갔다. 머리 근육과 등 근육이 이완되고, 차례로 발 근육도 이완되었다. 그리고 그 사람은 48시간, 아니 그 이내에 정상적인 상태로 돌아갔다. 이것이 심리치료를 하는 방식이다. 우리는 파편을 발견해서 빼내야 한다 (Berne, 1971: 12).

오래된 세 가지 구호

의사로서 Berne의 수련과 배경이 심리치료에 대한 그의 관점에 얼마나 많은 영향을 미쳤는가 하는 것은 또 다른 그의 글에서도 나타난다. 그는 '오래된 세 가지 구호(three ancient slogans)'를 인용하면서, 심리치료자는 매 회기를 시작하기 전에 이를 마음속에 새겨야 한다고 했다(Berne, 1966: 62-63). 세 가지 구호는 ① primum non nocere, ② vis medicatrix naturae, ③ je le pensay, & Dieu le guarit다. Berne은 이들 구호를 의학적 전통으로부터 가져왔다.

Primum non nocere

이 라틴어의 번역은 '무엇보다도 해를 입히지 말라.'다. 심리치료자의 가장 중요한 책임은 상처를 주지 않는 것이다. 따라서 심리치료자는,

> …환자의 마음을 멍들게 하거나 환자를 잘못 인도하거

> 나… 충분한 준비 없이 병리적인 영역을 드러내 보이거나, 환자가 나중에 다른 심리치료자의 치료를 받으러 갈 수 없게 만드는 방식으로 환자와의 관계를 끝내거나… 이런 방식으로 환자에게 해를 입힐 가능성을 인식하고 있어야 한다…. 심리치료자는 자신이 시작한 일을 끝낼 수 있는 준비가 될 때까지 심리적 외상 영역을 건드리지 말아야 한다…(Berne, 1966: 62).

Vis medicatrix naturae

이는 '자연적 치유력'을 말한다. Berne에 따르면 환자는 '신체적인 건강뿐만 아니라 정신적인 건강을 추구하는 내적 동기'가 있다. Berne 자신이 분명하게 연결하지는 않았지만, 아마도 이러한 '건강을 추구하는 동기'를 피시스, 즉 Berne이 자신의 각본 이론에서 말했던 '생명의 힘(thrust of life)'의 한 표현으로 볼 수 있다(Berne, 1957a: 404; Clarkson, 1991: 11 참조).

Berne에 의하면 심리치료자가 해야 할 일은,

> 환자가 자신의 고유한 방향으로 자연스럽게 성장할 수 있도록 장애물을 제거해 주는 것…, 각 환자의 성격에서 건강한 영역을 찾아 잘 기르고 내담자의 잠재력을 높이는 것이다(Berne, 1966: 63).

Je le pensay, & Dieu le guarit

이것은 16세기 프랑스에서 유래한 구호로 그 뜻은 대략적으로, '나는 그들을 치료하고, 신은 그들을 치유한다.' 이다. Berne은 다음과 같이 덧붙였다. "치료자는 아무도 치유할 수 없다. 치료자는 내담자에게 상처를 주지 않도록 주의하고 자연이 그 자체의 치유 행로를 밟아 나가는 것을 기다리면서 자신의 능력이 닿는 한도에서 환자를 치료할 뿐이다." (Berne, 1966: 63)

이 구호와 vis medicatrix naturae[자연적 치유력]의 원리 그리고 '심리치료자가 해야 할 일은 치유하는 것' 이라는 Berne의 세 가지 주장을 우리는 어떻게 이해할 수 있을까? 이에 대한 답변은 Berne 자신이 제시한다. 치료 실제에서 '환자를 치유하는 것' 은 '오늘 치유가 일어날 수 있도록 환자를 준비시키는 것' 이라고 Berne은 기술했다. 그러나 Berne은 또한 vis medicatrix naturae[자연적 치유력]는 심리치료자가 아무 일도 하지 않거나 또는 아무렇게나 해도 된다는 변명거리가 되어서는 안 된다는 점을 분명하게 했다. '환자를 준비시키는' 과제는 심리치료자의 모든 전문적 기술을 요구한다. 그러한 기술을 실제로 적용하는 데 있어서 심리치료자는 '꾸준하고, 부지런하고, 헌신하고, 성실하고, 예민함' 을 유지해야 한다.

한 사람으로서의 심리치료자

Berne은 심리치료자가 그의 표현대로 '진정한 의사(real doctor)' 여야 한다고 강조했다. 이는 오직 의사만이 심리치료를 하도록 허용되어야 한다는 의미는 아니다. Berne은 의사 자격과 상관없이, 모든 심리치료자들이 '고대 치유 기술의 최고의 전통' 에서 전형적으로 나타나는 일련의 자질을 기를 필요가 있다고 제안한다(Berne, 1966: xviii). Berne이 말하는 '진정한 의사' 란 다음과 같은 이들을 말한다.

1. 수련과정 및 치료과정에서 다른 무엇보다도 환자를 치유하는 것을 목표로 한다.
2. 치료의 각 단계에서 자신이 무엇을 하고 있으며 왜 그것을 하는지를 알 수 있도록 치료 계획을 세운다.
3. 연구 활동을 병행한다면 환자를 잘 치료하는 것을 연구 활동보다 항상 우선시한다.
4. 자신의 전문적 책임 영역 내에서 자신의 행동에 대해 온전하고 완전히 책임을 진다.

나아가 Berne은 성실한 심리치료자는 전문가로서 그리고 한 개인으로서 두 가지 측면 모두에서 자신을 준비해야 한다고 했다. 전문가적인 측면에서는 먼저 그 분야에서 공인된 수련을 끝내고 슈퍼비전을 받지 않은 상태에서는 어떤 치료적 접근도 사용하지 않아야 한다. 개인적인 측면에서는 심리치료자가 되고자 하는 자신의 동기를 잘 살펴보아야 한다. 나의 잠재적 약점과 장점이 될 수 있는 영역은 무엇인가? 치료자는 이를 살펴보는 과정에서 개인적인 어려움이 될 수 있는 부분을 제거한다.

전문적 수련(professional training)에 관해서 Berne은 심리치료자가 교류분석의 이론과 치료뿐만 아니라 정신분석의 이론과 치료, 집단 심리치료 접근 및 집단 역동과 같은 핵심 영역에서도 수련을 마칠 것을 권했다. 나아가 그는 치료자가 실존주의 치료, 게슈탈트 치료, 융 심리학, 사이코드라마 등에 대해서 잘 알고 있는 것이 필요하다고 밝혔다(Berne, 1966: 21).

Berne은 또한 임상 교류분석 치료자로서 공인(accreditation)을 받고자 하는 사람들을 위해 기초 과학 분야에서의 수련과 교육 커리큘럼을 만들었다(Berne, 1969b). 여기에는 해부학, 생리학, 약물학, 아동발달, 일반심리학, 정신병리학 등이 포함된다. 이에 더해서 치료자는 환자 의뢰를 결정하는 데 있어서 적절한 근거를 제공할 수 있도록 신체적 질병의 징후나 증상에 대한 지식을 갖추는 것이 필요하다.

개인적 준비(personal preparation)에 관해서 Berne은 심리

치료자가 일대일 수련과 슈퍼비전뿐만 아니라 개인 심리치료와 집단 심리치료 모두에 환자(내담자)로서 참여한 경험이 있어야 한다고 제안했다(Berne, 1966: 22). 그러나 이것만으로도 충분하지는 않다. 수련 중에 있는 심리치료자는 심리치료자가 되고자 하는 자신의 동기를 완전히 파악하기 위해 '무자비한 자기 분석(ruthless self-examination)' 을 받을 필요가 있다.

Berne이 권하는 방식에 따르면, 수련자는 연필과 종이를 가지고 자신이 왜 심리치료자가 되고 싶은가의 이유를 세 가지 적어야 한다. Berne은 이것이 대개 어른 자아 상태의 동기를 나타낸다고 제안했다. 그러고 나서 네 번째와 다섯 번째 이유를 적는데, 이것은 종종 사회적 지위 또는 개인적 지위를 얻거나 야망을 충족시키고자 하는 것 등과 관련된다. 그렇다면 이런 것은 부모 자아 상태로부터 오는 동기가 될 것이다. 마지막으로 수련자는 상당한 시간을 들여서 심리치료자가 되고자 하는 전의식적 이유를 밝혀야 한다. 이것은 어린이 자아 상태에서 기인하는 것일 가능성이 높다. 이러한 어린이 자아 상태의 동기를 자각하는 것이 가장 중요한데, 이 동기가 심리치료의 성패를 결정할 가능성이 가장 높기 때문이다. (Berne은 인용문에서 이러한 '어린이 자아 상태의 동기' 의 예를 제시하지 않았다. 따라서 여기에서는 저자의 경험에서 나오는 두 가지 예를 제시하도록 한다. 첫 번째 예는 어린이 자아 상태가 '나는 사람들을 치유하는 것을 내 직업으로 할 거야. 왜냐하면 내가 없다면 내 주변의 모든 사람들이 무너져 버릴 테니까.' 라고 말하는 것이다. 두 번째 예는 어린이 자아 상태가 '나는 다른 사람을 돕는 사람의 자리에 있겠어. 그러면 내가 다른 사람들이 나를 떠나지 못할 만큼 그들을 잘 돕고 있는지 아닌지를 계속해서 확인할 수 있을 테니까.' 라고 결심하는 것이다.)

심리치료자가 자신의 부모 자아 상태 동기와 어린이 자아 상태 동기를 발견하면 적절한 자기 수정을 해야 한다고 Berne은 제안한다. '내가 게임을 하고 있나?' 라고 묻기보다는 '내가 어떤 게임을 하고 있는 거지?' 라고 물어야 한다. 어떤 순간에서도 이 질문에 대한 답을 할 수 있기 위해서는 정기적인 슈퍼비전이 필수적이다. Berne은 최소한 주 1회의 슈퍼비전을 받을 것을 권한다(Berne, 1966: 53). 이러한 지식을 갖춘 상태에서 심리치료자는 심리치료 회기 동안 자신이 게임을 하는 것을 사전에 방지하기 위해 자신의 행동, 사고, 감정을 조정해야 한다. Berne은 이와 같이 계속적인 자기 분석과 자기 수정의 과정을 기술하기 위해 자기 교정(self-calibration)[역자 주]이라는 용어를 사용했다(Berne, 1966: 23).

역자 주 | calibration은 (온도계, 저울, 자 등의) 눈금을 맞추거나 눈금의 정확성을 확인하는 것을 말한다. 그러나 여기에서는 어떤 도구(심리치료자 자신)를 주의 깊게 만들어서 그것이 정확하게 가용되도록 한다는 뜻으로 사용되었다.

치료적 태도

Berne은 심리치료자가 새롭고 활기찬(fresh) 상태에서, 모든 면에서 '활기찬' 이라는 단어가 의미하는 그런 상태에서 직장에 출근해야 한다고 믿었다. 심리치료자는 정기적인 운동과 충분한 수면을 통해 건강을 유지해야 한다. 심리치료자는 지나친 음주를 피하고 '결혼생활이 제공하는 것과 같은' 건강하고 정기적인 성생활을 해야 한다. 그리고 일을 할 때에는 자신의 심리치료 기술에 대해 매주 무언가 새로운 것을 배우는 것을 목표로 해야 한다(Berne, 1966: 61).

> 진정한 전문가는… 매번 이기고 싶어 한다. 그는 '강박적 승자(compulsive winner)' 다…. 치료자가 자신의 운명의 주인이 되고자 한다면 배움의 기회라면 어떤 것이든 놓치지 않으려는 헌신적인 자세가 요구된다. 그리고 이기기 위해서 모든 가능한 정당한 방법을 사용하고, 모든 실패를 철저하게 분석해서 그 실수를 더 이상 반복하지 않을 때까지 휴식을 취해서는 안 된다(Berne, 1966: 75).

목표와 방법

치유를 이루는 과정에서 심리치료자는 명확한 치료 목표를 규정하는데, 이때 치료 목표는 내담자와 함께 계약상의 협상과정을 통해 나온 것이다(다음 절의 '계약법' 부분 참조).

그러고 나서 치료자는 치료 환경과 자신이 상담하는 내담자에 따라서 스스로 판단하기에 치료 목표를 이루는 데 가장 적합한 치료 접근을 결정한다. 예를 들면, 치료자는 정신분석적 접근을 따르거나 또는 교류분석 이론의 사용을 선택할 수 있다. Berne은 다음과 같이 말한다.

> 일단 한 가지 방법을 선택하면 그것을 굳건하게 따라야 한다. 좋은 결과를 보장할 수 있는 가장 좋은 방법은 치료자와 내담자 모두 선택한 방법을 확실하게 실천하는 것이다…. 치료자는 되도록 사전에 자신이 내담자에 대해서 계획한 각 단계들을 알아야 한다. 한 단계를 마치면 곧바로 치료자는 다음 단계로 어떻게 이동할지 정확하게 알고 있어야 하며, 각 단계는 미리 정해진 치료 목표를 향해 구성되어야 한다 (Berne, 1966: 9).

심리치료 관계

Berne에게 효과적인 심리치료자는 자신의 일에 헌신하는 전문가이며, 온 힘을 다해 자신의 기술을 연마하고 언제나 빠른 치유를 목표로 하는 사람이다. 심리치료 과정에서는 체계적 계획과 함께 단호하게 행동하며, '결정적 치료 개입(decisive intervention)'—발가락에 박힌 파편을 제거하고, 고르디오스의 매듭을 자르고, 조약돌로 가득한 무거운 가방의 끈을 자르는—을 위해 행동한다.

그렇다면 Berne은 심리치료 관계에 대해서 어떤 관점을 가지고 있는가? 앞서 제시한 인용문과 문장에서 우리는 심리치료자와 내담자의 관계에 대한 단어 하나조차 찾기 어렵다. 굳이 찾고자 한다면, 언뜻 보기에는 Berne이 마치 이런 관계를 전통적인 의학적 참조 틀에서 '의사'와 '환자' 사이의 관계로 보는 것처럼 보인다.

이에 대해서 저자가 부연하자면, 이는 어떤 면에서는 사실이지만 다른 면에서는 전혀 사실이 아니다. Berne은 심리치료자와 내담자 관계에 대한 혁신적인 관점을 가지고 있었으며, 일부 보수적인 정신과 의사 동료들에게 도전하는 방식으로 그것을 자신의 치료에 도입했다.

그러나 앞서 기술한 내용에서 매우 분명하게 드러나는 치료적 관계에 대한 Berne의 관점이 하나 있다. 심리치료자의 의도가 얼마나 이타적인가와 관계없이, 관계를 형성하는 것 자체만으로는 치료적이지 않다. 이에 대해 Berne은 다음과 같이 말했다.

> 전문적인 치료자가 해야 할 일은 자신의 지식을 치료적으로 사용하는 것이다. 만일 사랑으로 환자의 치유가 이루어진다면, 치유는 연인에게 맡겨져야 할 것이다. 환자가 회복되

> 었을 때, 치료자는 '나의 치료가 회복을 도왔다.' 고 말할 수 있어야지 '나의 사랑으로 성공했다.' 고 말해서는 안 된다. 이것은 내담자와 개인적으로 친밀한 사람들이 해야 할 말이다(Berne, 1966: 63).

물론 일단 관계가 형성되면 심리치료적 변화는 '그냥 일어날' 지도 모른다. 그러나 이렇게 운에 의존하는 것은 Berne이 보기에는 아마추어임을 드러내는 징표다(Berne, 1966: 75). 진정한 전문적 도움은 이론적 틀의 일관적인 사용에 기반을 둔 상태에서 적극적인 치료 계획을 통하여 회복을 돕는 것이다.

Berne과 '의학적 모델'

치료에 대한 자신의 고유한 접근에 대해서 Berne은 다음과 같이 말했다.

> 이것[치료에 대한 나의 접근]을 쭉 훑어보면 우리가 두려워하는 심리치료에 대한 의학적 모델을 볼 것이라고 생각합니다. 의학적 모델은 사람들을 공포에 질리게 하고 악몽에 떨게 하지요. 하지만 나는 이것이 매우 좋은 모델이라고 생각합니다. 왜냐하면 이 모델은 다른 조건에서도 작동하니까요. 당신이 사람의 머리를 치유하고자 한다면 나는 당신이 의학적

모델을 사용해야 한다고 생각합니다(Berne, 1971: 12).

Berne은 여기에서 '의학적 모델'이 무엇을 의미하는지에 대해서는 자세하게 설명하지 않았다. 그러나 지금까지 이 장에서 논의된 내용에서 그가 의미하는 바의 일부는 추론할 수 있다. Berne에게 효과적인 심리치료자, 즉 '진짜 의사'는 자신이 전문적 기술을 사용하는 것에 대한 모든 책임을 진다. 어떤 단계들이 치유를 가져올 가능성이 가장 높은지 알고서 그러한 단계를 밟아 나가기 시작하는 것은 내담자가 아닌 심리치료자가 해야 할 일이다.

'의학적 모델'과 종종 관련되는 또 다른 특징은 치료에 대한 길잡이로서 진단을 체계적으로 사용하는 것이다. Berne은 자신의 저서 어디에서도 심리치료에서 표준 진단 분류를 사용하는 것의 장단점을 구체적으로 논하지 않았다. 그러나 그 자신은 표준 진단명을 자유롭게 사용했다. 그는 치료 계획을 세우는 데 있어서 내담자에 대한 심리치료자의 진단이 주요 고려사항임을 분명히 했다(예: Berne, 1961: 143-175 참조. 여기에서 그는 '정신증'과 '신경증'이라는 전통적인 진단명 하에 치료 계획을 자세하게 기술하였다.).

또 다른 중요한 의미에서 Berne의 치료 접근은 체계적 진단의 사용에 상당 부분 의존한다. 교류분석의 실제 적용에서는 자아 상태의 이동, 교류 패턴, 게임에서의 연속적인 움직임, 각본을 나타내는 행동 지표를 발견해 내는 심리치료자의 진단 능력이 결정적인 역할을 한다.

그러나 Berne은 내담자를 평가적으로 낙인 찍는 것에는 반대했다. 그는 "'약한 자아(weak ego)'와 같은 것은 없다. 다만 힘이 약한 자아(weakly cathected egos)가 있을 뿐이다."라고 지적했다(Berne, 1966: 63). 나아가 Berne은 심리치료자가 '유치한' '미숙한' '성숙한'과 같은 단어를 사용하지 않을 것을 권한다.

> …행동이 미성숙할 수는 있다. 그러나 사람은 (아마도 기질적 발달 결함은 제외하고) 미성숙할 수 없다. 플러그가 꽂혀 있지 않은 라디오는 작동하지 않는다. 하지만 모든 기능은 잠재되어 있으며 플러그를 꽂으면 다시 돌아올 것이다…. 저자의 경험에 의하면 모든 신경증 환자들뿐만 아니라 정신적 결함이 있는 모든 사람들, 모든 만성 조현병 환자들, 모든 '미성숙한' 반사회적 성격을 가진 정신병자들도 잘 형성된어른 자아를 가지고 있다. 문제는 그런 사람들이 미성숙한 것이 아니라 '플러그를 꽂아서' 그들의 어른 자아를 복구할 방법을 찾는 것이 어렵다는 것이다(Berne, 1961: 45).

이러한 비유에서 볼 때, 우리는 Berne이 전통적인 의학 용어 및 진단명을 사용하는 기저에 인간에 대한 깊은 존중심을 가지고 있음을 엿볼 수 있다.

계약법

Berne이 '의학적 모델'과 궤를 달리한다는 것은 심리치료적 관계에서 계약적(contractual) 요소를 강조한다는 점에서도 찾아볼 수 있다. 전통적인 의사-환자 관계에서는 환자를 치유하는 주도권을 의사가 쥐고 있을 뿐더러, 치유가 어떤 형태로 이루어질지 알고 있는 사람 역시 의사다. 대조적으로 Berne의 심리치료 모델에서는 치료자와 내담자가 상호 합의하에 변화에 대한 글을 만들게 되며, 이것이 그들 간의 계약이 된다. '치유'는 이렇게 계약을 통해 합의된 목표에 도달하는 것으로 정의될 수 있다. 계약법(contractual method)에 대한 Berne의 설명은 이 장의 뒷부분에서 보다 자세히 다루도록 한다.

심리치료 관계에서의 진정성

Berne은 자신의 실존주의 철학과 일관적으로 심리치료자가 내담자와의 관계에서 진정성(authenticity)을 가지는 것을 핵심으로 보았다. 그렇지만 중요한 것은 치료자가 가령 친구나 또는 단순히 '또 다른 한 사람'으로서가 아니라 심리치료자로서 진정성을 가져야 한다. 실제로 심리치료자는 Berne의 말을 빌리면 '환자와 친한 사람' 중 한 사람이 아니다. 이 사실을 간과하면 진정성을 잃게 될 것이다. 이러한 치료자–내담자 관계에서 두 사람은 사실상 서로 다른 위치에 있다. 그들은 서로 다른 목적을 가지고 그 자리에 있으며 심리치료 장면에서 서로 다른 자원을 가지고 있다.

> …환자는 자신의 행동에 대해서 자신보다 치료자가 무언가를 더 알고 있기 때문에 치료자를 찾아온다…. 실제로 어떤 치료자들은 그렇게 하지만, 집단치료에서 치료자와 환자들이 동등한 위치에 있는 것처럼 가장할 필요는 없다…. 치료에 대해 치료자는 보수를 받고 환자들은 받지 않는다는 것, 환자들은 치료 서비스를 기대하고 또 서비스를 받을 자격이 있지만 치료자는 환자들로부터 그것을 기대할 권리가 없다는 것 등과 같은 명백한 이유에서 보더라도 치료자와 환자는 동등하지 않다(Berne, 1966: 73).

Berne은 심리치료자가 모든 심리치료 회기를 시작하기 전에 몇 가지 실존적 질문에 대해 깊이 생각해 보아야 한다고 권한다(Berne, 1966: 64). 예를 들면, 심리치료자는 스스로에게 물어야 한다. '나는 왜 여기에 있는가? 이 시간이 나의 미래에 어떻게 기여할 것인가?' 자신의 내담자에 대해서는 다음과 같은 질문을 던질 수 있다. '왜 그들은 여기 있는가? 왜 그들은 심리치료를 해결방법으로 선택했는가? 이 시간이 그들의 미래에 어떤 기여를 할 것인가?' 그리고 심리치료자는 내담자와의 전문적인 관계에 대해서도 물을 수 있다. '왜 그들은 나와 비슷한 자격이 있는 다른 사람들이 아닌 나에게 오기로 했을까? 무엇이 그들로 하여금 경험 많은 목사나 보이스카우트 단장[사람들이 흔히 조언을 구하러 가는 사람을 뜻함]보다 내가 더 많은 것을 해 줄 수 있다고 생각하게 했을까?'

심리치료자의 자원

Berne은 위에 제시한 질문들 중 세 번째 질문에 대해서 자신이 일부 답을 내놓았다. 그는 숙련된 심리치료자는 다른 조력자들이 줄 수 없는 세 가지 자원(assets)을 내담자에게 줄 수 있다고 제안했다(Berne, 1966: 65). 세 가지 자원이란 다음과 같다.

- 잘 개발된 관찰력
- 선입견 없이 보고자 하는 의지
- 가장 좋은 이득을 가져오는 방식으로 심리치료 상황을 구조화하는 능력

이러한 자원들은 관찰(observation), 평정(equanimity), 주도적 역할(initiative)의 세 가지 임상적 자질로 요약할 수 있다.

1. 관찰력 Berne은 다음과 같이 썼다. "관찰은 모든 훌륭한 임상 작업의 기본이며, 치료적 기술보다 더 중요한 위치를 차지한다."(Berne, 1966: 65-66) Berne은 심리치료자들에게 관찰과 경청의 예술에 대한 다수의 자세한 지시문을 제공했다. 저자는 이 책에서 이런 지시문들을 임의로 선택하지 않으려 한다. 관심 있는 독자들은 『집단치료의 원리』(Berne, 1966: 65-71)와 『인사를 하고 나서 어떤 말을 하시나요?』(Berne, 1972: 315-348)에서 Berne 자신의 언어로 된 설명을 볼 수 있다.

2. 인격적인 자질을 보여 주는 마음가짐 심리치료자는 '전문적인 포커 페이스'를 되도록 피해야 한다고 Berne은 제안했다(Berne, 1966: 71). 심리치료자는 '자연스럽게 위엄 있는 방식'으로 행동해야 하며, '예의 바르고, 깨어 있고, 흥미를 가지고, 열정적인 사람'의 모습을 보여야 한다. Berne은 심리치료자들이 이러한 성격 특질들을 연기해야 한다고 제안하지 않았다. 심리치료자는 진실로 이러한 성격 특질을 가지고 있어야 하며, 그저 자연스럽게 이를 보여 주는 것일 뿐이다. 그러나 이렇게 겉으로 드러나는 면 뒤에는 '어느 정도 엄숙함이 유지되어야 한다.' 어떤 순간이든지 심리치료자는 자신이 내담자에게 하나의 모범이 되고 있다는 사실을 인식하고 있어야 한다. 따라서 심리치료자는 아름다움

(aesthetics), 책임감(responsibility), 헌신(commitment)의 원칙에 따라서 행동해야 한다.

여기서 말하는 아름다움이란 심리치료자가 깨끗하고 깔끔한 매무시와 옷차림으로 상담 회기에 임해야 하며, '매너나 말투에 있어 현학적이지 않으면서 품위가 있어야' 한다는 것이다. 또한 심리치료자는 자기 자신에 대해서 책임감을 가질 뿐 아니라 항상 자신이 어떤 사람을 책임지고 있는지 알고 있음을 보여 줌으로써 책임감이 어떤 것인가를 보여 주어야 한다. 아마도 이 세 가지 중에서 가장 중요한 것은 심리치료자가 헌신이 무엇인지를 보여 주는 것이라고 Berne은 밝혔다. 심리치료자는 '자신이 해야 할 일이 있으며, 오랜 시간 동안 자신의 일을 진행하면서 그 어떤 것도 자신의 일에 방해가 되지 않도록 하는 사람' 임을 보여 주어야 한다.

여기에서도 다시 한 번 자신의 일에 전념하는 헌신적인 장인에 대한 Berne의 생각을 엿볼 수 있다. Berne은 어떤 내담자나 어떤 종류의 심리치료가 자신들에게 '편안하지 않았다[잘 맞지 않았다].' 고 불평하면서 자신이 해야 할 일에서 빠져나가려는 치료자들을 강하게 비평했다.

> 나의 반응은 이렇다. 당신이 편안하지 않았다면 차라리 심리치료자가 아닌 다른 직업을 갖는 것이 낫지 않을까? 당

신은 거기 있을 이유가 없다. 당신은 거기에 편안하기 위해 있는 것이 아니며, 내담자를 치유하기 위해 있는 것이다 (Berne, 1971: 11).

3. 회기를 구조화하는 능력 여기에는 심리치료자가 치료개입을 선택하는 것과 적극적으로 사용하는 것이 포함된다. 또한 구조화에서 심리치료자의 과제에는 내담자와 계약을 협상하는 것도 포함된다(뒷부분 참조).

심리치료자가 주도적 역할을 해야 하는 또 다른 영역은 규칙을 정하는 것이다. Berne은 규칙이 최소한으로 유지되어야 하고 가능한 한 유연하게 만들어져야 한다고 제안했다. 규칙이 너무 많거나 너무 융통성 없이 딱딱하게 적용될 경우에는 내담자와 심리치료자가 게임을 하기에 좋은 환경을 만들게 된다(Berne, 1966: 43). Berne은 규칙이 다음의 주제에 대해서만 세워져야 한다고 보았다.

1. 회기의 시작 시간과 종료 시간
2. 서로 합의한 상담료를 지불하는 방식
3. 회기 동안의 신체적 폭력 금지
4. 내담자는 어떤 것이든지 말할 수 있고, 여기에 예외가 없다는 것을 분명하게 하기

Berne이 이 목록에서 비밀보장의 원칙을 구체적으로 기술하지는 않았지만, 다른 저서를 살펴보면 그가 비밀보장에 대한 내담자의 권리를 기본으로 생각하고 있음을 분명히 알 수 있다(예: Berne, 1966: 45).

개방적인 의사소통

Berne에게 심리치료 관계의 핵심적 조건(sine qua non)은 심리치료자가 치료과정에서 무슨 일이 일어나고 있는지에 대해서 내담자와 솔직하게 터놓고 이야기해야 한다는 것이다. 여기에서 다시 한 번 Berne은 '의학적 모델' 의 보수적 관점과 방향을 달리한다. 전통적인 의사와 환자의 관계에서, 적어도 Berne이 살았던 시기에 의사와 환자의 관계에서는 의사가 자신이 하는 치료에 대해서 환자에게 거의 설명하지 않았다. 일반적으로 의료 기록은 환자에게 공개되지 않았다. 환자가 사례 회의에 참석한다고 해도 의료진들이 자신의 사례를 논의하기 전에 그 자리를 비켜 주는 것으로 되어 있었다. 일반 병원뿐만 아니라 정신과에서도 이런 관례가 일반적이었다.

Berne이 정신병동의 책임을 맡은 이후 이러한 상황은 급격하게 변화했다. (독자들은 Berne이 교류분석을 개발하고 있던 기간 동안 병원에서 정신과 치료를 계속했다는 것을 기억할 것이다.) Berne은 외래환자를 대상으로 한 집단치료 회기 동안 일방경 뒤에서 관찰자들이 회기를 지켜보는 관습을 없애기 시작했다(Callaghan, 1971). 다음으로 그는 개방적인 의사소통의 원리와 그 논리적 결론에 따라서 이를 실천에 옮겼다. 의료진이 환자를 몰래 숨어서 보거나 환자들 모르게 그들에 대해서 논의하지 않는 것이 바람직하다는 원리에서는 환자에 대한 관찰과 토론의 전체 과정이 열린 상황에서 이루어져야 하는 것이다.

스태프-환자 스태프 사례회의

Berne은 자신이 '스태프-환자 스태프 사례회의(staff-patient staff conference)'를 만들어서 개방적인 의사소통의 원리를 구현했다(Berne, 1968a). 이 사례회의에는 환자와 스태프 모두 참석했다. 사례회의는 두 부분으로 나누어졌다. 먼저 Berne이나 동료 의사가 지도자가 되어 환자들과 함께 집단 심리치료를 한 회기 진행한다. 이 집단 회기가 진행되는 동안, 다른 스태프들은 그 집단 바깥으로 원을 그리고 앉아서 집단을 관찰하지만 집단에 참여하지는 않는다. 치료 회기가 끝나고 짧게 휴식 시간을 가진다. 그런 다음 두 개의 원이 서로 자리를 바꾼다. 이제 스태프들이 안쪽에서 원을 그리고 앉아서 자신들이 집단 심리치료를 관찰한 것에 대해 논의하며 치료 계획에 대한 자신들의 생각을 나눈다. 그리고 환자들은 바깥에 원을 그리고 앉아서 스태프들을 관찰한다.

이 사례회의를 위해서 Berne은 몇 가지 최소한의 기본 규칙을 세웠다. 심리치료 집단이든 스태프 사례회의든, 바깥쪽 원에 앉은 사람들은 안쪽 원에서 일어나는 일에 끼어들지 않는다. 집단을 관찰한 모든 스태프들은 반드시 사례회의까지 참석해야 한다. Berne은 또한 스태프들이 자기들끼리 '사후 회의'를 하지 않도록 했다. 그들은 환자가 있는 자리에서 솔직하게 관찰한 바를 나눠야 한다. 스태프들은 또한 기술적인 전문용어를 되도록 사용하지 말아야 한다.

Berne은 이렇게 회의를 하는 자신의 논리를 다음과 같이 기술했다.

> 스태프-환자 스태프 사례회의는 우선 편안하게 확립된 '치료자'와 '내담자'라는 사회적 역할을 무너뜨리고, '쌍방적 계약'을 합리적인 예외 사항으로 대치한다. 모든 사람이 서로를 각자의 가치에 대한 동등한 권리를 가진 한 '사람'으로 대한다. 따라서 스태프가 환자가 하는 말을 들어야 하는 것처럼, 환자도 마찬가지로 스태프가 하는 말을 들을 권리가 있다…(Berne, 1968a: 158).

여기서 다시 한 번 우리는 인간에 대한 Berne의 인본주의적 존중을 볼 수 있다.

치유의 본질

이 절에서부터는 심리치료의 실제에 관한 Berne의 관점을 살펴볼 것이다. 저자는 먼저 Berne이 그토록 힘주어 강조했던 심리치료의 목표, 즉 치유에 대해 그가 쓴 글을 개관함으로써 '마지막으로 도달하고자 하는 곳에서부터 시작'하고자 한다. 심리치료의 맥락에서 Berne이 말하는 '치유'는 어떤 의미를 가지는가? 특히 Berne이 자신의 이론에서 관찰 가능성을 강조했음을 생각해 볼 때, 우리가 환자가 '치유되었다는 것'을 보거나 듣거나 관찰할 수 있는 것에 대해 그는 어떻게 말했는가?

Berne은 '치유'라는 것이 일회적인 사건이라기보다는 점진적인 과정이라고 제안했다. 내담자는 일련의 단계를 거치면서 좋아지는데, 이러한 단계들은 각각 고유한 특징을 가지고 있지만 그것들 간의 경계가 뚜렷하게 구별되는 것은 아니다. 각 단계는 이전 단계와 비교했을 때 실질적인 이득 또는 향상을 보인다. 내담자가 만족한다면 치료자와 내담자는 중간 단계 중 어디에서든지 치료를 종결하기로 합의할 수 있다. 그러나 마지막 단계까지 도달해야지만 내담자가 가장 중요하고 근본적인 변화를 이루어 낸 것으로 볼 수 있다.

치유의 '최종 단계'에 대한 Berne의 생각은 그의 생애 동안 몇 가지 중요한 변화를 거치게 된다. Berne의 초기 저서에서, 예를 들면 『심리치료에서 교류분석』(Berne, 1961)에서 Berne은 여전히 공식적인 정신분석이 개인의 변화를 가져오는 궁극적인 방법이라고 보았다. 따라서 Berne은 치유의 최종 단계를 정신분석적 치유(psychoanalytic cure)라고 했다.

『인사를 하고 나서 어떤 말을 하시나요?』(1972)를 저술할 무렵에 Berne과 그의 동료들은 심리치료에 각본분석을 적용하는 데 있어서 약 10여 년 정도의 경험을 축적하게 된다. 이 시기에 Berne은 교류분석 치료 기술을 사용해서 치유의 최종 단계까지도 다다를 수 있다는 결론에 도달하였다. 그리고 이러한 치유의 최종 단계를 각본 치유(script cure)라고 했다. 이제 Berne은 한 사람이 정신분석을 받지 않고도 이와 같은 최종 목표를 달성할 수 있다고 믿게 된다.

이보다 몇 년 전에 『심리적 게임』(1964)에서 Berne은 자율성(autonomy)에 대해 기술했다. 자율성이란 사람이 게임을 하는 것 대신에 다른 건강한 대안으로 움직일 수 있는 태도다. 따라서 이는 '치유'를 기술하는 또 다른 방식을 나타낸다.

다음에서는 '치유 단계'에 대한 Berne의 설명을 살펴보고 각 단계에 대해 설명한다. 그리고 개인 변화의 목표로서 Berne의 자율성 개념에 대해 살펴볼 것이다.

치유 단계

Berne은 치유의 과정을 다음의 네 가지 단계로 구분했다(Berne, 1961: 160-175; Berne, 1972: 362-364).

1. 사회적 통제(social control)
2. 증상 완화(symptomatic relief)
3. 전이 치유(transference cure)
4. 각본 치유(script cure, 원래는 정신분석적 치유로 불림)

Berne은 앞의 세 가지 단계가 각각 다음 단계들로 가는 중간 단계일 뿐만 아니라 그 자체로도 하나의 목표가 될 수 있다고 강조했다.

사회적 통제

이는 치유의 첫 번째 단계로, 내담자는 어른 자아 상태를 통해서 자신의 행동을 통제하기 시작한다. 내담자는 자신에게 어려움이나 고통을 가져오고 있었던 사회적 상호작용을 피하고, 그것을 자신에게 보다 긍정적인 결과를 가져오는 다른 행동들로 대치하면서 자신의 사회적 상호작용을 수정해 나간다. (이러한 새로운 행동들은 심리치료자가 억지로 부과하는 것이 아니라 계약을 맺는 과정에서 상호 합의하에 이루어진다.) 이 치유 단계에서 내담자는 미해결된 어린이 자아의 감정에 어떤 변화를 주거나 또는 부모 자아의 오래된 명령을 직면하려고 하지 않는다. 내담자는 지금-여기에서의 행동을 통제함으로써 이와 같은 과거로부터의 영향을 무력화시키는 것이다. 이러한 내담자의 행동의 변화에서, 그리고 그 결과에 대한 내담자의 보고를 통해서 우리는 치유의 첫 번째 단계가 이루어졌음을 관찰할 수 있다.

증상 완화

치유의 두 번째 단계에서도 여전히 어른 자아 상태가 치유과정을 주도한다. 그렇지만 이제 내담자는 어린이 자아 상태나 부모 자아 상태에서 문제가 되는 몇 가지 내용을 직접적으로 다룬다. 예를 들면, 내담자는 자신이 어린 시절 외상 경험으로부터 항상 가지고 다니던, 그러면서 어른 자아 상태가 항상 지켜보고 있던 미해결 감정의 일부를 다시 들여다보거나 표현할 수 있다. 심리치료자와의 상담을 통해서 내담자는 어린이 자아의 감정에 수반되었던 이러한 오래된 신념을 재평가하고, 그 신념을 성인으로서 자신의 환경에 보다 적합한 신념으로 바꾸기로 결심하기도 한다. 감정과 신념에서 나타나는 이와 같은 변화는 치유의 첫 번째 단계에서 이루었던 행동의 변화를 강화하기도 하고 또 행동의 변화에 의해 강화되기도 한다.

이러한 과정은 종종 불안이나 근육 긴장과 같은 심리적 ·

신체적 증상의 완화를 가져온다. 따라서 내담자가 이러한 심리적·신체적 증상의 완화를 보고하는 것은 치유의 두 번째 단계에 있다는 객관적인 증거다. 관찰자는 또한 내담자의 자세나 근육 긴장 정도에 있어서 변화를 감지하기도 한다. 게임의 빈도나 강도가 줄어드는 것 또한 두 번째 치유 단계에 도달했음을 알려 주는 단서다.

전이 치유

이 단계에서 내담자는 심리치료자의 자리에 자신의 부모를 놓는다. 이제 내담자는 심리치료자가 자신의 각본에서 하나의 역할을 채우는 것으로 본다. 그러나 자신의 실제 부모가 했던(또는 하는) 것보다는 온화한 방식으로 이런 역할을 하는 것으로 경험한다. 내담자는 이제 이러한 보다 인자한 '부모'와 관계를 맺으면서 자신의 어린이 자아의 공포와 불안이 상당 부분 완화되는 것을 경험한다. 내담자는 또한 부모 자아로부터 받았던 몇몇 파괴적인 메시지로부터 벗어나게 되고, 그것을 자신이 심리치료자로부터 받는 긍정적인 메시지로 대체한다. 그러나 이 단계가 치유의 최종 목표에 도달했음을 의미하지는 않는데, 왜냐하면 내담자가 이러한 자신의 변화를 유지하기 위해서는 여전히 '머릿속에 심리치료자가 있어야 하기' 때문이다. Berne은 이러한 '전이 향상(transference improvement)'의 본질을 밝히는 데 정신분석가인 Fenichel(1945)의 이론을 가져왔음을 밝혔다.

치유의 세 번째 단계에 있음을 알려 주는 진단적 단서는 내담자가 자신의 게임의 초점을 심리치료자로 옮기는 것이다. 상담실 안으로 게임이 옮겨 옴에 따라 종종 상담실 밖에서 그만큼 게임이 줄어드는 결과가 초래되기도 한다.

각본 치유

Berne은 각본 치유를 다음과 같이 설명했다.

> 어떤 시점에 다다르면 [환자는] 치료자와 자신의 어른 자아의 도움을 받아서 자신의 각본을 완전히 깨고 벗어날 수 있으며, 새로운 등장인물, 새로운 역할, 새로운 줄거리와 보상이 있는 자신만의 쇼를 할 수 있게 된다. 이렇게 자신의 성격과 운명을 변화시키는 각본 치유는 또한 임상적 치유이기도 한데, 환자의 재결정에 의해 대부분의 증상이 완화되기 때문이다(Berne, 1972: 362).

Berne은 이와 같은 변화가 아주 갑작스럽게 일어날 수 있다고 제안했는데, 이를 '확 뒤집기(flipping in)' 라고 구어적으로 표현했다. 일단 내담자가 결정적으로 자신의 각본에서 벗어나게 되면, 그는 더 이상 자신을 '환자' 로 보지 않는다. 그는 이제 건강한 사람이며, 약간의 문제가 남아 있어도 그것을 스스로 객관적으로 다룰 수 있다. 그는 더 이상 자신의 머릿속이나 또는 실제 생활에서도 '심리치료자를 곁에 둘' 필요를 느끼지 못한다. 왜냐하면 이제 자신의 어른 자아 상태를 사용해서 자신의 어린이 자아 상태가 필요로 하는 지지 또는 긍정적 지도를 받을 수 있기 때문이다.

오늘날 대부분의 교류분석가들은 Berne이 제안한 방식대로 사람이 단숨에 자신의 각본 전체를 '확 뒤집는' 경우는 매우 드물게 일어난다고 본다. 그보다는 사람들이 자신의 오래된 어린 시절의 패턴들을 보다 나이에 걸맞은 새로운 결정으로 바꾸어 나가면서 점진적으로 자신의 각본을 변화시키는 것이 보다 일반적이라고 본다. 물론 사람은 때로 자신의 각본의 중요한 요소를 빠르게 그리고 극적으로 바꾸기도 한다. 즉, 중요한 재결정(redecision)을 내린다. 그럴 때에도 이러한 변화가 영구적으로 유지되려면 상당 기간 동안 자신의 새로운 결정을 행동으로 옮길 필요가 있다(Pulleyblank & McCormick, 1985).

앞서 제시한 인용문에서 Berne이 '재결정'이라는 단어를 사용했지만, 그는 '재결정 치료(redecision therapy)' (예: Goulding & Goulding, 1979 참조)의 창시자인 Robert Goulding과 Mary Goulding의 이론을 인용하지는 않았다. Goulding 부부는 1960년대 초 이후로 자신들의 접근을 개발해 오고 있다(Goulding, 1985). 행동 중심적이고 게슈탈트 이론에 기초를 둔 그들의 심리치료 스타일이 각본 치유에 대한 Berne의 관점에 영향을 주었으리라고 보는 것은 타당하다고 본다. 저자는 5장에서 '치유' 에 대해서 그리고 치유를 가져오는 데 있어서 치료자의 역할에 대한 Goulding 부부의 관점을 살펴볼 것이다. 5장에서도 나오겠지만, Goulding 부부는 Berne 이론의 몇 가지 핵심적 특징에 도전한다.

'치유 단계' 의 순서

Berne의 '치유 단계' 순서를 보면 그것이 그의 모토인 '먼저 낫게 하고 그 후에 분석한다.' 를 따라가고 있음을 알 수 있다. Berne은 가능한 한 빨리 사회적 통제를 이룸으로써 내담자가 심리치료에서 가장 즉각적이고 실질적인 이득을 얻을 수 있다고 보았다. 예를 들어, 내담자는 자살하는 대신 살아남을 수도 있고, 자신이 해고되는 상황을 만드는 대신 직장을 지킬 수도 있으며, 관계를 의도적으로 깨기보다는 관계를 유지할 수도 있다. 이렇게 첫 단계에서 이득을 얻게 되면, 내담자는 이후 자신이 원할 경우 남아 있는 치유 단계를 계속 따라갈 수 있는 보다 유리한 위치에 서게 된다.

자율성

2장의 각본 이론 부분에서 Berne의 '자율적 열망

(autonomous aspirations)' 의 개념을 기억할 것이다. 이는 사람이 자기실현을 향해 나아가려는, 그리고 각본의 한계로부터 벗어나려는 동기(drive)를 의미한다. 그렇다면 분명히 자율성(autonomy)을 이루는 것은 각본 치유와 밀접한 관련이 있거나 혹은 아마도 각본 치유가 자율성과 같은 개념일 수 있다. Berne 자신은 자율성과 각본 치유의 개념을 명확하게 연결하지는 않았으며, 자율성에 대한 정의조차 제시하지 않았다. 그러나 Berne은 자율성이 '…자각(awareness), 자발성(spontaneity), 친밀감(intimacy)의 세 가지 능력의 발산 또는 회복' 에 의해 나타난다고 제안했다(Berne, 1964: 158-160).

자각

Berne의 말로 표현하자면, 자각(awareness)이란 '자신이 배운 방식이 아니라 자신만의 고유한 방식으로 커피포트를 보고 새의 노랫소리를 들을 수 있는 능력' 이다. Berne은 이것이 유아가 세계를 경험하는 방식, 즉 어떤 해석에 의해 가려지지 않고 자신이 직접 지각하는 방식이라고 보았다. 자각은 '다른 어떤 곳, 과거나 미래가 아닌 지금-여기를 살아갈 것을 요구한다.'

> 자각하는 사람은 자신이 어떻게 느끼는지, 자신이 어디에

있고 지금이 언제인지를 알고 있기 때문에 살아 있다. 그는 자신이 죽은 뒤에도 나무는 여전히 그곳에 그대로 존재하지만 자신은 그 나무들을 다시 볼 수 없음을 알고 있다. 그래서 그는 가능한 한 치열하게 지금 그 나무들을 보고 싶어 한다 (Berne, 1964: 159–160).

이 인용문에서 Berne이 언급하지는 않았지만, 그가 '지금-여기를 살아가는' 것을 강조하는 것은 Fritz Perls 및 다른 게슈탈트 치료의 선구자들의 업적에 대한 존경심의 표현이라고 미루어 짐작할 수 있다.

자발성

자발성(spontaneity)은 자아 상태들 사이를 이동하는 데 있어서 자신에게 가능한 모든 선택지를 사용하는 능력을 의미한다. 자발성은 그 사람에게 '가능한 선택지(부모 자아 감정, 어른 자아 감정, 어린이 자아 감정)에서 자신의 감정을 선택하고 표현할 수 있는 자유'를 준다(Berne, 1964: 160). 자발성은 또한 '게임을 하거나 또는 자신이 배운 감정만을 느껴야 한다는 강박관념으로부터 자유로워짐'을 의미한다.

『심리적 게임』에서 Berne이 자발성을 설명한 부분은 저자가 방금 제시한 요약문과 거의 비슷한 길이의 짧은 글이다. 그러나 저자는 그것이 변화에 대한 Berne의 관점에 대해 널리 퍼져 있는 오해를 떨쳐내는 데 도움을 줄 중요한 통찰을 담고 있다고 믿는다. 우리는 그 글에서 Berne이 부모 자아나 어린이 자아가 가지고 있는 감정뿐 아니라 어른 자아 감정(Adult feelings)을 말한 것을 알 수 있다. 이는 어른 자아 상태에 대해서 널리 받아들여지고 있는 이미지, 즉 감정이 없는 '컴퓨터' 와 같은 이미지가 사실이 아님을 보여 준다. (어른 자아 감정의 한 예로, Berne은 '타고난 운전사' 가 솜씨 있게 차를 몰면서 교통 행렬을 누빌 때 느끼는 만족감을 들었다.)

여러 차례에 걸쳐서 Berne은 변화의 목적이 어른 자아 상태가 주도권을 가지도록 하는 것이라고 썼다. 이때 그는 교류분석이 '머리로만 살아가는' 사람이나 인생의 모든 상황을 기계적인 계산으로 헤쳐 나가는 사람이 되기를 바란다고 제안한 것이 아니었다. 실제로는 그 정반대였다. 자발적인 사람은 자신의 모든 생각과 행동뿐만 아니라 자신이 느끼는 모든 종류의 감정도 파악할 수 있다. 자발성이 있는 사람은 처음에는 환경으로부터 들어오는 정보를 '파악하기 위해' 어른 자아 상태를 사용한다. 그렇지만 그다음에는 어떤 자아 상태를 가지고 반응할지 스스로 선택한다. 우선 그는 어른 자아 상태에 남아 있는 것을 선택할 수도 있는데, 어른 자아 상태를 선택하게 되면 자신의 현재 자기(self)의 연령에 적절한 방식으로 생각하고 행동하고 느낄 것이다.

자발적인 사람은 어린이 자아 상태로 반응하는 것을 선택할 수도 있다. 이 경우 그는 자신의 어린 시절의 어떤 단계에서 원래 사용했던 능력, 감정, 반응을 꺼낼 것이다. 한 가지 주목할 만한 어린이 자아 상태의 능력은 직관력(intuition)이다. Berne은 직관력을 오래된, 즉 어린이 자아 상태의 기능으로 보고 있음을 분명히 밝혔다. 그러나 직관력을 사용함으로써 우리는 어른 자아 상태만 사용해서는 도달할 수 없는 지금-여기에서의 실제를 이해할 수 있다(Berne, 1962).

마지막으로 선택할 수 있는 것은 부모 자아 상태로 반응하는 것이다. 이 경우 자발적인 사람은 자신이 부모로부터 가져온 생각, 감정, 행동을 사용해서 현재의 상황에 대처하기로 선택한다. 그는 부모 자아 상태로부터의 반응을 다른 사람에게 향하기도 하는데(적극적 부모 자아), 지금-여기의 상황에서 부모 역할이 필요하다면 이것이 적절할 수도 있다. 또는 부모 자아 상태의 명령을 자신의 내면에서 계속 되새기기도 한다(영향을 미치는 부모 자아). 이것은 '규칙에 순응하는 것' 이 자신에게 좋은 결과를 가져오는 많은 상황에서 적합한 반응이다. 부모 자아 상태를 사용한다는 것은 그 사람이 모든 사회적 상황에서 문화적 규범을 되새기지 않아도 된다는 것을 의미한다.

Berne은 자발적인 사람을 게임을 하려는 어떤 강박관념도 없는 사람으로 정의한다. 나아가 자발적인 사람은 라켓(racket) 감정('그 감정을 가지도록 배운 결과로 가지는 감정' , 2장의 게임과 라켓에 대한 부분 참조) 대신 진정한 감정을 자유롭게 경험할 수 있다. 앞의 '치유 단계' 부분에서 제시한 것처럼, 이러한 두 가지 변화가 각본으로부터 자유로워지는 것임을 나타낸다는 것을 기억할 것이다. 자발성을 자율성의 한 가지 요소로 정의함으로써 Berne은 자율성과 각본 치유를 이론적으로 명확하게 연결했다. 자율성과 각본 치유의 핵심은 사용할 수 있는 선택지의 폭이 넓어진다는 것이다.

친밀감

Berne이 의미하는 '친밀감(intimacy)'은 일상적으로 사용하는 의미와는 부분적으로만 연결된다. 그는 친밀감을 "게임을 하지 않고, 이면에 상대방을 이용하겠다는 마음 없이 정서적 표현을 자유롭게 교환하는 것"으로 정의했다 (Berne, 1966: 366). 자발성과 마찬가지로, 여기에서도 변화가 일어났는지는 그 사람이 게임을 하려는 강박관념으로부터 그리고 게임의 일부인 모든 이면적 '미끼와 약점'으로부터 자유로워졌는가를 보고 알 수 있다. 하지만 자발성이 개인 내적 용어로 정의되는 데 반해서, 친밀감은 게임으로부터 자유로운 대인관계의 표현이다.

이상의 내용을 요약하면 다음과 같다. 각본 치유로서 자율성의 핵심은 지금-여기에서 선택을 내릴 수 있는 그 사람의 자유에 있다. Berne에 따르면, "어른 자아 상태가 얻게 되는 것은 독점적 지배가 아닌 선택지(option)의 증가다." (Berne, 1961: 153) 이러한 관점에서 보면 변화에 대한 Berne의 관점은 다른 인본주의 심리치료(예: 인간중심주의나 Erikson학파)에서 바라보는 변화에 대한 관점과 상당히 유사하다.

계약법

Berne의 각본 개념이 현재 교류분석 이론의 핵심을 이루는 것과 마찬가지로, 그의 계약법(contractual method) 원리는 현재 교류분석 치료의 핵심을 이루며 다른 치료 이론과 구별되는 특징이다. Berne은 계약(contract)을 "잘 규정된 일련의 행동을 지키기로 쌍방 모두 명확하게 동의한 것"이라고 정의했다(Berne, 1966: 362). Berne에 따르면 효과적인 심리치료자는 관련되는 모든 사람들과 협의가 된 명확한 계약 내에서 내담자와 치료를 진행할 필요가 있다.

몇몇 다른 심리치료 모델에서는 '계약' 이라는 단어가 심리치료에 걸리는 시간의 길이에 대한 동의를 의미한다. Berne은 '계약' 을 훨씬 더 넓은 범위로 사용했다. 그에게 '계약' 은 심리치료의 목표와 방법에 대해서 서로 합의한 것이며, 시간은 그것의 한 가지 측면에 지나지 않는다.

계약법에 대한 Berne의 관점에 영향을 준 이론

Berne은 교류분석을 개발하기 시작한 시기에 이미 계약법에 공을 들이고 있었다. Berne의 초기 동료 중 한 사람인 Joseph Concannon은 1947년에 Berne을 방문했을 때의 일화를 소개한다. 그 당시 Berne은 이미 심리치료자로서 높은 치료 성공률로 명성을 얻은 상태였고, Concannon은 Berne이 어떻게 이를 이루었는지 몹시 궁금해하고 있었다. Berne은 Concannon에게 자신은 치료에서 두 가지 원리를 따랐다고 말했다. 하나는 환자를 단지 돕기보다는 치유하는 것이고, 다른 하나는 '환자와 함께 계약을 맺어야 한다.' 는 것이었다(Concannon, 1971).

Berne이 계약을 맺는 것에 대한 아이디어를 다른 심리치료자들의 이론으로부터 가져왔을 수도 있지만, 그는 이를 자신의 저서에서 직접 인용하지는 않았다. 행동주의에 기반을 둔 다양한 심리치료에서 행동 변화에 대해 계약을 맺는 것은 매우 익숙한 개념이다. 이것이 Berne이 교류분석을 만들 때와 같은 시기에 개발되고 있었으므로 계약에 대한 그의 생각에 일부 영향을 미쳤을 것이라고 볼 수 있다.

계약 작성의 영역

Berne은 계약을 맺는 주체에 따라서 계약 작성을 두 가지 주요한 영역으로 구별했다(Berne, 1966: 15-20). 하나는 치료자-환자 계약(therapist-patient contract)이다. 다른 하나는 기관 계약(organisational contract)으로, 심리치료자와 심리치료의 재정을 맡거나 후원을 하거나 관리를 하는 기관 사이에서 이루어진다. 따라서 심리치료자가 '온전하게' 사설 치료를 운영한다면, 기관 계약은 윤리 규정과 전문적 치료 지침으로만 규정될 것이다.

또한 Berne은 이 두 가지 주요 영역에서 심리치료자의 세 가지 과제와 관련되는 세 가지 유형의 계약이 있다고 보았다. 세 가지 유형의 계약은 다음과 같다.

- 행정 계약(administrative contract)
- 전문 계약(professional contract)
- 심리적 계약(psychological contract)

Berne의 '행정 계약'은 현재 교류분석 용어에서는 종종 직무 계약(business contract)이라고 하고, '전문 계약'은 오늘날 일반적으로 치료 계약(treatment contract)이라고 한다. 이후 이 용어들은 서로 동일한 의미로 사용될 것이다.

먼저 세 가지 유형의 계약이 심리치료자와 내담자 사이의 계약을 맺는 데 있어서 어떻게 적용되는지를 설명할 것이다. 그다음에는 심리치료자와 기관 사이의 계약에서 특별히 요구되는 점에 대해 Berne이 설명한 것을 알아보도록 한다.

심리치료자와 내담자 간의 계약 맺기

행정(또는 직무) 계약

이것은 '심리치료 상황에서의 실질적인 요구'에 대해서 내담자와 분명하고도 명확하게 합의하는 것을 말한다. 이 계약은 치료비의 금액과 지불방법, 상담 회기의 횟수, 심리치료자가 가지고 있는 기본 규칙에 동의하는 것과 같은 세부 사항을 구체적으로 기술한다.

전문(또는 치료) 계약

전문 계약은 심리치료의 목표에 대한 동의다. Berne에 따르면 이 계약은 예상되는 결과를 '조작적 형태로 명확하게 진술'해야 한다(Berne, 1966: 88). 여기서 '조작적(operational)'이라는 것은 합의된 계약 목표가 관찰 가능한 형식으로 진술되어야 한다는 것을 의미한다. 여러 가지 다양한 변화의 영역이 구체적인 계약 목표가 될 수 있다. 예를 들면, 계약에서 고혈압과 같은 신체적 증상의 완화나 공포증과 같은 심리적 증상의 완화를 언급할 수 있다. 또는 일정한 수준으로 알코올 섭취량을 줄이는 것과 같은 행동 변화를 말할 수도 있다. 어떤 내담자들은 특정한 직업을 구하거나 시험에 통과하는 것과 같이 실질적인 목표를 이룰 수 있도록 계약을 맺고 싶어 한다. 처음에 계약 목표를 제안하는 것은 내담자뿐만 아니라 상담자도 할 수 있다.

Berne에 따르면 치료 계약에서 진술문을 명확하게 만들기 위해서 심리치료자는 모호한 표현이나 그럴듯해 보이는 전문용어를 없애야 한다. 예를 들면, '관계를 더 좋게 만들고' 싶다며 심리치료를 받으러 온 내담자가 있다면, 치료자는 "여기에서 당신이 말하는 관계는 어떤 의미입니까?"라고 물을 수 있다(Berne, 1966: 87). 치료자는 자신과 내담자가 결과에 대해서 분명하고 조작적으로 진술된 문장을 만들 때까지 이러한 탐색을 계속해야 한다.

전문 계약에서 심리치료자의 또 다른 과제는 내담자의 진정한 동기를 평가하는 것이다. 예를 들어, 알코올 문제가 있는 사람이 '금주를 하고 싶다.' 고 하면서 왔을 때, 심리치료자의 첫 번째 질문은 '왜?' 가 될 것이다. 그 사람이 다른 사람들로부터의 압력에 대한 반응으로 술을 끊기보다는 얼마나 자기 자신을 위해서 술을 끊고 싶어 하는가를 알아내는 것이 치료자의 목표다.

심리적 계약

계약을 맺는 당사자들은 적어도 일부분이라도 자신의 개인적 욕구와 연결된 '숨겨진 안건(hidden agenda)' 을 내놓기 마련이다. 그들 자신은 이러한 이면의 동기를 완전히 인식하지 못할 수 있다. 하지만 그것을 찾아내는 것이 심리치료자의 전문적 과제다(Berne, 1966: 16). 그가 흔히 사용하는 일상적이고 생생한 언어로, Berne은 다음과 같이 숨겨진 안건을 기술했다.

> …환자는 치료자가 자신을 치유할 수 있는 방법을 이미 알고 있으며, 아마도 책상 서랍에 넣고 잠가 놓았으리라는 생각을 가지고 치료자를 찾아온다. 치료자가 요구 사항이 많고 인색하고 까다롭고 이기적이기 때문에 첫 면접에서는 곧바로 내담자에게 치유를 건네 주지 않는 것이다. 하지만 환자는 자신이 오랫동안 착하게 행동하면 치유를 받을 수 있다는 것을 믿어 의심치 않는다. 이는 마치 어렸을 때 산타클로스가 자신에게 선물을 줄 것이라고 믿는 것과 마찬가지다 (Berne, 1966: 285).

'심리적 계약' 이라는 말은 Berne의 이면적 교류 이론에서 나온 것이다. 이면적 교류에서는 메시지가 사회적 수준뿐만 아니라 심리적 수준에서도 교환된다(2장의 '교류의 본질' 부분 참조). Berne이 제안한 '의사소통의 세 번째 법칙'은 이러한 이중 메시지의 행동적 결과는 언제나 심리적 수준에서 결정된다고 제안한다. 그는 계약도 마찬가지라고 본다. 만일 심리적 계약의 이면적 목표가 관리 계약이나 전문 계약에서 겉으로 드러나는 목표와 다르다면, 결과적으로 계약 당사자들이 언제나 게임을 하게 될 것이다.

기관 상담에서의 계약

Berne에 의하면 기관에 속해 있는 심리치료자는 먼저 후원 기관과 행정 계약에 협의해야 한다. 이 계약에서는 기관의 전반적인 목적이나 치료자가 고용된 심리치료 프로젝트의 목적과 같은 사항을 다룬다. 기관의 목적을 문서로 만든 다음 계약을 맺는 과정의 한 부분으로 '관계된 모든 사람들이 출석한 상태에서 목적을 크게 낭독할 것을' Berne은 권장했다(Berne, 1966: 15). 만약 문서화된 지시문이 없다면 '공식적이고 분명하게 그 프로젝트의 목적을 진술하는 글을 만들도록 그 프로젝트의 관리자를 설득해야 한다.' (Berne, 1966: 15) 또한 재정, 인원, 시설, 기자재와 같은 문제에 대한 명확한 합의가 있어야 한다.

기관이라는 환경에서 심리치료자가 내담자를 볼 경우, 내담자와 맺는 행정 계약에 심리치료자, 기관, 내담자 간의 관계를 구체적으로 기술해야 한다. 심리치료자는 내담자가 이 세 가지 주체[심리치료자, 기관, 내담자 자신의 역할]에 대해 어떤 기대를 가지고 있는지 확인하고 이를 치료자가 생각하는 바와 비교하여, 내담자의 기대와 상담자의 기대가 차이를 보이는 부분에 대해 상호 합의를 이끌어 낼 필요가 있다. 예를 들면, 교도소 상담의 경우 내담자는 심리치료 회기 동안 특정한 방식으로 '행동을 보여 줌(performing)' 으로써 조기 석방을 받을 수 있다는 암묵적인 가정에 대해 생각하고 있을 수도 있다(Berne, 1966: 18).

심리치료자와 기관 간의 전문 계약에서는 종종 '사회적 통제' 나 '증상 완화' 와 같은 전문용어로 치료의 목표를 기술한다. Berne은 전문 계약을 마치기 전에 그런 용어들이 '그 기관에서 가지는 의미(local meaning)' 에 대해 알아보도록 권유했다.

이러한 모든 방식으로 심리치료자는 자신과 기관이 맺는 심리적 계약에 깔려 있을 수 있는 '숨겨진 안건' 을 알아보게 된다. Berne은 "치료자 자신이 스스로 이러한 요소들을 상정해 보는 것이 매우 중요하다."고 제안했다(Berne, 1966: 16). 그러나 Berne은 또한 어떤 기관에서는 이러한 문제에 대한 자신의 의견을 직접적으로 표현하는 것이 바람직하지 않을 수도 있다고 덧붙였다.

계약을 맺는 데에서의 일관성

지금까지의 내용을 요약하면 다음과 같다. Berne은 효과적으로 계약을 맺는 데 있어서 가장 중요한 요소는 일관성(congruency)이라고 설명한다. 이상적으로는 행정 계약, 전문 계약, 심리적 계약의 세 가지가 모두 일관적이어야 한다. 이 세 가지 계약에 대한 치료자의 생각과 내담자의 생각이 서로 일치되어야 하며, 또 여기에 기관이 관련된다면 그 기관의 생각과도 일치되어야 한다. 그리고 가장 중요한 것은 이러한 일관성의 모든 측면들이 사회적 수준뿐만 아니라 심리적 수준에서도 일치해야 한다는 것이다. 계약관계의 시작 단계에서 이러한 이상적인 상황이 이루어지는 경우는 거의 없다. 심리치료자는 이러한 이상적 상황을 향해 움직이는 것이다. 몇몇 기관 상담의 경우에는 치료자가 일관성이 이루어질 수 없다는 것을 인식하고, 치료자 자신 또는 내담자를 보호하기 위한 다른 수단을 강구해야 한다.

Berne은 기관과의 계약에서 사회적 수준과 심리적 수준이 불일치하는 예를 다음과 같이 제시했다.

> 다른 모든 동료들보다 훨씬 더 빨리 환자를 퇴원시키는 매우 효과적인 치료자가 있다. 그는 비록 행정 계약과 전문 계약에서 분명하게 효과적인 치료를 장려함에도 불구하고, 자신이 모든 사람들로부터 축하를 받기보다는 '논란의 여지가 많은 사람(controversial figure)'으로 간주되고 있다는 사실을 알게 되면 실망할 것이다. 사람들은 마치 그가 어떤 암묵적인 '신사협정'[역자 주]을 깬 것처럼 그를 대하기도 하는데, 이러한 '신사협정'은 계약에 명시되어 있는 목표와는 다르거

역자 주 | 여기에서 '신사협정'이란 좀 더 일찍 환자를 퇴원시킬 수 있지만 그렇게 되면 기관의 수익이 맞지 않을 수 있어 어느 정도 환자를 기관에 붙잡아 둔다는 것으로 생각해 볼 수 있다. 이 치료자는 말 그대로 환자를 아주 효과적으로 치료해서 빨리 퇴원시켰고, 이

나 심지어 상충되는 것이기도 하다. 어떤 냉철한 치료자가 말했듯이, '나의 고민은 어떻게 해고되지 않으면서도 효과적인 치료자가 될 수 있는가 하는 것이다.' (Berne, 1966: 16)

내담자가 행정적 기관 계약에 대해 이해한 바와 내담자가 심리치료자와 합의하에 맺은 전문 계약이 상충하는 경우에도 불일치가 일어날 수 있다. 예를 들면, 어떤 내담자가 정부기관으로부터 어떤 물질적 지원을 받고 있는데, 심리치료가 종결되어서 치료 기관에서 나오게 되면 그 지원이 철회되는 경우가 있다. 또한 군대와 연결되어 운영되는 병원에서는 환자가 '치유' 판정을 받으면 다시 현역 군인으로 돌아가야 될 수도 있다.

Berne은 심리치료자가 치료 작업을 시작하기 전에 이와 같은 계약 맺기의 모든 측면들을 분명히 하는 것이 매우 중요하다고 보았다. 그의 말을 보자.

이 두 가지 계약, 즉 기관과 맺는 계약과 환자들과 맺는 계약의 세 가지 측면[행정적, 전문적, 심리적]을 미리 충분하게 고려하지 않으면, 치료자는 나중에 자신이 투자했던 상당한 양의 시

것이 행정 계약이나 전문 계약과 일치하는 행동이지만 심리적 계약이나 심리적 수준과는 맞지 않을 수 있다.

간과 에너지를 손실한 채 예상과 다르게 전개되는 상황에 당황하게 될 것이다. 따라서 초기 단계에서는 무엇보다도 선한 의도로 두루뭉술하게 안심시키는 것과 같은 순진함과 무비판적 수용이 있을 여유가 없다. 치료자는 자신의 임상적 지식을 사용해서 자신을 비롯한 모든 관계자들이 실제로 가지고 있는 목표를 파악할 때까지는 회의적인, 때로는 냉소적인 자세를 견지하며 거리를 두어야 한다. 치료자가 일어날 수 있는 가능성들을 모두 인식한 후에야 비로소 좋은 동료의 역할과 같은 사치를 누릴 수 있다(Berne, 1966: 19).

일단 기관 계약에서 여러 가지 난관을 극복한 후에(또는 적어도 이를 피해 간 후에) 비로소 심리치료자는 자신과 내담자 사이의 전문 계약에 관심을 두게 된다. 다음에서는 이러한 전문 계약에 대해 알아본다.

계약 맺기의 목적

계약법을 사용함으로써 얻는 이득은 이미 앞에서 함축적으로 제시하였다. 요약하면, 계약법의 이득은 크게 두 가지로 볼 수 있다. 첫째, 계약에서 합의를 하는 것은 심리치료 관계의 양방향적(bilateral) 본질을 확인하는 방법이 될 수 있다. Berne에게 이는 인간에 대한 인본주의적 존중을 표현하는 하나의 방식이다.

> 자신들의 역할이 서로 다르다는 차이를 제외하면, 환자도 온전한 한 사람의 인간으로 간주된다. 치료자가 환자를 살펴볼 의무가 있는 것과 마찬가지로, 환자는 치료자를 찬찬히 살펴볼 권리가 있다(Berne, 1966: 92).

이러한 첫 번째 이득은 한 가지 부가적인 이득을 더 가져온다. 처음에 '살펴보는(looking over)' 과정이 끝나고 나서 내담자나 치료자가 상담을 계속하지 않기로 결심하게 되면, 그들은 서로 기분이 상하지 않고 분명한 이유로 관계를 접을 수 있다. 내담자의 문제에 대해 방향성 없는 토론을 하면서 몇 달 또는 몇 년을 허비하는 것보다 이것이 더 좋은 방법이라는 것이 Berne이 제안하는 바다.

조작적인 계약의 두 번째 이득은 쌍방 모두 자신들이 합의한 목표를 얼마나 성취했는지를 분명하게 알 수 있다는 것이다(Berne, 1966: 88). 또한 언제 그 목표에 도달했는지도 분명하게 알 수 있다. 이는 결과적으로 치료자와 내담자가 심리치료를 종결할지, 아니면 추가적으로 계약을 협상할지와 같이 이후에 나아갈 방향에 대한 분명한 토대를 형성한다.

계약법: 분명히 해야 할 사항

여기에서는 계약법의 몇 가지 중요한 특징을 설명할 것이다. 이 특징들은 교류분석 외부에서뿐만 아니라 내부에서조차 종종 간과되었거나 왜곡된 것들이다. 이러한 오해의 결과로, Berne의 치료 접근은 실제보다 더 딱딱하고 행동주의적인 것으로 인식되었다. 다음은 Berne이 원래 생각했던 이러한 특징들을 기술한 것이다.

1. 계약은 행동적 용어로 기술되지만, 행동 변화 그 자체는 일반적으로 심리치료의 주요 목표가 아니다.
2. 계약에 일단 합의를 했다고 해도 그것이 영원히 불변한 것은 아니다. 계약은 언제든지 다시 협상할 수 있다.
3. 심리치료자와 내담자는 치료관계의 아주 초기에서부터 전문 계약을 맺지 않아도 된다.

계약은 단지 행동에 대한 것만이 아니다

이에 대해서 Berne은 분명하게 설명하였다.

> 치료자와 환자가 더 나아지는 것에 대한 조작적 기준을 설정한다고 해서 단지 증상의 경감이나 사회적 반응의 통제를 이루는 것이 치료의 최종 목표라는 의미는 아니다. 기준을 설정한다는 것은 이러한 변화들이 나아지고 있다는 분명한 신호로서, 그리고 치료의 효과성에 대한 기준으로서 간주될 것임을 의미한다. 치료자는 항상 증상이나 반응의 기저에 존재하는 결정 인자를 주의 깊게 살펴볼 것이다(Berne, 1966: 91).

이 점은 앞서 설명한 '치료의 네 가지 단계'와 관련된다. 네 가지 단계에서 첫 번째 단계이자 일종의 현상 유지 단계인 사회적 통제에서만이 행동 변화 자체가 심리치료의 목표가 된다. 나머지 세 단계 중 어떤 단계에서도 계약의 결과가 행동 용어로 기술될 수 있다. 그러나 심리치료는 각본 변화에 초점을 두며, 행동의 변화는 각본 변화를 나타내는 하나의 표시일 뿐이다. 저자 역시 새로운 행동은 각본에서의 변화를 나타내는 한 가지 '표시(marker)'라고 하였다(Stewart, 1989: 100-101).

계약은 다시 협상할 수 있다

거의 모든 경우에서 치료 계약은 수정되어야 한다(Berne, 1966: 91). 수정본을 만드는 것은 원래 계약과 똑같은 방식으로 이루어진다. 즉, 내담자와 치료자 간의 쌍방 합의에 의해 수정본이 만들어진다. 내담자와 치료자 모두 계약을 어떻게 바꿀지에 대한 아이디어를 낼 수 있다.

심리치료가 진행되면서 계약을 바꾸는 데에는 온갖 종류의 이유가 따를 수 있다. Berne은 '치유 단계'와 관련된 하나의 예를 제시한다.

> …만약 치료자가 증상의 경감을 최우선으로 하고 다음으로 부모에 대한 오래된 태도를 알아보는 것을 두 번째로 생각하고

있다면, 치료자는 적절한 시기가 올 때까지 계획의 두 번째 부분을 제시하지 않고 있다가 [적절한 때가 되면] 그것을 계약에 대한 수정 사항으로 제시한다(Berne, 1966: 91).

계약을 재협상해야 하는 또 하나의 분명한 이유는 내담자가 이전 계약에서의 목표를 이루었을 경우다. 또는 내담자나 심리치료자가 자신들이 현재 가지고 있는 계약이 부적절하거나 실행 불가능하다는 결론에 도달했을 경우다. 또한 내담자 자신이 치료과정에서 변화하면서 자신이 심리치료에서 원하는 바 역시 변하기도 한다.

다른 치료 이론의 전문가들은 종종 교류분석 심리치료에서 행동 계약이 핵심 역할을 하는 것에 대해 불편한 감정을 표출했다. 이는 특히 자기발전을 향한 내담자 자신의 동기를 중요시하는 심리치료 접근, 예를 들면 인간중심 치료 상담자나 게슈탈트 치료자들이 그러했다. 그렇다면 그들이 제안한 것처럼 엄격하게 관찰 가능한 계약을 하는 것이 반드시 인간의 발전과정을 저해하는가?

계약을 맺는 것에 이러한 부정적 측면이 있을 가능성이 있는 것도 사실이지만, 이는 계약을 맺는 것이 융통성 없고 세심하지 않게 적용될 경우에만 그러하다. 이것은 Berne이 원래 의도한 바가 아니다. 우리가 2장에서 살펴보았듯이, Berne은 피시스의 힘, 즉 인간의 변화 이면에 존재하는 동기적 힘인 '생명의 힘(thrust of life)'을 분명하게 인식하고 있었다. Berne의 심리치료 모델에서 계약은 내담자의 자율적 성장을 제한하지 않는다. 대신 계약은 내담자와 심리치료자 간에 계속적으로 진행되는 열린 협상의 과정을 통해서 내담자의 자율적 성장과 함께 움직이고 변화한다.

치료가 항상 치료 계약으로 시작하는 것은 아니다

교류분석가들은 심리치료의 시작 단계에서 항상 행정 계약을 분명하게 한다. 즉, 치료자는 치료비 지불의 세부 사항, 시간 그리고 다른 실질적 세부 사항에 대해 내담자와 합의한다. 그러나 치료 계약은 이러한 초기 단계에서 협상될 수도 있고 그렇지 않을 수도 있다.

Berne은 치료 계약이 심리치료의 초반 이후로 미루어져야만 하는 몇 가지 상황을 제시했다. 특히 상당히 기능이 약화된 내담자[심각한 정신장애를 가졌거나 심리적 외상 또는 외부 사건으로 자아 기능이 많이 떨어져 있는 내담자](Berne, 1961: 145), 그리고 편집증적 대처 전략을 사용하는 내담자(Berne, 1966: 90)와 상담할 때는 치료 계약을 빨리 맺으려고 하는 것이 오히려 갈등을 일으킨다. 이런 경우에는 임상가가 치료 계획을 세우되, 치료관계가 잘 형성될 때까지는 내담자와 계약으로서 이러한 치료 계획을 공유하지 않아야 한다.

진단을 내리는 것과 관계없이 심리치료자는 그저 내담자

를 위해 '그곳에 있는(being there)' 것부터 시작해야 한다.

> '그곳에 있다는 것'은 환자가 자신이 갈 수 있는 곳이 있고 자신이 말할 수 있는 누군가가 있음을 아는 것을 의미한다…. 어렸을 때 자상한 부모가 없었던 환자들은… 어떤 종류의 치료든지 그 효과를 발휘하기 이전에 먼저 '그곳에 있는' 누군가가 그 빈 공간을 채워 줘야 한다(Berne, 1972: 355-356).

여기에서 심리치료자는 Berne이 즐겨 사용했던 '머리 수리공'이나 '기술자'보다 더 인간적인 모습으로 나타난다. 위의 '그곳에 있는 것'에 대한 인용문에서 큰 관련이 없으며 지나가는 것처럼 얘기했지만, Berne은 심리치료자의 감싸안아 주는 역할(holding function)에 대해 잘 인식하고 있다는 것을 드러냈다. 이는 Berne을 고전적 행동주의자들보다는 Winnicott[역자 주]에 더 가깝게 한다.

치료 순서

Berne은 치료를 계획하고 실행하는 과정에서 심리치료

역자 주 | 아동 정신분석학자로, 대상관계 이론에 공헌했으며, 아동을 감싸줄 수 있는 환경을 중요시한다. 본 시리즈의 3권 참조.

자가 일련의 점진적인 단계를 따라야 한다고 제안했다. 만일 한 단계가 빠지거나 순서에 맞지 않게 단계들이 제시되면 그 심리치료의 효과성은 줄어들 것이다. 치료 순서(treatment sequence)라는 개념은 물론 Berne의 저서나 교류분석에만 국한된 것은 아니다. 그렇지만 오늘날 교류분석가들은 고도로 구조화되고 구체적으로 계획된 치료 순서를 선호했던 Berne의 선례를 따르고 있다(예: Erskine, 1973; Pulleyblank & McCormick, 1985; Stewart, 1989; Woollams & Brown, 1978 참조).

치료 순서에 대한 Berne의 생각은 그가 저술 활동을 계속하면서 여러 가지 변화를 거친다. 이 절에서는 Berne이 자신의 마지막 책에서 제시한 버전을 집중적으로 살펴볼 것이다(Berne, 1972: 301–314, 334–378). 이즈음에 Berne은 치유과정의 최종 단계에 정신분석이 필요하다는 초기 관점에서 벗어나 있었다. 정신분석 대신 Berne은 '각본 치유'를 심리치료의 최종 목표로 보았다(이 장의 '치유 단계' 참조). 치료 순서에 대한 그의 생각 역시 이에 따라 변화하였으며, 치료관계를 시작할 때부터 각본 문제를 분석하고 해결하는 것을 치료의 주요 초점으로 보았다.

치료 순서에 대한 Berne의 초기 설명

치료 순서에 대한 Berne의 최종 버전을 살펴보기 전에 먼저 Berne의 초기 저서에 나타난 치료 순서에 대한 한 가지 설명을 살펴보고자 한다. Berne은 교류분석을 사용한 집단 심리치료의 원리를 제시한 학술논문에서 최초로 치료 순서를 상정했다(Berne, 1958: 157-158). 1960년대 중반에 Berne이 『집단치료의 원리』를 저술했을 때에도 그는 여전히 이 치료 순서를 인용했다(Berne, 1966: 220-229).

이러한 치료 순서에 대한 초기 버전은 다음과 같다.

1. 구조분석(structural analysis) 그 사람이 심리치료에서 보이는 자아 상태의 전형적인 이동을 추적

2. 교류분석(transactional analysis) 그 사람이 다른 사람들과 하는 의사소통의 양상을 관련되는 자아 상태의 관점에서 연구

3. 게임 분석(game analysis) 그 사람이 전형적으로 하는 심리적 게임을 밝히는 것

4. 각본분석(script analysis) 보다 폭넓은 전의식적 인생 계획을 발견하는 것. 그 사람의 게임은 이러한 각본의 한 가지 표현

이것은 Berne이 자신의 이론의 논리적 구조를 세우면서 사용했던 것과 동일한 진행 방식이라는 것을 알 수 있을 것이다(2장의 'Berne의 이론: 미리 보기' 부분 참조). 각 단계가

밑바탕이 되어 다음 단계로 이동한다는 논리는 이론과 치료에서 모두 비슷하게 적용된다. 예를 들면, 내담자와 심리치료자가 내담자의 교류를 분석하기 전에(2단계) 먼저 내담자의 자아 상태가 이동하는 것을 진단할 수 있는 단서들을 알아볼 필요가 있다(1단계). 변화에 대한 계약은 네 단계 중 어느 단계에서도 이루어질 수 있다.

Berne은 이와 같은 치료 순서의 초기 버전이 나중에 자신이 수정한 버전과 어떻게 관련되는지에 대해서는 자세히 설명하지 않았다. 저자의 생각으로는 Berne이 나중에 수정한 버전이 초기 버전을 대체하기 위한 것은 아니었다고 본다. 그보다는 초기 버전에 있는 네 가지 단계가 모두 수정된 버전에 있는 각 단계에 흡수되었다고 볼 수 있다. 즉, 초기 버전에서 제시된 구조분석, 교류분석, 게임 분석, 각본분석이 수정된 버전에서는 심리치료자가 치료 순서의 단계를 밟아 나가면서 사용하는 도구의 역할을 하게 된 것이다.

치료 순서에 대한 Berne의 최종 설명

치료 순서에 대한 Berne의 설명의 최종 버전은 『인사를 하고 나서 어떤 말을 하시나요?』(Berne, 1972)에 제시되었는데, 다음의 4단계로 구성된다.

1. **준비 단계(preliminary phase)** 우선 첫 면접에서 내담자

와 심리치료자는 서로를 찬찬히 살펴본다. 심리치료자는 내담자가 치료에 온 동기와 이유를 생각한다. 치료자는 내담자의 각본 문제에 대한 직관적인 평가를 해 본다.

다음으로 내담자와 치료자가 상담을 하기로 합의하면 직무 계약을 작성한다. 심리치료자는 내담자의 의학력과 정신병력을 조사한다. 그다음 몇 회기 동안 치료자는 계속해서 내담자의 각본에 대한 지식을 채워 나간다. 치료자는 심리치료에서 일어날 수 있는 사보타주(sabotage)를 미연에 방지하기도 한다.

2. 각본분석(script analysis) 심리치료자와 내담자는 내담자의 각본을 이해하는 작업과 내담자가 각본에서 벗어나기 위해 어떻게 해야 하는지에 대한 작업을 계속한다. 이 과정의 한 부분으로 심리치료자는 내담자의 각본에서 자신이 어떤 역할을 할 것으로 기대되는지(전이) 그리고 치료자의 각본에서 자신이 내담자에게 어떤 역할을 기대하는지(역전이)를 고려한다.

3. 반각본(script antithesis) 계약에 따라 치료를 진행하면서, 심리치료자는 내담자에게 이전의 각본 패턴을 끊을 수 있는 구체적인 행동 변화를 제공한다. 내담자는 자신이 하고자 하는 한도 내에서 이러한 변화를 시도한다. 반각본 단계와 그다음 단계인 재결정 단계가 효과적이기 위해서는 심리치료자가 힘/파워(potency), 허가(permission), 보호

(protection)를 보여 줘야 한다.

4. 재결정(redecision) 내담자는 자신이 어렸을 때 했던 각본 결정을 대신하는 새로운 결정을 내리게 된다. 신념과 사고에서의 이러한 변화는 감정과 행동의 변화를 동반한다. 이것이 각본 치유다.

이 단계들에 대해서 자세히 설명하기 전에, Berne의 설명의 몇 가지 요소에 대해서 현재 일부 교류분석가들은 동의하지 않는다는 점을 짚고 넘어가야 할 것 같다. 특히 '재결정 학파'의 치료자들은 심리치료자를 '허가를 주는 사람(permission-giver)'으로 보는 Berne의 관점에 반대한다. 이러한 차이에 대해서는 5장에서 보다 자세하게 논의할 것이다. 하지만 모든 교류분석 심리치료자들이 Berne의 중심 제안에는 동의한다. 즉, 심리치료의 핵심은 내담자를 각본에서 벗어나도록 돕는 데 있으며, 이것이 체계적인 치료 순서를 따를 때 가장 효과적으로 이루어진다는 것이다.

치료 순서와 '치유의 네 단계'

Berne은 '치유의 네 단계'와 방금 제시한 치료의 네 단계를 일대일로 대응하면서 자세히 설명하지는 않았다. 네 번째 단계는 예외인데, 치료 순서의 네 번째 단계인 재결정은 '치유의 네 단계'의 네 번째 단계인 각본 치유와 대응된다.

그러나 맥락상 몇 가지 다른 연결을 지을 수 있다. '먼저 낫게 하고 그 후에 분석한다.' 는 모토에 따라서, 심리치료자는 실질적으로 가능한 범위에서 가장 빠르게 반각본 단계로 이동해야 한다. 그렇지만 치료자는 자신이 내담자의 각본에 대해서 충분한 가용 지식이 있다는 자신감이 있는 상태에서 반각본으로 이동해야 한다(Berne, 1972: 303). 따라서 치유의 단계에서 처음 두 단계인 사회적 통제와 증상 완화가 치료 순서에서는 각본분석 및 반각본 단계와 대략적으로 일치한다고 볼 수 있다.

[치유의 네 단계 중 세 번째 단계인] '전이 치유' 는 치료 순서의 관점에서 보면, 심리치료자가 여전히 내담자 각본에서 어떤 역할을 하고 있는 가운데 각본분석이나 반각본 단계에서 내담자가 심리치료를 그만두게 되는 상황으로 볼 수 있다. 그렇지만 이때 심리치료자의 역할은 파괴적인 부모라기보다는 자애로운 부모다. Berne이 『인사를 하고 나서 어떤 말을 하시나요?』를 쓰면서 [치료 순서의 최종 버전에 대해 논할 때] 그는 '전이 치유' 를 치료의 바람직한 목표에서 그 위상을 낮추는 것처럼 보인다. 이 책의 각주에서(Berne, 1972: 378), Berne은 전이 치유를 '정신분석 치료에서 귀찮은 존재' 라고 하기도 했다.

다음에서 이 네 가지 치료 단계를 좀 더 자세하게 살펴보자.

1단계: 준비 단계

내담자가 심리치료자를 선택한다는 것

심리치료자는 먼저 치료자로서의 자신의 뛰어남 때문에 내담자가 자신을 선택했다는 생각이 잘못되었다는 것을 인식해야 한다고 Berne은 말한다. 이와는 달리, 만약 자유롭게 선택할 수 있다면 '환자는 자신의 각본의 필요에 따라 치료자를 선택할 것이다.' (Berne, 1972: 304) 예를 들면, 자신이 반항아가 될 것을 요구하는 각본을 가진 사람은 반항적인 심리치료자를 선택할 것이다. 실패 각본을 가진 사람은 가장 무능해 보이는 심리치료자를 선택할 것이다. 내담자가 제3자에 의해서 의뢰되었을 경우, 어떤 심리치료자를 선택할 것인가의 문제에는 의뢰를 하는 사람의 각본 요구가 반영될 것이다.

따라서 제3자가 의뢰하거나 또는 자발적으로 치료에 오는 상황을 보고, 심리치료자는 내담자가 치료에 가지고 오는 각본 문제에 대한 첫 번째 단서를 얻을 수 있다. 첫 면접에서 심리치료자는 내담자가 그냥 이야기하도록 한다. 그렇게 함으로써 치료자는 내담자의 주 호소 문제를 파악하게 되고, 동시에 내담자의 각본에 대한 밑그림을 그리는 작업을 계속할 수 있다.

개인력(history)

내담자와 치료자 모두 계약에 기반한 치료 작업을 하기로 동의하면, 심리치료자는 내담자의 의학력과 정신병력을 알아보아야 한다. Berne은 이러한 초기 단계에서도 내담자에게 꿈에 대해 말하도록 하는 것이 유용하다고 제안했다. 왜냐하면 이를 통해서 초기 각본 문제에 대한 통찰을 얻을 수 있기 때문이다. 치료자는 또한 내담자가 이전에 만났던 심리치료자들이 있다면 그들에 대한 모든 세부 정보를 얻어야 한다. 왜 그 심리치료자에게 갔는지, 어떻게 그 치료자를 선택했는지, 어떻게 치료 작업이 진행되었는지, 그리고 왜 내담자가 치료를 그만두었는지. 이러한 정보는 치료자에게 현재 내담자가 치료관계에서 하려고 하는 게임을 포함하여 내담자의 관계 패턴에 대한 유용한 단서를 제공해 줄 것이다.

사보타주를 미연에 방지하기

내담자는 때로 자신이 이전 심리치료(또는 다른 관계)에서 반복적으로 실패했던 패턴이 있음을 보고한다. Berne은 이런 경우에 그 관계 패턴이 다시 드러나기 전에 심리치료자가 적극적으로 치료의 초기 단계에서 이러한 양상을 직면할 것을 권유한다. 예를 들어, 어떤 내담자가 미리 알리지 않고 치료를 그만두었던 경험(또는 이전 직장을 갑자기 그만두었던 경험)을 보고할 수 있다. 이 경우 심리치료자는 이번 치료에서도 비슷한 결과를 예상함으로써 이를 직면해야 할 것이다.

> 나는 당신이 한동안 나와 함께 상담을 하고는 갑자기 치료를 그만두리라고 생각합니다. 만약 내 생각이 맞고 그것이 당신이 하고자 하는 것이라면, 우리는 가만히 앉아서 우리 삶의 6개월 또는 1년을 낭비하게 됩니다. 그러나 당신이 지금 그에 대해 솔직하게 논의한다면, 우리 둘 다 그 시간을 절약하고 무언가 유용한 일을 할 수 있을 겁니다.

게임의 양

그러면서도 Berne은 심리치료자가 심리치료의 초기 단계에서 커다란 직면을 곧바로 하는 것이 항상 현명한 것은 아니라고 경고했다. 그는 '신경증 환자는 더 훌륭한 신경증 환자가 되기 위해 치료에 온다.' 는 오래된 격언을 인용했다. 이를 교류분석의 언어로 옮기면, '환자는 자신의 게임을 더 잘하는 법을 배우기 위해 심리치료에 온다.' 가 된다. 내담자는 전혀 자각하지 못한 채 이미 자신의 각본에 잘 맞는 심리치료자를 캐스팅하려고 하고 있다.

따라서 심리치료자는 치료의 초기 단계에서 미묘한 균형을 유지해야 한다. 만일 치료자가 내담자의 게임을 하는 것을 완전히 거부한다면, 내담자는 자신의 어린이 자아 상태에서 치료자의 직면을 매우 위협적으로 느끼게 되어 치료를 중단할 것이다. 그렇지만 치료자가 너무 쉽게 내담자와 같이 흘러간다면, 내담자는 치료자가 자신의 각본에 맞춰 준다고 생각할 것이다. (내담자는 이 상황에서 치료를 그만둘 수도 있는데, 내담자의 어린이 자아 상태에서 심리치료자가 '쉬운 먹잇감' 인 것에 실망하기 때문이다.) 이에 대한 해결책은 치료 초기에 게임의 양을 적절하게 나누어 주는 것이라고 Berne은 말한다. 어린이 자아 상태가 안심할 수 있을 정도로 적당하게 게임을 계속하면서, 심리치료자가 그것을 심각한 사안으로 고려한다는 신호를 주기에 적당한 정도로 직면을 하는 것이다(Berne, 1972: 349–351).

2단계: 각본분석

각본의 발견

이 단계에서 심리치료자의 과제는 내담자 각본의 내용과 과정에 대한 폭넓은 지식을 축적하는 것이다. 이러한 정보들을 조직화하는 하나의 이론적 틀로서, 치료자는 각본 매트릭스(내용)와 과정 각본 유형(과정)을 사용할 수 있다. 이 두 가지 모델은 앞장에서 이미 설명한 바 있다(2장의 '각본의 전달' 과 '과정 각본 유형' 부분 참조).

각본 정보를 축적하는 데 있어 심리치료자는 공식적인 각본 질문지(script questionnaire)를 사용할 수 있다. Berne이 이 질문지의 한 가지 버전을 제공했으며(1972: 427–439),

Steiner(1974)와 McCormick(1971)은 다른 버전의 질문지를 제안한 바 있다. 또 다른 방식으로 심리치료자가 각본분석에 경험이 많은 경우 내담자와의 상담 회기 동안에 자연스럽게 드러나는 각본 정보를 모으는 방식을 택할 수도 있다.

Berne은 각본분석 기술을 개발하는 것에서는 경험을 대체할 만한 것이 없다고 강조했다(Berne, 1972: 302). 심리치료자가 각본 질문지를 사용하든 비구조화된 관찰에 의존하든, 치료자는 자신이 처음 파악한 각본의 정확성 또는 다른 특징들에 대한 피드백을 필요로 한다. 치료자는 내담자와 장기간의 작업을 통해서만이 이러한 피드백을 얻을 수 있다. Berne의 말을 빌리면 각본분석가는 반드시,

> …문제가 형성되는 초기 단계에 있는 다양한 유형의 많은 환자들을 만나야 하며, 어느 정도 기간을 두고 환자들을 임상적으로 잘 이해하고 나서 그들의 삶을 과거로 그리고 미래로 투사해 보아야 한다…. 이런 배경 지식이 있을 때 [심리치료자는] 자신이 현재 만나고 있는 환자들과 어떤 작업을 할 것인가, 그리고 새로 만나게 되는 환자들로부터 어떻게 가능한 한 빨리 최대한의 정보를 얻을 수 있는가에 대해서 더 잘 알게 된다(Berne, 1972: 302).

여기에서 다시 한 번 Berne의 경험주의 철학을 볼 수 있

다. 효과적인 각본분석가는 자신이 초기 관찰한 것을 이론적 틀을 가지고 조직화하고, 이에 기초해서 내담자의 각본에 대한 일련의 가설을 세운다. 치료자는 상담이 진행되면서 새로 추가되는 관찰을 가지고 계속해서 자신의 가설을 검증한다. 그리고 필요하다면 새로운 경험적 증거에 맞추어서 자신의 가설을 수정한다.

전이와 역전이

각본 이론의 관점에서 전이란 내담자가 심리치료자를 자신의 각본에서 하나의 역할을 하도록 하는 것을 의미한다. 역전이 상황은 심리치료자가 자신의 각본에서 한 가지 역할을 하도록 내담자를 캐스팅하는 것이다. 내담자와 치료자 모두 이를 인식하지 못하는 가운데 전이와 역전이는 일어난다(Berne, 1972: 352).

치료자와 내담자의 행동에서 전이와 역전이는 어떻게 관찰할 수 있을까? 교차적 교류 유형 I [치료자는 자신의 어른 자아에서 내담자의 어른 자아로 자극(S)을 보냈는데, 내담자는 자신의 어린이 자아에서 치료자의 부모 자아로 반응(R)하는 경우]이 나타날 때나 내담자가 심리치료자를 게임에 끌어들이고 있다는 것을 알 수 있을 때 전이를 추론할 수 있다(2장의 '교류와 전이' 부분 참조). 역전이는 교차적 교류 유형 II [내담자는 자신의 어른 자아에서 치료자의 어른 자아로 자극(S)을 보냈는데, 치료자는 자신의 부모 자아에서 내담자의 어린이 자아로 반응(R)하는 경우]에서 그 모습을 드러낸다. 또는 심리치료자가 내담자를 게임에 초대할 때나 별다른 자각 없이 내담자가 제공하는 게임에 빠져들 때 역전이를 의심해 볼 수 있다. 만일 심리치료자가 이 둘 중 어떤 상황에든지 그냥 남아 있는다면, 치료자는 내담자의 각본을 '승인하는(confirming)' 것이며 각본 치유는 이루어질 수 없다.

앞에서 이러한 함정에 대한 치유책으로 Berne이 자기 교정(self-calibration)을 제안했음을 기억할 것이다. 심리치료자는 자기 자신에게 '내가 게임을 하고 있는가?' 가 아니라 '나는 어떤 게임을 하고 있는가?' 라는 질문을 던져야 한다. (필요하다면 슈퍼비전의 도움을 받아서) 치료자가 이 질문에 대한 가능한 대답을 찾는다면 치료자는 자신의 행동을 신중하게 조절해서 게임을 하지 않는 상태를 유지해야 한다.

Berne은 심리치료자에게 성적으로 유혹하는 행동을 보이는 내담자의 예를 들었다(Berne, 1972: 352). 어떤 식이든 이러한 유혹을 허락하는 반응은 심리치료자가 '라포(Rapo)' 라는 내담자의 게임에 걸려들었음을 의미한다. 내담자와 성적 관계를 갖는 극단적인 비윤리적 행동뿐만 아니라 심리치료자의 성적 환상에 대한 '허심탄회한 논의' 와 같은 치료를 대체하는 행동을 하는 경우도 라포 게임을 한 것에 해당된다. Berne에 의하면 이런 상황에서 게임이 없는 반응은 심리치료자가 자신이 이러한 내담자의 행동을 인식했음을 간단하게 인정하고, 그에 대해 더 이상의 논의 없이 어떤 것이든 내담자가 치료에 가지고 온 문제로 돌아가는 것이다.

이 예는 심리치료에서 전이에 대한 Berne의 입장의 중요한 특징을 보여 준다. 정신역동 학파의 다른 이론가들과 마찬가지로, Berne도 전이와 역전이가 모든 심리치료 상황에서 중요한 측면이라는 점을 인정한다. 그러나 Berne은 심리치료가 오로지 전이관계의 '훈습과정(working through)'에만 있다고 보지는 않는다. 심리치료자와 내담자가 오랜 시간 동안 함께 이야기를 하면 어찌됐든 이러한 '훈습'의 과정이 자동적으로 일어난다고 간주하지도 않았다. Berne에게 전이와 역전이는 이를 인식하고 적극적으로 직면하고는 한 켠으로 치워 두어야 하는 것이다. 그럼으로써 심리치료자와 환자가 보다 유용한 지금-여기에서의 치료과정에 들어갈 수 있게 된다(Berne, 1972: 353).

3단계: 반각본

잠자는 숲 속의 공주의 운명은 100년 동안 잠을 자다가 왕자에게 키스를 받으면 새로운 삶을 시작할 수 있다는 것이다…. 만약 어떤 다른 왕자가 [100년이 아니라] 고작 20년이 지나 나타나서는 "당신은 여기에 누워 있을 필요가 없습니다." 라고 말해 주는 것, 이것이 반각본이다…. 각본에서 주어지지 않은 외부의 어떤 것을 가지고 각본을 깰 수 있는 것이다 (Berne, 1972: 355).

이 이야기에서 잠자는 숲속의 공주의 각본에 장치되어 있는 내적 분출(internal release)은 100년 동안 잠들어 있다가 왕자에게 키스를 받는 것이다(2장의 '각본의 요소' 부분 참조). 공주는 그렇게 오랫동안 누워 있기보다 또 다른 왕자가 제공하는 '그냥 깨어나는 것'을 선택할 수도 있다. 그 왕자는 공주의 각본을 깨는 대안을 제공한 것이다. 이것이 바로 반각본이다.

반각본을 설명하기 위해 Berne은 자신의 임상 경험에서 한 가지 사례를 예로 든다(Berne, 1972: 355-362). 그의 한 여성 내담자는 오랫동안 불면증, 우울, 맥박 증가, 불안을 겪어 왔다. 그녀의 아버지가 당뇨병이 있다는 것이 밝혀지면서 이러한 문제들은 최근에 더 심해졌다. 내담자와 그 문제들을 탐색하면서, Berne은 내담자가 어린 시절에 '우리 아버지를 살리기 위해서는 내가 아파야 한다.'는 각본 결정을 했다는 가설을 세웠다. 그는 이 해석을 내담자에게 제시했고 내담자는 그에 동감한다고 했다.

그래서 Berne은 반각본을 준비했다. 이때 그는 반각본이 효과적이기 위해서는 중요한 세 가지 자질인 힘/파워(potency), 허가(permission), 보호(protection)를 보여 주어야 한다는 것을 잘 인식하고 있었다. Berne은 이러한 '심리치료의 세 가지 P'를 처음 고안하는 데 있어서 동료인 Pat Crossman(1966)의 공헌을 인정했다.

> 심리치료자는 어린이 자아가 부모 자아의 명령(injunctions)과 혹하게 하기(provocation)를 따르지 않을 수 있도록 허가(permission)를 주어야 한다. 이를 효과적으로 하기 위해서는 치료자가 힘이 있어야(potent) 한다. 여기에서 힘이란 전지전능함이 아니라 환자의 부모 자아를 다룰 수 있을 정도의 힘을 말한다. 이후에 치료자는 자신이 환자의 부모 자아의 분노로부터 환자를 보호(protection)해 줄 수 있을 만큼 충분한 힘이 있다고 느껴야 하며, 환자의 어린이 자아 역시 치료자가 부모 자아의 분노로부터 자신을 보호(protection)해 줄 만큼 힘이 있다고 느껴야 한다(Berne, 1972: 374).

Berne은 '세 가지 P'에 대해서 다음과 같이 추가 설명을 했다(Berne, 1972: 358–359, 374–375).

허가(permission)　허가를 주는 과정에서 심리치료자는 내담자의 어른 자아가 포기하고 싶어 하는 부정적인 각본 패턴을 버릴 수 있는 자격을 내담자에게 부여한다. 내담자가 이를 받아들인다면 이것은 각본에 매인 행동으로부터의 해방으로 작용한다.

힘/파워(potency) 이는 직면할 수 있는 힘을 의미한다. 내담자의 어린이 자아에게 힘을 실어 주기 위해서, 심리치료자는 내담자에게 허가를 줄 때 자신의 용어를 주의 깊게 선택해야 한다. 치료자의 언어에는 '만약' 이나 '하지만' 이 없어야 하고 어떠한 협박, 조건, 선결 조건도 없어야 한다.

보호(protection) 심리치료자는 필요할 때 자신의 힘을 시의 적절하게 사용함으로써 보호의 자질을 보여 준다. Berne에 따르면 치료자가 하는 말의 내용뿐 아니라 치료자 목소리의 굳건함에서도 보호를 발견할 수 있다.

Berne은 자신의 내담자에게 반각본을 전달할 준비를 하면서 이 세 가지 자질을 주의 깊게 평가했다(Berne, 1972: 359-360). 그는 내담자가 자신의 어른 자아에서는 자신이 아버지를 살려 놓을 책임이 없다는 사실을 알고 있음을 내담자와 다시 한 번 확인했고, 내담자는 이를 알고 있다고 했다. Berne이 내담자가 '자신의 아버지를 살려 놓기 위해' 계속 아픈 상태에 있을지도 모른다는 자신의 이전 해석을 반복해서 말했을 때, 내담자는 자신도 그 해석이 정확하다고 생각한다면서 그에 동의했다. 그러고 나서 Berne은 내담자에게 반각본을 제시했다. "그렇다면 내가 당신이 건강해져도 된다고 허가하겠습니다." 이에 내담자는 "노력해 보겠어요."라고 대답했다. Berne은 이러한 이면적(ulterior) 메시지를 듣고 그것을 다음과 같이 직면했다.

> 노력한다는 것만으로는 충분하지 않습니다. 당신은 결정을 내려야 합니다. 아버지와 헤어져서 아버지는 아버지대로 당신은 당신대로 갈 길을 가든지, 아니면 아버지와 헤어지지 말고 현 상태를 유지하십시오. 어떤 쪽을 원하십니까?

마지막 문장에서 Berne이 계약에 바탕을 두고 상담을 진행하고 있음을 알 수 있다. Berne은 일련의 행동 양식을 제시하고, 내담자가 이를 따라오고 싶어 하는지 물어보고는 내담자의 대답을 기다렸다. 오랜 침묵 끝에 그녀는 말했다. "아버지와 헤어지겠어요. 건강해지겠어요." 이와 같이 일관적인(congruent) 반응을 보이며 그녀는 Berne의 허가를 받아들인다.

이 내담자가 몇 백 마일 떨어진 작은 도시에서부터 그를 만나러 오기 때문에, Berne은 이 사례의 경우 보호 요소가 특수한 문제가 된다는 것을 인식했다. 그는 전화상담을 통해 상담을 계속할 것을 고려하기도 했지만, 내담자가 면 대 면 상담에서 더 많은 도움을 받을 것이라고 판단했다. 그래서 Berne은 내담자가 사는 곳 근처에 자신이 믿을 만한 상담자라고 생각되는 치료자 두 명의 주소를 주고, 그중 한 명에게 연락할 것을 내담자에게 강력하게 권유했다. 내담자는 이에 동의했다.

면담이 끝날 무렵, Berne은 내담자에게 다음과 같은 간단하고 사실적인 메시지를 줌으로써 반각본을 강화한다. "당신이 건강해져도 당신 아버지는 돌아가시지 않을 겁니다."

보호 대 '전이 치유'

언뜻 보기에 치료자의 보호 기능은 '전이 치유'를 의미하는 것처럼 보인다. 즉, '부모 자아의 분노'로부터 보호받기 위해서 내담자는 '심리치료자를 자신의 머리에 담아 두어야' 할지도 모른다. 그러나 Berne은 이러한 제안을 분명하게 반박했다(Berne, 1972: 378n). Berne은 내담자의 상황을 자전거나 스카이다이빙 같은 스포츠를 배우는 사람의 상황에 비유했다. 학습자는 처음에는 보호가 필요하지만, 도움을 받지 않고도 안정적으로 할 수 있을 만큼 기술을 습득하고 나면 보호가 필요하지 않다. 처음에 보호를 필요로 하는 것이 가르치는 사람에 대한 장기적 의존을 의미하지는 않는다.

4단계: 재결정

Berne은 반각본을 받아들이는 것 자체만으로는 영구적인 치유가 될 수 없다고 강조한다(Berne, 1972: 362). 그러나 반각본이 각본의 부정적인 요구로부터 자유로워지게 만드는 것('먼저 건강해져야 한다')은 사실이다. 특히 반각본은 내담자가 이를 받아들이게 되면 자신의 각본을 탐색하고 교정하는 데 효과적으로 사용할 수 있는 시간을 벌 수 있다. 내담자의 최종 목표는 각본이 기초하고 있는 원래 결정(original decision)을 바꾸는 것이다. 이것이 재결정(redecision)이며 그 결과가 각본 치유다.

『인사를 하고 나서 어떤 말을 하시나요?』에 나오는 재결정에 대한 설명에서 Berne이 이 치료 단계에서 심리치료자의 역할을 어떻게 보았는가 하는 것은 분명하지 않다. 맥락상 심리치료자의 허가가 내담자로 하여금 이 마지막 행동[재결정]을 하게 하는 중요한 전환점이 된다는 것은 분명하다. 그러나 Berne은 재결정을 유도하기 위해서 치료자가 어떤 구체적인 방식으로 치료적 개입을 변화시켜야 하는가에 대해서는 말하지 않았다.

Berne은 '결정적 치료 개입(decisive intervention)'에 대해서는 설명했다. 실제로 그는 자신의 마지막 저서에서 한 장을 이 개념에 할애했다(Berne, 1972: 365–378). 여기에서 그는 '각본분석에서 허가가 결정적 치료 개입'이라는 자신의 관점을 분명히 했다. 그러나 Berne은 심리치료자가 내담자를 재결정으로 이끌 수 있는 단 하나의 중요하고 '결정적인' 허가를 찾아내야 한다고 제안한 것처럼 보이지는 않다. '결정적 치료 개입'은 허가를 하는 과정이지, 내용 면에서 어떤 특정한 하나의 허가는 아니다.

저자가 Berne의 설명에서 받은 느낌은 내담자가 자신의 각본을 서서히 그리고 점진적으로 해체하기 위해 심리치료자의 허가를 사용한다는 것이다. 그러고 나면 아마도 갑작스럽게 내담자는 '임계질량(critical mass)[역자 주]' 상태에 도달해서 자신의 자율적 힘으로 각본의 대부분 또는 전체 각본으로부터 자유로워질 수 있다는 것이다. 이것이 재결정이다. 또는 Berne의 용어로 '확 뒤집기(flipping in)'라고도 할 수 있다. Berne의 다른 비유인 스포츠를 배우는 사람으로 돌아가면, 재결정을 하는 시점은 처음으로 혼자서 자전거를 타는 순간이나 혹은 강사 없이 처음으로 스카이다이빙을 하는 것에 비유될 수 있다.

> [내담자가] 자신의 부모 자아의 프로그램에서 벗어나게 되

역자 주 | 물리화학적 용어로 '핵분열 연쇄 반응을 유지할 수 있는 한계의 최소 질량'을 의미한다(네이버 백과사전). 여기에서는 내담자가 치료자의 허가를 점차 받아들이면서 자신이 기존에 가지고 있던 각본을 서서히 해체해 나가다가, 어느 지점에 도달하면 마치 역치(threshold)에 도달한 것처럼 자신의 힘으로 기존의 각본을 벗어난다는 의미로 사용된 듯하다.

> 면, 그의 어린이 자아는 점점 더 자유로워진다. 특정 시점에 이르면 내담자는 치료자와 자신의 어른 자아의 도움을 받아서 자신의 각본을 완전히 깨고 나올 수 있으며 자신만의 삶을 시작할 수 있게 된다(Berne, 1972: 362).

각본을 깨고 나오는 것은 내담자 자신이지, 심리치료자가 각본을 깨고 내담자를 벗어나게 해 주는 것이 아니다. 재결정의 시점에서 심리치료자는 단순히 촉진자(facilitator)일 뿐이다. 치료자가 적극적으로 기여하는 단계, 다시 말해서 자신의 지식과 내담자의 각본에 대한 이해를 바탕으로 잘 판단해서 내담자에게 허가를 주는 단계는 이미 끝났다.

'머릿속의 목소리'

심리치료자가 주목해야 할 대상으로 Berne은 내적 대화(internal dialogue)를 특히 강조한다. 그는 자신의 저서에서 직접적으로 그에 대해 언급하고 있다.

> 어린이 자아는 자신의 소망을 시각적 이미지로 표현한다. 그러나 어린이 자아가 자신의 소망에 대해 무엇을 할 것인가 하는 것은… 청각적 이미지 또는 머릿속의 목소리에 의해 결정된다. 이것은 마음에서 일어나는 대화의 결과다. 이러한 마음속 대화는 부모 자아, 어른 자아, 어린이 자아 사이의 대

> 화로, '무의식적'이 아니라 전의식적이다. 즉, 쉽게 의식으로 떠오를 수 있다는 것이다. 그렇다면 그것이 실제 삶에서 가져온 측면들, 즉 언젠가 실제로 이야기되었던 것으로 이루어져 있다는 것을 알 수 있다(Berne, 1972: 369).

Berne은 자신의 은사인 Paul Federn(1952)이 '자아의 두 부분 간의 심적 대화'에 대해 말했지만, 이러한 내적 대화가 청각적이기보다는 시각적인 체계로 상징화되었다고 가정했던 것에 주목했다. Freud 역시 주로 시각적 이미지에 초점을 두었지만, 꿈 속에서 듣는 말과 목소리가 원래는 우리가 실제 삶에서 들었던 것이라고 주장함으로써 Berne의 이론에 중요한 기여를 했다(Freud, 1915).

이에 심리치료에서 해야 할 일은 분명하다고 Berne은 말한다. 즉, 심리치료자와 내담자는 먼저 '머릿속의 목소리'를 잘 듣고 그것이 무엇을 말하고 있는지 알아야 한다. 어떤 경우에 내적 대화는 내담자가 시간을 들여서 잘 경청하면 내담자의 의식에 쉽게 떠오를 수 있다. 어떤 경우에는 목소리를 자각하는 것이 조금 더 어려울 수도 있다. 때로 목소리를 경청하는 행동 자체가 내담자의 각본에 의해 금지되기도 한다. 예를 들어, 부모 자아의 가장 중요한 목소리는 '만약 어떤 목소리를 듣는다면 넌 미친 거야.'라고 말할 수도 있다(Berne, 1972: 370). Berne은 이와 같이 보다 어려운 사례에 대해서 내부 목소리를 의식으로 끌어올리기 위해, 사이코드라마나 게슈탈트 치료 이론의 '두 의자 기법(two-chair work)' 과 같이 다른 심리치료 이론에서 가져온 기법을 사용할 것을 권했다.

이렇게 내적 대화에 초점을 맞추고 내담자에게도 내적 대화에 집중하도록 한 다음 심리치료자는 허가를 선택해서 이를 내담자에게 전달한다. 치료자의 목표는 '새로운 목소리—치료자 자신의 목소리—를 내담자의 머리에 집어넣는 것' 이다. 이 새로운 목소리는 이제까지 익숙했던 내적 대화의 고리를 끊고, 각본의 한계를 넘어설 수 있는 새로운 선택지를 내담자에게 준다.

그러나 이것만으로는 안정적인 치유를 가져오기에 충분하지 않다. 지금까지는 심리치료자의 목소리와 내담자의 부모 자아의 목소리가 여전히 경쟁하고 있다. 이를 심리치료의 종합이라고 본다면, 내담자는 자신이 이때까지 이룬 변화를 유지하기 위해 환상 속에서든 실제로든 '심리치료자를 가까이 두어야' 한다. 만일 내담자가 '전이적 향상' 을 넘어서 각본 치유를 향해 나아가고자 한다면, 내담자는 자신의 어른 자아의 목소리라는 보다 결정적인 목소리가 필요하다.

어른 자아와의 동맹

…어른 자아는 부모 자아와 어린이 자아 사이에 효과적으로 개입할 수 있는 유일한 힘이며, 모든 치료적 개입에서 이 사실을 고려해야 한다. 어른 자아는 자신의 에너지를 활성화하기 위해 외부로부터 허가를 받을 수 있고, 또 외부 자원으로부터 에너지를 충전할 수 있는 것으로 보인다. 이렇게 되면 어른 자아는 부모 자아와 어린이 자아 사이를 중재하는 위치에 서게 된다…. 따라서 심리치료에서 결정적인 요소는 제일 먼저 내담자의 어른 자아를 붙잡는 것이다. 만약 치료자와 내담자의 어른 자아가 서로 합의하에 동맹을 맺을 수 있다면, 이 동맹이 부모 자아에 대항하여 어린이 자아에게 허가를 주는 데 사용될 수 있을 것이다(Berne, 1972: 373-374).

여기에서 몇 가지 설명이 필요하다. '어른 자아를 붙잡는다.' 는 Berne의 표현 대신에, 오늘날 교류분석가들은 '어른 자아로 내담자를 초대하기' 라고 할 것이다. 또한 어른 자아와의 동맹이 장기 치료에서는 반드시 '제일 먼저' 형성되지 않아도 된다. Berne이 여기에서 말하고자 하는 바는 심리치료자가 허가를 주는 다른 단계들로 이동하기 전에 어른 자아와의 동맹이 이루어져야 한다는 것이다. 저자가 한 가지 더 추가한다면, Berne의 심리치료 방법에서 매우 핵심적인 계약 맺기 과정이 치료의 초기 단계에서 심리치료자가 내담자의 어른 자아와의 동맹을 촉진할 수 있는 유력한 한 가지 방법이라는 것이다.

Berne의 글에서 보면 그가 부모 자아를 마치 보편적인 '좋지 않은 상황을 만든 책임이 있는 사람'으로 그리고 있는 것처럼 보인다. 실제로 교류분석의 몇몇 대중적 버전에서는 Berne이 정확하게 이런 의미로 글을 썼다고 보았다. 따라서 교류분석의 대중적 버전에서는 교류분석 심리치료가 주는 메시지를 '부모 자아를 때려눕히고 어린이 자아의 고삐를 풀어 줘라. 당신의 컴퓨터 같은 어른 자아가 이 모든 상황을 주도면밀하게 주시하고 있는 한 모든 것이 괜찮다.'는 식으로 해석했다. 늘 그렇듯이, 이러한 오해는 Berne의 저서를 제대로 이해하지 않고 읽은 결과다. 위에 제시한 글에서 Berne이 '어른 자아와의 동맹'이라고 썼을 때, 그는 그 전체 처방전이 어른 자아에서 자신이 하고 싶었던 것을 하도록 하는 허가를 부모 자아로부터 받지 못했던 사람에게만 적용된다는 점을 이미 지적했다(Berne, 1972: 373). 만일 내담자가 부모 자아로부터 그런 허가를 받았다면 내적 대화도 없을 것이고, 심리치료자가 부모 자아의 목소리를 끊을 필요도 없을 것이고, 사실상 심리치료가 필요하지도 않을 것이다. 2장에서 이미 살펴 보았듯이, Berne은 인간의 삶에서 부모 자아 상태가 긍정적인 기능을 한다는 점을 분명히 했다. 그는 심리치료의 목표가 어떻게든 부모 자아를 '제거하는' 것이라고 제안하지 않았다.

이상의 내용을 요약하면 다음과 같다. 효과적인 심리치료자는 치료자와 내담자가 어른 자아와의 동맹을 형성하고 공고히 했을 때에만 허가를 준다. 심리치료에서는 내담자가 '자신의 머릿 속에 있는' 부정적인 부모 자아의 '목소리'에 대항하기 위해 심리치료자의 목소리의 도움을 필요로 하는 시기가 있다. 이 기간 동안에는 또한 내담자의 어린이 자아가 내면에서 부모 자아의 지지를 잃어버린 것이나 심지어 부모 자아의 복수와 마주하면서 심리치료자의 보호를 필요로 하기도 한다. 성공적인 결과, 즉 각본 치유는 내담자가 이러한 문제 상황을 다루면서 심리치료자의 지시에 의존하거나 내부 대화에 초점을 맞추기보다는 자기 자신의 어른 자아를 사용한 처리과정을 일관적으로 사용할 때 일어난다.

Berne은 어른 자아를, 사용하지 않으면 감퇴하지만 정기적으로 운동을 하면 강해지는 근육에 비유했다(Berne, 1961: 151). Berne은 이 비유를 통해서 사람이 각본이 없는 행동을 적극적으로 실행함으로써 심리치료에서 일어난 변화를 굳건하게 다질 수 있는 방법을 알려 주었다. 이는 재결정의 시점에서 '확 뒤집기' 이전이나 이후에 이루어질 수 있다.

마지막으로 Berne이 원래 정의한 어른 자아의 성격을 다시 짚어 볼 필요가 있다. Berne이 심리치료의 목표가 어른 자아의 중요성을 강조하는 것이라고 한 것은 오로지 차갑고 감정이 제거된 계산만을 가지고 인생을 다루어 나가는 것을 추구해야 한다는 의미가 아니다. 어른 자아 상태에서 사람은 감정을 느낄 수 있다. 이러한 감정은 지금-여기에 대한 그 사람의 진정한 감정 반응으로, 지금 이 순간에서 그의 총체적인 경험의 일부분이다. 그 사람은 자신이 생각하는 것뿐만 아니라 자신이 느끼는 것도 모두 고려하여 인생의 상황을 다루어 나갈 것이다.

4 비판과 반론

…나의 비평가들에게 내가 줄 수 있는 유일한 대답은 이 책을 다시 읽어 보라는 것이다. 아마도 이 책 전체를 다시 읽으라고 요구해야 할 것이다(Sigmund Freud가 자신의 책인 『꿈의 해석(*The Interpretation of Dreams*)』에 대한 비판적 반응에 대해서 한 말; Berne, 1972: 401에서 인용).

이 장에서는 Berne의 이론이 가져온 몇 가지 주요 비판을 살펴보고자 한다. 저자는 비평가들의 비판을 공정하게 평가하는 방식으로 논의하고자 한다. 그러나 비평가들의 논점에서 어떤 요소가 정당하고 어떤 요소는 정당하지 않은지도 제시하고자 한다.

어떤 의미에서는 Berne의 사후에 이루어진 교류분석의 이론과 치료에서의 모든 주요 발전은 그의 이론에 대한 일종의 '비판' 에서 이루어졌다고 할 수 있다. 교류분석가들은 계속해서 Berne의 이론에 질문을 던져 왔다. 교류분석가들은 자신들이 보기에 설명을 더 잘하는 것으로 보이는 이론적 틀이나 치료를 더 잘하는 것으로 보이는 심리치료 방법을 개발했을 때, Berne이 원래 개발한 이론적 틀이나 심리치료 방법 대신 자신들이 개발한 것을 받아들였다. 여러 이론가들이 여러 가지 방법을 시도했고, 그 결과로 현재 교류분석에는 다양한 '학파' 들이 형성되어 있다. 교류분석 내부에서의 이와 같은 비판의 과정은 Berne의 사후에 계속 이루어져 왔다. 이러한 교류분석 내부에서 일어난 과정에 대한 논의는 5장으로 미루고자 한다. 5장에서는 Berne이 교류분석과 심리치료 전반에 미친 영향을 살펴볼 것이다.

이 장에서는 교류분석 외부에서 이루어진 비판들만을 살펴볼 것이다. 저자는 두 명의 이론가의 비판을 선택하여 이를 자세하게 논의하고자 한다. 이 장의 첫 번째 절에서는 Joel Kovel(1967)이 제기한 비판을, 그리고 두 번째 절에서는 Irvin Yalom(1970)이 제기한 비판을 살펴본다. 저자가 이 두 사람에게 초점을 맞추는 이유는 그들의 비판이 심리치료 서적에서 널리 알려진 저서에 등장하기 때문이다. 여러 해 동안 학생들뿐만 아니라 교류분석에 흥미가 있었던 비전문가 집단들이 이 두 이론가로부터 교류분석에 대한 정보와 느낌을 받았을 것이다. 그러나 그들의 비판은 Berne의 이론을 좋게 표현하면 불완전하게, 안 좋게 표현하면 틀리게 이해한 것이었다.

이 두 이론가의 비판이 매우 널리 읽혔기 때문에, 그들은 자신들의 이론의 기반이 되기도 한 교류분석에 대한 관점을 고정화시키는 데 일조했다. 따라서 이 장에서 Kovel과 Yalom이 제기한 비판에 대한 답을 하는 과정에서 저자는 Berne 이론에 대한 보다 폭넓은 비판적 시각에 대해서도 함께 살펴볼 것이다. 이러한 비판적 시각은 심리치료 문헌에서는 거의 나타나지 않았지만, 그것은 문서화되지 않은 채 심리치료의 '전해 내려오는 이야기(folklore)' 에 스며들었다. 이러한 비판적 시각은 심지어 오늘날에도 일각에 존재하는, 교류분석은 고려할 가치도 없다는 관점에서 나타난다.

Kovel과 Yalom의 저서가 Berne의 이론에 대한 왜곡된 '공식적인 이미지' 가 만들어지는 데 영향을 미친 유일한 저서는 아니다. 이 장의 세 번째 절에서는 이러한 이미지의 근원을 파헤쳐 볼 것이다. 저자는 다음의 질문을 던지고자 한다. Berne은 스스로 자신의 이론에 대한 오해를 초래했는가?

Kovel과 '정신의 광대'

Joel Kovel의 저서 『심리치료에 대한 종합 가이드(*A*

Complete Guide to Therapy)』는 1976년에 출판되었다. 그의 목적은 '여러 가지 정서적 어려움에 대해서 현재 사용되고 있는 주요 치료적 접근을 소개하는 것' 이었다(Kovel, 1976: 13). 이 책은 미국에서 사용되는 치료 접근만을 소개한다고 밝혔지만, 1977년에는 영국판도 출판되었다. 그 이후로 Kovel의 책은 여러 쇄(刷, printing)를 거쳤으며, 이 주제에 대한 기본 교재로서 자리를 잡았다. Kovel은 정신과 교수였으며 책의 저자로서 주목할 만한 자격 요건을 갖추고 있었다. 그 자신이 말하는 Kovel의 전문적 배경은 Freud의 정신분석학과 정신분석 심리치료였다.

교류분석에 대한 Kovel의 논의는 '사회적 차원: 집단치료 접근' (Kovel, 1976: 232–239)이라는 장의 한 부분에 등장한다. 그 시작 부분을 읽어 보면 교류분석이 여전히 절정의 인기를 누리고 있던 1970년대 중반에 Kovel이 그것을 썼다는 것을 알 수 있다. "교류분석이 치료 접근 중에서 가장 인기가 높다는 것은 의심의 여지가 없다. Eric Berne은 1960년대에 『심리적 게임』이라는 책으로 선풍적인 인기를 얻었다…." (Kovel, 1976: 232) Kovel은 시작 부분에서는 긍정적인 분위기로 교류분석을 살펴본다. 그가 말하는 교류분석은 다음과 같다.

…여러 가지 익숙한 요소로 구성된 가치 있고 실용적인 치

> 료법이다. 창시자인 Eric Berne은 대가(guru)는 아니지만 잘 훈련받은 Freud 분석가였다…. 이 치료법에 기반을 둔 집단치료 기술에서 연극적인 부분은 찾아보기 어렵다…. 말이 안 되는 부분도 없다…. 그리고 신처럼 군림하는 것도 없다. 집단 지도자는 집단 구성원의 눈높이에 맞추고 있다 (Kovel, 1976: 233).

여기까지는 좋다. 저자는 Berne도 이를 인정했을 것이라고 생각한다. Kovel은 교류, 게임, 각본에 대한 정의를 내렸으며, 그 정의가 압축된 설명이기는 했지만 Berne의 정의에 반하는 것은 아니었다(2장 참조). Kovel은 Berne의 이론과 Alfred Adler의 '개인심리학' 간의 유사점을 정확하게 파악했다. 이는 Berne 자신도 인정하는 측면이다.

이렇게 긍정적인 평가로 시작했다는 것을 감안한 상태에서 교류분석에 대해 Kovel이 쓴 부분의 마지막 장으로 곧장 가서 그가 요약한 부분을 읽어 보자. 여기에서 우리는 Kovel이 전혀 다른 분위기로 썼음을 볼 수 있다. Sigmund Freud가 이 요약 논평에서 다시 등장하지만, Kovel은 Freud와 Berne을 극명하게 대비하고 있다.

> Freud는 초자아와 원초아를 이론적으로 개념화함으로써 힘의 정신-역사적(psycho-historical) 작용을 비판적으로 해

석할 수 있었다. Berne [그리고 그의 추종자들]은 [초자아와 원초아를] 실제 자아 상태라는 형태로 평범하게 구체화함으로써 시트콤에서의 광대(buffoons)와 같은 것으로 만들어 버렸다. 나, 너, 우리 모두 괜찮아집시다(to be OK). 우리가 해야 할 일은 현실의 '어른' 정의를 받아들이는 것뿐이다. 다시 말하면, 이미 확립된 질서에 순응하는 것이다(Kovel, 1976: 238).

이렇게 되면 중간과정에서 무언가 단단히 잘못된 것으로 보인다. Berne 이론의 주요 개념은 시트콤에서의 광대 짓과 같은 수준으로 떨어졌다. 교류분석은 부르주아적인 순응주의(bourgeois conformism)의 도구로 둔갑했고, 무슨 이유에서인지 어른 자아 상태는 이러한 순응주의적 용어에서 'OK 상태(OKness)'를 정의하는 것이 되어 버렸다.

독자들이 처음 책을 읽었을 때 자신이 말하고자 하는 바를 놓쳤을 경우를 대비해서, Kovel은 바로 다음 문장에서 자신의 해석을 재차 강조한다.

그 치료 이론[교류분석]은 그것이 속한 문화의 첨단을 달리고 영향력을 미치는 자들이 매력을 느낀다. 만약 이러한 문화의 첨단이 게임 쇼나 시트콤 또는 기술적으로 조작한 눈속임이라면—여기에 혼란스러운 이상주의까지 겹쳐서—그 치료 이론은 이런 뒤죽박죽 덩어리를 모두 끌어안고, 도덕적

압박을 가해서 환자들로 하여금 그것에 순응하도록 만들 것이다(Kovel, 1976: 238).

만일 Kovel이 그린 그림이 실제 사실을 조금이라도 반영한다면, 그의 비판은 교류분석에 있어서 치명타다. 그의 비난이 얼마나 정당화될 수 있을 것인가?

저자는 Kovel의 주장에서 세 가지 개별적인 제안을 추출해 낼 수 있다고 본다.

1. Berne의 자아 상태는 Freud의 정신 에너지 주체인 원초아, 자아, 초자아의 평범한 구체화다.
2. 교류분석에서 이상적인 개인의 변화는 이미 확립된 질서에 순응하는 것이다.
3. 이미 확립된 질서에 순응하는 것은 현실에 대한 어른 자아의 정의를 받아들이는 것이다.

Berne이 기술한 이론이나 치료 실제에서 이러한 제안을 뒷받침하는 증거를 찾을 수 있을 것인가? 다음에서 Kovel의 주장을 하나씩 살펴보도록 한다.

자아 상태는 초자아, 자아, 원초아의 '구체화'인가

Kovel은 '구체화(concretisation)'라는 단어를 일반적인 사전적 의미인 '구체적인 형태로 만드는 것', 다시 말하면 추상적인 개념을 마치 그것이 실제로 존재하는 물체인 것처럼 말한다는 뜻으로 사용하고 있다고 저자는 가정한다. Kovel의 비판을 자세히 살펴보아도 그가 왜 이 용어를 선택했는지 이해하는 데 도움이 될 만한 더 이상의 언급이나 뒷받침하는 주장을 찾을 수 없다.

그냥 보기에도 저자는 어떻게 Berne의 자아상태 이론을 이와 같은 관점에서 볼 수 있는지 이해하기 어렵다. 2장의 처음 시작 부분에서 Berne이 이전 정신역동적 이론가들로부터 어떻게 자신의 이론을 개발했는지를 자세히 설명한 것을 기억할 것이다. 여기에서 그 발전과정을 간단하게 단계적으로 다시 살펴볼 필요가 있다.

1. 구조분석에 대한 Berne의 이론은 Freud의 이론을 직접 계승했다기보다는 Paul Federn의 자아심리학에 기반을 두고 있다.
2. Federn과 Berne은 Freud가 원래 초자아, 자아, 원초아의 세 가지로 구분했던 방식을 수정하기보다는 Freud가 자아(ego)라고 부른 것을 자신들이 독자적으로 분석하여 이론으로 개발했다.
3. Berne은 Federn의 자아 상태(ego-state) 개념을 받아들였으며, 자아 상태는 어떤 순간에서 한 사람의 경험의

총체로 정의된다. 또한 Berne은 과거에 그 사람의 자아 상태를 현재에서 재경험할 수 있다고 제안한 점에서 Federn의 이론을 따랐다.

4. Berne은 또한 Edoardo Weiss의 이론을 바탕으로 어린 시절에 중요한 타자로부터 빌려 온 자아 상태의 범주가 있음을 제안했다.
5. Federn과 Weiss는 현상학적 용어로 자아 상태를 말했다. 즉, 자아 상태는 그 사람의 내적 경험을 통해서만이 알 수 있다는 것이다. Berne은 그들의 이론을 발전시키면서 자신의 모델에서 매우 중요한 새로운 요소를 추가했다. Berne은 모든 자아 상태는 내적으로 경험될 뿐 아니라 서로 구별되는 행동 세트를 통해서 외부로 드러난다고 제안했다.
6. 이와 같은 방식으로 Berne은 관찰 가능한 예언을 만들 수 있는 성격 이론을 구축했다.

마지막 단계를 보고 Kovel은 '구체화'라는 단어를 사용했던 것일까? 그렇다면 저자의 관점에서 Kovel은 위험한 비약을 하는 것으로 보인다. 정말 Kovel이 위의 여섯 번째 단계가 추상적인 것을 구체화하는 것과 같다고 주장했다면, 그는 다음과 같은 가정을 하고 있는 것이다. '경험적으로 검증 가능한 모든 이론은 (오로지?) 구체적인 형태/물체로 구성되어 있다.' 저자가 보기에 이 제안에 동의하는 철학자, 물리학자, 행동심리학자는 그리 많지는 않을 것이다.

앞에 제시된 두 번째 단계에서 이미 Kovel의 주장이 분명히 Berne의 이론을 제대로 나타내고 있지 않다는 것을 구별해 낼 수 있다. Kovel은 Berne의 세 가지 자아 상태가 Freud의 세 가지 정신 에너지 주체[원초아, 자아, 초자아]와 일대일로 대응된다고 보고 있다. 그러나 실제로는 Berne의 모델이 Freud의 모델 위에 대응되어 그려질 수도 없을 뿐더러, Berne 자신이 그렇게 되기를 바라지도 않았다. Berne의 이론체계에서 세 가지 부분은 자아 안에서만 이루어진다. '자아 상태' 라는 이름 자체가 이 사실을 강조하고 있다.

'자아 상태 대 정신 에너지 주체' 에 대한 Berne의 의견

Berne 자신도 Kovel이 주장한 것과 같은 반박을 잘 알고 있었을 것이다. Berne은 자신의 저서에서 여러 차례 자신의 삼분(三分) 모델이 Freud의 모델과 어떻게 다른지에 대해 자세히 기술했다. 자아 상태의 세 가지 범주에 대해 자세히 논의한 가장 초기 논문에서 Berne은 다음과 같이 경고한다. "이러한 세 가지 개체가 단지 Freud의 초자아, 자아, 원초아의 신조어(neologism)라고 보는 것은 정확하지 않다."(Berne, 1957b: 131) 더 나아가 Berne은 자신의 모델과 Freud가 『새로운 정신분석 강의(*New Introductory Lectures on Psycho-Analysis)*』(Freud, 1933)와 『정신분석 개요(*An Outline of Psychoanalysis*)』(Freud, 1949)에서 기술한 모델을 서로 비교하여 설명했다. Berne이 따옴표 안에 넣은 말들은 Freud가 사용했던 것이다.

> 초자아는 '자아 안에 있는 특별한 개체'로 비판적으로 통제하는 것이 주된 기능인 데 반하여, 부모 자아 상태는 그 자체로 완전한 자아 상태다. 습관적으로 혹은 어떤 주어진 시점에서 (엄마) 부모 자아 상태가 주로 작동하는 환자는 마치 자신의 엄마가 '관찰하고, 명령하고, 교정하고, 위협하는' 것처럼 행동하고 있는 것이 아니다…. 그는 자신의 엄마가 행동했던 그대로, 아마도 몸짓이나 억양까지도 똑같이 행동하는 것이다. 다시 말하면, 그 환자는 자신의 엄마를 곁눈질하며 행동하는 것이 아니다. 환자는 엄마의 억제, 엄마의 생각, 엄마의 충동(이것이 중요한 요소임)을 포함한 엄마의 행동 전체를 반복하는 것이다(Berne, 1957b: 131).
>
> 어린이 자아 상태는 비록 오래되었지만 여전히 정돈된 자아 상태다. 반면, Freud에 따르면 원초아는… '혼란 상태로… 전혀 정돈되어 있지 않으며 통합된 의지도 전혀 없다.' 어린이 자아 상태는 그 사람이 한 살, 두 살, 세 살 때 발달했던 것처럼 발달되어 있다(Berne, 1957b: 132).
>
> 보다 상위 이론에서는 어른 자아 상태와 Freud의 '자아'

> 개념을 이론적으로 구별하는 것이 중요하지만, 일반적인 목적에서는 이 두 개념을 반드시 구별할 필요는 없다. 어른 자아 상태와 Freud의 자아는 모두 내부와 외부에서 오는 힘을 동시에 다루어야 하며, 사람이 외부 현실을 객관적으로 다루려고 할 때 가장 명확하게 드러난다(Berne, 1957b: 132).

Berne은 다른 저서에서도 자신의 '어른 자아 상태'와 Freud의 '자아' 간에 개념적인 유사점을 논의했다. 그러나 저자가 보기에 Berne이 어른 자아 상태와 자아를 동일하게 보지 않았다는 것은 그의 글에서 분명하게 나타난다. 어른 자아 상태와 자아의 유사점은 현실 검증이 주요 기능이라는 것이다. Berne은 이후 자신의 저서에서 어른 자아 상태뿐만 아니라 세 가지 자아 상태 범주 모두 자아를 나타낸다는 것을 재차 확인했다. "부모 자아 상태, 어른 자아 상태, 어린이 자아 상태는 모두 '자아체계'의 부분이다."(Berne, 1966: 297)

Berne은 단지 자신의 이론과 Freud의 이론의 차이점을 설명하는 데 그치지 않았다. Berne은 그의 저서에서 여러 번 자신의 이론의 개념과 Freud의 이론의 개념이 어떻게 논리적으로 서로 조화되어 이해될 수 있는지를 제안했다(예: Berne, 1957b: 133; 1961: 268-271; 1966: 298). 이렇게 자세하게 설명하지 않는다고 하더라도, Berne의 모델은 Kovel

이 주장하는 '진부한 구체화' 와는 거리가 먼 것으로 보인다.

저자는 이를 보다 힘주어 강조하고자 한다. 저자가 보기에 Kovel이 Berne의 이론을 '구체화' 라는 틀에 가둔 것은 단지 Berne 모델의 본질을 잘못 나타내는 것보다 더 큰 영향을 미치고 있다. Kovel은 Berne이 선구 이론자들의 이론에 미친 가장 중요한 공헌, 즉 관찰 가능성이라는 요소를 더한 Berne의 공헌을 없애 버린 것이다.

교류분석은 '이미 확립된 질서에 순응하는 것' 을 변화의 목표로 보는가

Kovel은 저자가 말한 것처럼 '변화의 목표' 라고 하지 않고, 'to be OK' 라고 썼다. 그러나 자신의 비평에서 교류분석 심리치료의 목적에 대해 논하면서 Kovel은 이것이 " 'I'm OK−You're OK' 라는 교류분석의 최고 지향점(summum bonum)" 이라고 제안했다(Kovel, 1976: 234). 라틴어 summum bonum은 '모든 선[목적] 중 가장 높은 것' 이라는 뜻을 가진다.

이를 첫눈에 보면 다음과 같은 궁금증이 생긴다. 어떻게 Kovel은 'I'm OK, You're OK' 태도가 '이미 확립된 질서에 순응하는 것' 과 같다는 결론에 도달했을까? 2장에서 각본 이론에 대해 알아보면서 그것의 한 부분으로 Berne의 태도 이론에 대해서도 살펴보았다. 다시 한 번 여기에서 태도 이론에 대해 간략하게 정리해 보자.

1. Berne은 Melanie Klein의 이론에서 '태도(positions)'의 명칭과 기본 개념을 차용했다. Klein의 이론을 받아들인 Berne의 이론에서 '태도(position)'는 개인이 초기 유아기에 형성하는 자신과 타인에 대한 전반적인 태도를 의미한다.
2. Berne은 주어와 서술어로 태도의 언어적 구조를 분석했다. 문장의 주어는 '자기' 또는 '타인'('I' 또는 'you')을 나타내고, 서술어는 초기에 가지는 가치감 또는 무가치감('OK' 또는 'not-OK')을 나타낸다.
3. 이러한 논리에 따라서 Berne은 Klein이 제안한 세 가지 태도에 네 번째 태도('I' m OK, You' re OK')를 추가했다.
4. 자신의 이론을 적용하는 과정에서 Berne은 개인이 성인이 된 후에 이러한 여러 가지 태도를 행동하는 방식에 주로 초점을 맞추었다. Klein의 주된 관심은 어린 시절에 태도가 어떻게 발달하고 드러나는가 하는 것이었다.

'I' m OK, You' re OK' 태도에 대해 설명하면서, Berne은 이를 "건강한 태도, 치료에서는 '나아지는(get well)' 태도" 라고 불렀다(Berne, 1972: 86). 따라서 Kovel이 이 태도를 교류분석 심리치료의 목표라고 본 것은 정확했다. (Kovel은 이 태도를 '최고 지향점', 즉 '모든 선[목적] 중 가장 높은 것' 이라고 보면서 과장하고 있다. Kovel은 자율성이나 각본 치유에 대해서 최고 지향점이라는 단어를 사용해야 했다.)

우리가 여전히 알 수 없는 것은 과연 어디에서 Kovel이 그토록 심각하게 비판하는 'I' m OK, You' re OK' 에 대한 판단적이고 보수적인 해석을 찾아냈는가 하는 것이다. 아마도 우리는 Berne이 '건강한 태도' 에 대해 기술한 다른 글을 살펴보아야 할 것 같다.

『집단치료의 원리』에서 Berne은 다음과 같이 썼다. "오직 첫 번째 태도[즉, 'I' m OK, You' re OK']만이 본질적으로 건설적이며, 따라서 실존적으로 가능하다." (Berne, 1966: 270) 저자가 보기에 여기에서 Berne이 의미하는 바는 건강한 태도를 가지고 있는 사람만이 지금-여기에 일관적으로 진실한 반응을 할 수 있다는 것이다. 다른 태도를 가지고 있는 사람은 자신이 어린 시절에 결정한 진실하지 않은 역할을 할 것이다. 어쨌든 이것이 Kovel이 말하고자 하는 바라면, 이러한 Berne의 실존적 세계관을 어떻게 '사회 질서에 대한 순응' 과 동일하게 볼 수 있는지 알기 어렵다. Berne은 『집단치료의 원리』의 후반부에서 실존주의 심리치료와 교류분석을 보다 심층적으로 비교한다. 그는 다음과 같이 언급하면서 시작했다.

> 실제 삶과 관계된 것으로 본다면, 교류분석이 실존적 분석과 공유하는 것은 정직성, 고결성(integrity), 자율성, 진실성과 같은 인간의 특징을 깊이 존중하고 그에 지대한 관심을 가진다는 것이다…(Berne, 1966: 305).

여기에서도 Kovel이 말한 '기존 질서에 대한 순응' 과 연관되는 점은 찾을 수 없다. 굳이 찾고자 한다면, Berne의 관점은 '기존 질서에 대한 순응' 과는 정반대라고 할 수 있다.

태도에 대한 Berne의 마지막 설명은 『인사를 하고 나서 어떤 말을 하시나요?』에 나온다. 여기에서 Berne은 'I' m OK, You' re OK' 를 '건강한' 혹은 '나아지는' 태도로 기술했다. 이어서 Berne은 다음과 같이 밝혔다.

> I+ You+ [I' m OK, You' re OK]는 히피들이 경찰관에게 꽃을 주면서 말하고자 하는 바다.[역자 주] 그러나 I+가 진실인지 혹

역자 주 | 히피 문화의 한 일환으로, 히피들이 1960년대 후반에서 1970년대 초반까지 베트남전쟁을 반대하는 평화 시위를 벌이면서 경찰관에게 꽃을 건네 주거나 총에 꽃을 다는 행동들을 일컫는다(출처: www.wikipedia.com).

은 그저 실현 가능성이 없지만 간절한 희망인지, 그리고 이 장면에서 경찰관이 +를 받아들일지 혹은 −를 선호할 것인지는 알 수 없다(여기에서 +와 −는 각각 'OK'와 'not−OK'를 의미함; Berne, 1972: 86).

여기에서도 Kovel의 순응하는 부르주아의 흔적을 찾을 수 없으며, 오히려 그것과 거리가 멀다. Berne의 'I'm OK, You're OK'는 '히피들'['기존 질서'와 반대 측면에 있는 집단]이 가지고 있는 것이다. 하지만 Berne은 OK 상태가 히피들의 것만도 또 경찰관의 것만도 아니라는 의미를 내비치고 있다.

Kovel의 의도를 아무리 좋은 쪽으로 해석하려고 해도, 적어도 'I'm OK, You're OK'에 대해 Berne이 실제로 쓴 것에 비추어 보아 Kovel의 의견이 틀렸음은 밝혀져야 한다. 한 가지 흥미로운 의문은 여전히 남아 있다. Kovel이 'OK 상태(OKness)'에 대한 해석을 Berne으로부터 가져오지 않았다면 도대체 어디에서 가져왔는가? 우리는 Kovel이 비판한 글의 전반부에서 그 단서를 찾을 수 있다. 그는 수사적인(rhetoric) 질문을 던지면서 문장을 시작하고는 자신이 그 답을 제시한다.

도대체 OK라는 것은 무엇을 의미하는가?

이 질문에 대해 곰곰이 생각해 보면, 우리는 교류분석이 지니는 매력에 대한 통찰을 어느 정도 얻을 수 있다. OK 상태에 있다는 것은 한 사람이 동료나 친구들에게 좋은 평가를 받고 있다는 것이다. 즉, 동료나 친구들에게 받아들여지고 그 집단에 속해서 잘 어울리는 것이다…. 여러 치료 기법들이 정상적인 상태(normalcy)에 대한 매력을 이용하지만, 교류분석은 이를 가장 성공적으로 이용한다. 교류분석은 많은 사람들을 OK 상태로 돌려놓음으로써 정상적인 상태를 무언가 대단한 것으로 만들어 버린다(Kovel, 1976: 234).

이렇게 해석하면서 Kovel은 어떤 교류분석 이론가의 문헌을 바탕으로 했는지 인용하지 않는다. 우리가 살펴보았듯이, Kovel은 그것을 Berne으로부터 가져오지 않았다. 그는 어떤 다른 확인되지 않은 문헌에서 그것을 발견했는지도 모르겠다. 그렇다면 그것이 무엇인지는 저자도 알 수 없다.

남아 있는 단 한 가지 가능성은 Kovel이 그냥 만들어 낸 것이라는 것이다. '이 질문에 대해 곰곰이 생각해 보면, 우리는… 통찰을 어느 정도 얻을 수 있다.' 위 인용문의 이 문장에서 '우리'는 도대체 누구를 말하는가? 아마도 'OK 상태에 있다는 것'이 Kovel에게는 '동료나 친구들에게 좋은 평가를 받고 있음'을 의미하는 것이지 않을까?

'지푸라기 사람들(straw men)' 역자 주을 만들고 이를 공격하는 것은 억지스러운 논쟁을 하는 고전적인 방법이다. Kovel이 심리치료에 대한 학문적 평가를 해야 할 자리에서 이런 방법을 사용하고 있다면 딱한 일이 아닐 수 없다.

현실의 '어른 자아 상태 정의' 가 순응주의를 의미하는가

Kovel은 'OK 상태' 가 '사회 질서에 대한 순응' 으로 이루어져 있다고 제안했을 뿐만 아니라, 이런 순응이 '현실의 어른 자아 상태 정의' 와 같다고 했다. 후자의 제안을 우리는 어떻게 이해해야 할 것인가?

앞서 Kovel이 주제를 다룬 방식을 고려해 볼 때, 우리는 이 제안에 대해서도 곧바로 우리가 해야 할 일이 무엇인지를 알 수 있다. 즉, 여기에서 또 다른 '지푸라기 사람[억지스러운 주장]' 을 찾을 수 있는가? 예상한 바대로, 그의 저술의 끝에서 두 번째 페이지에서 우리는 다음과 같은 문장을 찾을 수 있다. "교류분석에서 어른 자아는 도덕적 변화의 요소다. 그러나 이 어른 자아는 누구일까? 부르주아적 질서의 이상적 원리가 아닐까?" (Kovel, 1976: 237) 도대체 이 어른 자

역자 주 | 상대방의 주장에 대해서 표면적으로 해석하거나 과장되게 부풀려서 말한 다음 그것을 반박하는 식으로 상대방의 주장을 논박하는 방식. 겉보기에는 타당해 보일 수도 있지만 상대방의 주장을 사실에 기초하여 논박하지 않았기에 실질적인 가치는 별로 없다(출처: www.wikipedia.com).

아는 누구인가? 확실한 것은 그것이 Berne이 말하는 어른 자아 상태와 아무 관계가 없다는 것이다.

> 부모 자아 상태는 비합리적인 도덕성의 저장고로 일종의 위장 세력(stalking horse[역자 주])으로 작용한다. 반면, 어른 자아 상태는 영리하게 이러한 부모 자아 상태의 반대편에 서서, 선하고 합리적인 도덕성을 지키고 여러 사람에게서 지지를 받고 치료에서 지향하는 숭고한 목적에 의해 정당화된다. 이렇게 힘이 강해진 어른 자아 상태는 어린이 자아 상태(즉, 충동)를 길들일 것이다. 그리고 어른 자아 상태는 신경증적 증상이 숨을 죽일 때까지 계속 억압할 것이다…. 신, 도덕성, 부르주아적인 이상, 이 모든 것들이 [어린이 자아 상태의] 뚜껑을 닫기 위해 동원된다(Kovel, 1976: 237).

저자는 이에 대해 '이것은 모두 야단법석 소란' 이라 평하고 싶은 마음이 굴뚝같지만, 그러면 Kovel이 '광대 짓' 이

역자 주 | stalking horse란 어떤 논쟁이나 도전 상황의 중심이 되거나 도화선 역할을 하는 것으로, 실제로는 제3자에게 이득을 가져오기 위한 허위 세력으로 작용한다(출처: www.wikipedia.com). 여기에서는 부모 자아 상태가 어른 자아 상태와 대결 구조를 만듦으로써 실제로는 어른 자아 상태를 더 돋보이게 하는 역할을 하고 있다는 뜻으로 해석된다.

라 비판한 것과 다르지 않을 것이다. 따라서 저자는 이렇게 말하고 싶다. '이것은 참 대단하지만 교류분석은 아니다.'

Kovel의 비판은 우리가 여기에서 살펴본 것에 그치지 않는다. 그는 Berne이 일상적인 용어를 사용한 것에도 반대하면서 그것이 교류분석의 '심리학적 깊이'를 떨어뜨렸다고 보았다. 이 '깊이'가 들어가야 할 자리에 사람을 형태화하는, 즉 사람을 '물건(things)'으로 만드는 이론이 있다고 Kovel은 공격한다. 사람이 이론을 검증하는 것이 아니라 이론이 사람을 정의하는 데 사용되고 있다는 것이다(Kovel, 1976: 235–236).

공교롭게도 이러한 주장은 Berne의 이론에 대한 또 다른 비판의 토대가 되었다. 그것은 실존 심리치료자인 Irvin Yalom의 비판으로, Yalom의 비판은 Kovel의 비판보다는 조금 더 생각이 깊지만 역시 널리 알려져 있다.

Yalom과 교류분석 용어

Irvin Yalom의 『집단 심리치료의 이론과 실제(*The Theory and Practice of Group Psychotherapy*)』는 1970년에 출판되었다. 그 이후로도 여러 번의 개정을 거쳤으며 이 분야의 필독서가 되었다. 교류분석에 대한 비판을 하면서, Yalom은 Berne의 접근을 역사적 맥락에 놓는 것으로 시작한다.

게슈탈트 치료와 비교하여 교류분석은 새로움과 독창성이 떨어지는 심리치료다. 실제로 교류분석의 기본 관심, 인간을 바라보는 시각, 목표, 치료적 접근은 전형적(conventional)이다. 교류분석의 주요 개념들은 모두 예외 없이 지난 40년간의 전통적 심리학 문헌에서 찾을 수 있다(Yalom, 1970: 453n).

저자는 Yalom의 평가가 어떤 면에서는 정확하지만 다른 면에서는 그렇지 않다고 본다. 2장에서 살펴본 것처럼, Berne의 이론적 공헌의 대부분은 다른 정신역동 이론가들의 업적에 그 기반을 두고 있다. 그러나 그렇다고 Berne의 이론이 그 이론가들의 이론과 똑같다고 하는 것은 아니다. Yalom이 이런 비판을 하기 전에 Berne은 이미 자신의 각본 이론에 대해 이와 같은 의견이 나올 것을 예상하고 있었다.

각본 이론에 대한 한 가지 비판은 그것이 새로울 것이 없다는 것이다. 각본 이론은 Adler의 삶의 스타일 개념에 좀 더 근사한 옷을 입힌 것일 수도 있고 Jung의 원형(archetypes) 개념의 원형과 같은 것일 수 있다. 사실 진실은 항상 존재해 왔으며 많은 주의 깊은 관찰자들에 의해 관찰되어 왔다. 각본 이론이 다른 사람들이 이미 이야기한 것을 확증하는 것인지, 아니면 다른 사람들의 이론이 각본 이론을 확증하는 것인지는 중요하지 않다. Freud는 79페이지에 걸쳐서 꿈 이론의 전신(前身, precursors)이 된 이론을 요약했으며, 많은 이론가들이 이미 '정신분석적'으로 진술했다. Darwin의 이론은 9페이지밖에 안 되지만, 자신 이전의 다른 이론가들이 말한 많은 '진화론적' 설명을 인용하고 있다. 그러나 이러한 설명이나 진술은 그것이 아무리 정확하고 많다고 하더라도 이론이 되지는 않는다. 각본 이론의 핵심은 구조분석에 있다. 자아상태 이론, 특히 부모 자아 상태, 어른 자아 상태, 어린이 자아 상태의 개념이 없다면, 이와 관련되는 수많은 관찰과 설명은 있을 수 있어도 각본 이론은 존재할 수 없다. 이론이 그 이름만큼의 가치가 있으려면 과학과 연결된 이론은 구조적 요소에 기반을 두어야 한다. 구조 요소 없이는 카드로 만든 집처럼 무너질 것이다…(Berne, 1972: 400-401).

이 인용문의 후반부에서 Berne이 주목하는 부분이 저자가 보기에 Yalom이 놓치고 있는 중요한 부분이다. 즉, 우리에게 익숙한 정신분석 이론에 Berne이 집어넣은 관찰 가능성이라는 요소를 Yalom은 간과하고 있다. Berne의 자아 상태는 Federn의 자아 상태와는 달리 관찰 가능한 행동을 포함하는 것으로 정의된다. 따라서 각본 이론에서 이루어지는 예언 역시 게임, 라켓, 이면적 교류와 같은 요소를 관찰함으로써 경험적으로 검증 가능하다.

이런 점들은 차치하고, 저자는 Yalom이 '교류분석 개념은 전형적이다.' 라고 한 것이 넓은 의미에서는 정당화될 수 있다고 본다. 여기에서 새로운 것은 이런 개념들을 검증할 수 있는 능력이다. 실제로 Yalom이 교류분석을 '전형적인' 접근으로 그리는 것은 부정적이라기보다는 긍정적일 수 있다. 이는 교류분석을 Berne이 아무 근거 없이 만들어 낸 독립적인 시스템으로 보는 미디어의 이미지를 반박하는 데 도움이 된다.

교류분석 집단치료에 대한 Yalom의 시각

Yalom은 집단치료에 대한 자신의 백과사전식 저서에서 한 문단으로 된 각주에서만 교류분석을 언급한다(Yalom, 1970: 453n). 그는 집단치료 접근으로서 교류분석에 대해 보다 자세하게 논의하지 않는 이유를 분명하게 밝혔다. Yalom에 따르면 교류분석은 '집단에서 개인치료를 하는 모델을 사용한다.' 그는 이와 같은 방식으로 집단치료를 하는 것이 집단의 치료적 이점을 최대한 이용할 수 있는 가장 좋은 방식이 아니라고 본다. 여기에서 집단 심리치료 모델에 대한 Yalom의 의견을 논의하고 싶은 생각은 없다. 그러나 어찌되었든 교류분석가들이 항상 이런 스타일로 집단치료를 한다는 것은 잘못된 해석이다. Berne은 확실히 그렇지 않았다. Berne은 고전적 집단분석가와 매우 유사한 스타일로, 즉 집단 구성원들이 서로 상호작용하고 심리치료자가 이를 해석하는 방식으로 집단치료를 했다(예: Berne, 1970b 참조).

Berne 이후의 몇몇 교류분석가들은 실제로 심리치료자와 내담자 간의 일대일 상호작용이 중심이 되는 집단치료 스타일을 사용했다. 그러나 다른 많은 교류분석가들은 여전히 Berne의 선례를 따라서 심리치료의 통로로 집단과정에 초점을 맞추었다. 따라서 Yalom의 비판 중 이 부분에서 교류분석에 대한 그의 평가는 사실에 대한 부분적인 지식에 기초하고 있다는 것이 드러난다.

언어: 교류분석의 '가장 유용한' 특징?

Yalom에게 교류분석의 가장 긍정적인 특징은 일상용어를 사용한다는 것이다.

> 교류분석 방법론에서 가장 새롭고 가장 유용한 것은 용어다. 즉, 대인관계 교류('게임'), 서로 대립하는 동기와 추동의 내적 집합('부모, 어른, 어린이 자아 상태'), 목표와 치료에 대한 헌신('계약'), 자아 한계에 대한 유전적 결정인('오래된 결정'), 삶을 인도하는 이야기, 라이프스타일('각본'), 부모의 기대,

> 초자아('부모의 명령(injunctions)') 등과 같은 매력적이고 이해하기 쉬운 용어들이다. 이러한 용어들을 사용함으로써 정신건강 관련 직종에 종사하는 사람들(특히 전문적인 배경 지식과 훈련이 많지 않은 사람들)이 개인 내적 교류와 개인 외적 교류를 보다 빨리, 보다 정확하게 이해할 수 있게 되었다는 점에서, 교류분석은 심리치료 분야에 중요한 공헌을 했다(Yalom, 1970: 453n).

Yalom의 논평이 긍정적이고 치우치지 않은 편이지만, 저자는 이 논평이 교류분석의 진정한 가치를 평가절하한다고 본다. Berne이 선택한 일상적 용어들은 그가 현대 심리치료에 끼친 '가장 새로운' 공헌일 수도 있다. 그러나 저자는 교류분석의 용어가 '가장 유용한' 특징이라고 보는 Yalom의 견해에는 동의하지 않는다. 저자가 보건대 교류분석에는 심리치료자와 내담자들에게 실질적으로 더 유용한 다른 많은 특징들이 있다.

교류분석 치료자로서의 저자 자신의 경험을 비추어 보아도, 저자는 Yalom이 말한 것과 같은 양날이 선 칭찬에 대해 잘 알고 있다. 교류분석을 처음 접하는 사람들은 종종 교류분석의 '단순명료함(simplicity)' 에 대해서 또는 교류분석이 즉각적으로 '상상력을 자극하는(catch the imagination)' 방식에 대해서 칭찬한다. 대개 그들은 이런 특징을 단순명료하고 살아 있는 언어와 동일하게 본다는 것을 알 수 있다. 기초 단계를 넘어서 교류분석을 공부하지 않는 사람들에게는 일상적이고 톡톡 튀는 교류분석의 용어가 가장 인상적인 특징으로 남아 있다.

그러나 저자가 보기에 현재 교류분석 심리치료 분야에서 활동하고 있는 전문가 중에서 Yalom처럼 교류분석의 단순한 용어를 교류분석의 '가장 유용한' 특징으로 볼 사람은 아무도 없다. 많은 교류분석가들은 내담자와 상담할 때 교류분석의 일상용어를 전혀 사용하지 않고 있으며, 이것은 비단 최근에 나타난 현상이 아니다. Berne 자신의 상담을 녹취한 여러 개의 축어록에서도 그가 심리치료 회기에서 교류분석 용어를 거의 또는 전혀 사용하지 않고 있음을 알 수 있다(예: Berne, 1970b 참조).

Berne의 일상용어 사용에 대해서는 이 장의 마지막 부분에서 보다 자세히 살펴볼 것이다. 여기에서는 Yalom의 비판을 좀 더 살펴보자. 한 가지 의문은 왜 집단 심리치료 분야의 아마추어 평론가도 아닌 Yalom이 교류분석 전문가 당사자들이 보다 중요하게 여기는 다른 특징들을 제쳐놓고 교류분석의 가장 피상적인 측면인 언어의 사용을 높이 평가하기로 했는가 하는 점이다. 왜 Yalom은 가령 교류분석 이론의 논리적 일관성과 경험적 검증 가능성에 대해 이야기하지 않았을까? 가능한 하나의 설명은 Yalom이 교류분석에 대해 정확하지 않거나 완전하지 않은 이미지를 가지고 있었을 수 있다는 것이다. 그의 글에서 이에 대한 증거를 찾을 수 있는가? 저자는 그럴 수 있다고 보며, 독자들도 그 단서를 이미 파악했을 것이다.

Yalom의 비판은 극단적이지는 않지만 Kovel의 비판과 유사한 중요한 특징이 있다. 즉, Yalom도 자아 상태의 본질을 잘못 이해하고 있다. Berne이 원래 내린 정의에 따르면, 부모, 어른, 어린이 자아 상태는 단순히 서로 대립하는 '동기와 추동의 내적 집합' 이 아니다. Yalom의 설명은 두 가지 측면에서 Berne의 설명과 다르다. 첫째, 서로 다른 자아 상태의 내용은 특정한 시간에 특정한 사람에게는 서로 '대립할' 수도 있고 아닐 수도 있다는 것이다. 둘째, 보다 중요한 것은 자아 상태를 '동기와 추동의 내적 집합' 이라고 기술함으로써 Yalom이 Berne의 정의에서 결정적으로 중요한 행동 요소를 빼놓았다는 것이다. 따라서 Kovel처럼 Yalom도 Berne이 정신역동 이론에 끼친 가장 특징적인 공헌인 관찰 가능성 요소를 놓친 것이다.

관찰 가능성 요소를 제거하면 Berne의 이론체계는 Freud의 이론에 Adler의 이론을 약간 섞어서 쉬운 용어로 다시 써 놓은 것에 지나지 않는 것처럼 보인다. 따라서 Yalom이 Berne의 이론에서 독창적인 것이 전혀 없는 것으로 본 것도 그다지 놀라운 일이 아니다. Yalom이 자아 상태에 대한 Berne의 개념화를 제대로 이해했다면 여전히 교류분석의 '가장 새롭고 가장 유용한' 특징을 교류분석의 용어로 보았을지 의문이다.

적어도 Yalom은 교류분석의 일상적 용어에 대해서 전반적으로 긍정적인 시각을 가지고 있다. 또 다른 비평가인 Joel Kovel에 대해서는 이렇게 이야기할 수 없을 것이다.

일상적 언어, 일상적 이론?

> Berne의 천재성을 보여 주는 한 가지 측면은 대중적인 이야기를 풀어내는 그의 재능이다. Berne은 마음의 숨겨진 현상을 가리키는 용어나 아주 추상적인 용어를 배제함으로써 이를 보여 주었다. 교류분석의 추종자들은 이것이 심리학을 둘러싼 신비감을 제거하고 보통 사람들이 사용할 수 있는 수준에 맞추도록 이끈다고 주장한다. 이는 분명 사실이다. 적어도 교류분석에는 상대적으로 교류분석을 잘 모르는 사람들도 쉽게 사용할 수 있는 상징체계가 정립되어 있다 (Kovel, 1976: 234-235).

Yalom과 마찬가지로, Kovel도 쉬운 용어의 긍정적 기능을 인정한다. 그러나 저자가 보기에 Kovel의 설명은 또다시 Berne의 이론에서 매우 중요한 특징을 잘못 나타내고 있다. Berne의 전략은 '그의 용어에서 추상적인 단어를 제거하는 것' 이 아니었다. Berne은 인간에 대해서, 그리고 사람들이 관계 맺는 방식을 기술하는 데 있어서 길고 모호한 전문적 용어들을 피한 것이다. 대신 Berne은 짧고 일상적인 (colloquial) 단어를 사용해서 실질적으로 심리치료 상황에서 자주 사용될 수 있는 교류분석 이론의 몇몇 중심 개념을 표현한 것이다.

저자는 Kovel이 잘못된 이분법을 사용하고 있다고 본다. 사실 일상적인 용어로 추상적인 생각을 표현하는 것은 얼마든지 가능하다. 예를 들어, Berne의 이론체계에서 '각본' 이라는 일상용어는 이론에서 나온 추상적인 단어를 의미한다. 각본 그 자체는 관찰할 수 없기 때문이다. (같은 방식으로 길고 전문적인 용어를 사용해서 구체적인 현상을 충분히 표현할 수 있을 것이다. 아스피린을 손수레로 운반할 수도 있는 것이다.역자 주)

또한 Berne은 '그의 용어에서 마음의 숨겨진 현상을 가리키는 단어를 배제하려고' 한 것도 아니었다. 오히려 그 정반대다. 그가 '게임' '라켓' '각본' 과 같은 단어를 사용한 주된 목적은 일반적으로는 감추어져 있고 드러나지 않는 마

역자 주 | 간단하고 쉬운 용어로 추상적인 개념을 설명하는 것이나 어렵고 전문적인 용어로 구체적인 현상을 설명하는 것 모두 가능하다는 것을 다시 한 번 강조하는 의미다.

음의 현상에 곧바로 주의를 집중하기 위한 것이었다.

또다시 Kovel은 자아 상태를 공격할 때 사용했던 것과 같은 논쟁 방식을 사용한다. 자신의 '지푸라기 사람[억지 주장]'을 만들어 놓고 나서, Kovel은 자신만의 내적 논리를 따라가서 매우 비판적인 결론에 다다른다.

> …이 전략[즉, 쉬운 용어의 사용]으로 인해 매우 중요한 차원이 손실되었다. 왜냐하면 언어의 사용으로는 눈에 보이는 분명한 것이 아닌 것을 붙잡기 어렵기 때문이다…. 따라서 심적 퇴행이나 억압된 무의식으로의 이동—그것이 성적 환상이든 전이적 태도든—은 방향이 바뀌어 '게임'이나 교류의 범주로 흘러가게 된다(Kovel, 1976: 235).

여기에서 Kovel은 또다시 교류분석 이론을 다시 정의해서 Berne이 말한 것과는 정반대로 만들어 버린다. 교류분석가가 교류나 게임에 초점을 맞출 때, 그의 목적은 전이 현상으로부터 '방향을 바꾸거나 다른 방향으로 가는' 것이 아니다. 오히려 치료자와 내담자가 심리치료의 순간순간 드러나는 전이를 따라갈 수 있는 도구를 만드는 것이 그 목적이다. Berne이 분명히 말했듯이, 게임은 그 자체로 전이의 표현이며 몇몇 교류도 역시 전이의 표현이다(2장 참조). 게임과 교류는 모두 일련의 대인관계 행동으로 정의된다. 이런 방식으로 게임과 교류는 전이 현상을 체계적으로 관찰할 수 있도록 한다. 이것이 Berne의 이론에서 이 부분의 주요 가치이자 목적이다.

이제 제시하는 Kovel의 마지막 인용문에서 그가 또 다른 무언가를 시사하고 있음을 알 수 있을 것이다. 즉, 교류분석의 쉬운 용어는 교류분석 이론의 단순성과 같다는 것이다. Kovel은 계속해서 자신의 주장을 편다.

> 지금까지 살펴본 바와 같이 [교류분석에서는] 마음의 신비로운 측면을 금지한다. 이를 대신하는 것이 중요하다. 심리학적 깊이가 있을 자리에 Berne 이론의 용어가 있다. 사람들이 그 용어가 된다. 사람들이 게임과 자아 상태의 집합체가 되며, 그들의 삶에서 이 모든 것들이 함께 움직인다. 여기에서 사람들에 대한 사실은 물화(物化)된다. 즉, 살아 있는 인간의 현실이 갑자기 물체로 변해 버리는 것이다…(Kovel, 1976: 237).

결국 Kovel은 '진부한 구체화'를 자아 상태뿐 아니라 Berne의 이론의 모든 단어에 적용시키면서 공격의 폭을 넓히고 있다.

저자가 보기에 Kovel은 서로 연결된 두 가지 제안을 내놓고 있다.

1. '교류분석 이론은 단순하다.'
2. '교류분석 이론을 단순하게 만드는 것은 교류분석의 일상적 용어다.'

두 번째 제안이 간단하게 살펴볼 수 있으므로 먼저 살펴보도록 하자.

단순한 용어가 한 이론을 평범하게 '만들' 수 있는가

분명 Kovel은 교류분석의 용어가 이론을 단순하게 '만든다' 고 제안하고 있다. 즉, '심리학적 깊이가 있을 자리에 Berne의 이론의 용어가 있다.' 는 것이다. 교류분석에 대한 이 진술문에서 되짚어 올라가 보면 Kovel의 출발점으로 어떤 일반 명제를 발견할 수 있을까? 그것은 아마도 '어떤 이론이 단순한 용어로 기술된다면 그 이론은 (더욱) 하찮아진다.' 일 것이다. 저자는 이것이 명백한 난센스라고 본다. 이 명제가 다음과 같은 문장을 의미한다는 것을 고려해 보면 더더욱 난센스다. '어떤 이론이 복잡한 용어로 기술된다면 그 이론은 (더욱) 깊이가 있어진다.' 어떤 이론이 모호한 용어로 채워져 있다면 그 이론이 좀 더 깊이가 있는 것으로 보일 수는 있다. 그러나 그 이론이 실제로 깊이가 있는지는 별개의 문제다. 과연 Kovel이 어떤 이론에서 '심리학적 깊이'

가 긴 단어의 사용과 같다고 제안할 수 있을까?

Kovel의 제안이 근거가 빈약하기는 하지만, 저자는 그의 제안이 교류분석이 그동안 어떻게 '대중적 이미지'를 얻게 되었는가에 대한 하나의 설명을 제공한다고 본다. 그것은 단순한 용어가 어떤 이론을 덜 심오하게 '만들' 수는 없지만 덜 심오한 것처럼 보이게 할 수는 있으며, 특히 복잡한 단어로 이론을 기술하는 데 익숙한 사람들에게는 더욱 그러하다는 것이다. 이에 대해서는 이 장의 마지막 부분에서 다시 다룰 것이다.

교류분석 이론, 오컴의 면도날 및 프로크루스테스의 침대

용어에 대한 질문에서 방향을 바꿔 보자. 어쨌든 교류분석 이론이 본질적으로 단순하다는 보다 심각한 비판에 대해서는 어떤 이야기를 할 수 있을까? 이에 대해 Kovel은 Irvin Yalom이라는 아군을 얻는다.

교류분석의 단순한 표현 스타일에 대해 찬사를 보내고 나서, Yalom은 덜 호의적인 방향으로 전환한다.

> 그러나 교류분석이 이해의 폭을 제한하는 만큼, 예를 들어 인간 행동의 총체적인 복잡성을 몇 개의 게임, 자아 상태, 각본에 밀어 넣어서 이해의 폭을 제한하는 만큼… 교류분석 접

근은 생산적이지 못했다(Yalom, 1970: 453n).

Yalom의 비판은 이론의 용어에 대한 것이 아니다. 그보다는 교류분석이 '인간 행동의 총체적인 복잡성'을 설명하기 위해 제시한 '제한된 수'의 이론적 용어에 대해 비판하고 있다. 이러한 비판은 얼마나 타당한가?

약 600여 년 동안, 철학자들은 이 질문에 대해서 유명한 가이드라인을 따라왔다. 그것은 '오컴의 면도날(Occam's Razor)' 원리다. 14세기 철학자 William of Occam은 다음과 같이 제안했다. "(이론에서) 실체는 필요 이상으로 반복되어서는 안 된다." 좀 더 산문적인 언어로 말하면, 하나의 사건을 설명하는 방법이 두 가지 이상 있을 때는 덜 간단한 방법보다 더 간단한 방법이 선호된다는 것이다. 그러나 Yalom과 Kovel은 Berne의 이론이 너무 간단하기 때문에 불만족스럽다고 주장하는 것 같다. 그렇다면 그들은 오컴의 면도날 원리를 거스르는 것인가? 그렇다고 하면 모든 철학자들이 수세기 동안 따라온 William of Occam은 이 점에 대해서는 비판가들보다 Berne의 손을 들어주고 있다.

Berne은 오컴의 면도날 원리를 잘 알고 있었으며, 이를 자신의 교류 이론을 뒷받침하는 주장으로 인용했다.

이 모델은 ('오컴의 면도날'이라고 알려져 있는) 과학적 경제

> 성의 원리를 따르기 때문에 효율적이다. 그것은 오직 두 가지 가정을 하고 있다. (1) 사람은 한 가지 자아 상태에서 다른 자아 상태로 변할 수 있다. (2) A가 어떤 이야기를 하고 나서 금방 B가 어떤 이야기를 한다면, B가 이야기한 것이 A가 한 이야기에 대한 반응인지 아닌지를 확인할 수 있다 (Berne, 1972: 21).

물론 오컴의 면도날 원리 자체도 주관적인 원칙이며, 어떤 사람은 동의하지 않을 수 있다. 예를 들어, Malan(1979)은 적어도 일부 심리치료 영역에서는 가설의 경제성 원리가 적용되지 않는다는 논리적인 제안을 했다. 교류분석 이론가인 Richard Erskine은 최근 논문에서 실제로 Berne이 오컴의 면도날 원리를 과용했으며 그 결과로 자신의 이론의 몇몇 부분을 '너무 깨끗하게 정리해 버렸다.' 고 보았다 (Erskine, 1991: 74). 저자가 말하고 싶은 바는 Kovel이나 Yalom과 같은 비판가들이 교류분석 이론이 (또는 어떤 이론이든지) '너무 적은' 개념을 가지고 있어 하찮은 이론이라고 무시하기보다는 더 상세하게 자신의 주장을 펼칠 필요가 있다는 것이다.

아마도 이러한 비판가들의 반대 주장의 핵심은 교류분석의 가설의 경제성에 있다기보다, 교류분석 이론이 '인간 행동의 복잡성' 을 이론적 용어에 너무 우악스럽게 '우겨 넣으려고' 한다는 데 있다. 그래서 교류분석 이론가들은 마치 프로크루스테스(Procrustes)처럼 되는 것이다. 신화에 등장하는 이 거인은 손님을 초대해서 그들이 자신의 침대에 얼마나 잘 맞는지를 시험한다. 프로크루스테스는 손님이 침대보다 너무 짧으면 침대에 맞게 늘렸고 침대보다 너무 길면 침대에 맞도록 신체 일부를 잘랐다.

실제로 그리스 신화의 열성 독자였던 Berne은 프로크루스테스를 잘 알고 있었으며, 각본분석가들에게 프로크루스테스처럼 되지 않도록 경고했다.

> 모든 행동과학에서 프로크루스테스는 쉽게 찾을 수 있다. 과학자는 어떤 이론을 가지고 늘였다가 줄였다가 한다. 그러면서 때로는 숨겨진 변인을 무시하고, 때로는 맞지 않는 요소들을 무시하고, 때로는 자료를 이론에 더 잘 맞게 한다는 식으로 다소 근거가 빈약한 이유를 대면서 자료를 조작하여 이론에 끼어 맞춘다(Berne, 1972: 407).

나아가 Berne은 각본분석가들이 과학적 객관성의 태도를 가지고 이 주제에 접근하고자 한다면 프로크루스테스처럼 행동하지 말아야 한다고 주장한다. 그렇다면 어떻게 할 것인가? Berne은 '지도와 지형'의 비유를 사용하여 다음과 같이 결론을 내린다.

> 땅[지형]을 먼저 보고 나서 지도를 보며, 그 반대로는 하지 말아야 한다…. 즉, 치료자는 환자의 이야기를 듣고 그의 각본 줄거리를 먼저 파악하고 난 다음에 [각본분석에 대한 책을] 보아야지 그 반대로 해서는 안 된다. 그렇게 해야지만 (책이 아니라) 환자로부터 확인을 하면서 그가 어디로 가고 있는지 예측할 수 있다(Berne, 1972: 409).

다시 한 번 Berne은 친절하게 독자에게 자신의 주장을 편다. Berne을 비판하는 사람들에게 적어도 그의 주장을 진지하게 생각해 보라고 부탁하고 싶다. Berne의 비판가들은 그의 주장을 그저 무시하는 것처럼 보인다.

저자는 이것이 Berne의 이론에 대한 모든 비판을 관통하는 공통적인 주제를 보여 주는 하나의 예라고 본다. 그 주제는 비판받는 것은 교류분석의 현실이 아니라 교류분석에 대한 왜곡되고 불완전한 이미지라는 것이다.

이미지, 실제 및 비판

물론 심리치료의 주요 인물 중에서 자신이 말하지 않은 것에 대해서 비난받은 사람은 Berne만이 아니다. Sigmund Freud도 같은 대우를 받았다(그래서 현재 정신분석학자들 사이에서 Freud가 말한 것을 다시 설명하는 책을 저술하는 사업이 활발하게 이루어지고 있다.). 그러나 적어도 전문적인 정신분석 문헌에서는 해석이나 강조의 측면에 비난이 집중되어 있다. Kovel이나 Yalom과 같은 전문 이론가들이 그렇게 명확하고 눈에 보이는 사실적(factual) 오류를 기반으로 Berne을 비난했던 것과 같은 방식으로 Freud에 대해서 비난하는 것은 상상하기 어렵다.

Kovel과 Yalom의 비판을 살펴보면서, 저자는 그들이 Berne의 원전을 얼마나 읽어 보았을 것인가에 대해 심각한 의문을 제기하지 않을 수 없다. 예를 들어, Kovel이 『심리치료에서 교류분석』을 읽어 보았다면 그가 자아 상태, 특히 어른 자아 상태에 대해서 그렇게 사실에서 벗어난 '정의' 를 내리지는 않았을 것 같다. Kovel은 또한 자아 상태와 Freud의 정신 에너지 주체 간의 차이에 대한 Berne의 설명을 알지 못했던 것으로 보인다. 그 차이는 Berne이 자신의 주요 저서 세 권과 학술논문에서 자세히 설명했던 것이다.

Yalom은 교류분석에 대한 자신의 주장을 펴는 데 있어서 어떤 참고문헌도 인용하지 않는다. Kovel은 참고문헌을 인용하고 있는데 이는 한 번 살펴볼 만하다. Kovel은 『심리치료에서 교류분석』을 언급하고 있지만 이를 참고문헌으로만 이용하고 있다. Berne의 다른 저서나 논문은 Kovel의 참고문헌에 등장하지 않는다. Kovel이 주로 사용한 참고문헌으로는 Claude Steiner가 저술한 『쉬운 교류분석(*TA Made*

Simple)』(1971)이 있다. 더불어 Thomas Harris의 『I' m OK-You' re OK』(1967)도 있다. 이 베스트셀러는 비전문가 집단을 위한 책으로, 몇 가지 중요한 측면에서 교류분석에 대한 Berne의 시각과 다른 입장을 취하고 있다. 또한 교류분석에 대한 Kovel의 참고문헌에는 Berne의 동료인 Steiner와 Jack Dusay의 학술논문 두 편이 있고, 믿어지지 않겠지만 미국 국세청이 프로그래머를 훈련시키면서 어떻게 교류분석을 사용했는지에 대해 자격을 갖추지 못 한 사람이 쓴 논문이 있다. 따라서 Kovel의 비판은 주로 교류분석에 대한 축약된 설명 또는 단순화된 설명에 기초해 있음을 알 수 있으며, Berne의 가장 중요한 저서들에 대한 언급은 찾을 수 없다.

왜 교류분석은 이렇게 잘못된 정보에 기초한 비판의 대상이 되었을까? Berne의 이론의 실제와 왜곡 및 오해로 점철된 '대중적 이미지' 간의 극명한 차이는 어디에서 오는 것인가?

교류분석의 '얼어붙은 이미지'

이에 대한 하나의 해답은 교류분석의 독특한 역사에 있다고 저자는 본다. 미디어와 대중성을 구가하던 1960년대와 1970년대에 교류분석은 독특한 대중적 이미지를 형성했다. 그런 다음 이 이미지는 그대로 '얼어붙었다(frozen).' 즉, 교류분석이 계속해서 발전했음에도 불구하고 교류분석의 이미지는 대부분 변화하지 않고 그대로 유지된 것이다. 이를 더욱 악화시킨 것은 이런 '얼어붙은 이미지' 가 언론의 집중적인 조명을 받은 시기의 교류분석에 대한 정확한 그림조차 담지 못했다는 것이다. 대신 이 '얼어붙은 이미지' 는 왜곡되고 과도하게 단순화된 교류분석의 버전을 반영하고 있다.

'얼어붙은 이미지' 의 역사적 배경에 대해서는 1장에서 이미 제시했다. 『심리적 게임』의 상업적인 성공은 1960년대 후반 Berne과 그의 이론체계를 대중의 시각으로 몰아넣었다. 전 세계의 수백만 독자들이 『심리적 게임』을 읽었지만, 이 책은 교류분석의 주요 이론적 아이디어의 간단한 개요만을 보여 줄 뿐이다. 게임에 대한 이론조차도 부분적으로 개발된 버전으로만 등장한다.

게다가 많은 독자들이 Berne의 생각을 『심리적 게임』 그 자체가 아닌 '축약된' 대중매체에서 접했다. 대중매체는 종종 교류분석에서 가장 즉각적으로 눈길을 끄는 것, 특히 교류분석의 참신한 언어에 초점을 맞추고 보다 깊이 있고 복잡한 것들은 중요하게 다루지 않았다. 교류분석에 대한 대중매체의 관심이 사그라지면서 대중의 의식에 남아 있는 이러한 단순한 그림들이 교류분석에 대한 '얼어붙은 이미지' 를 계속 형성했다.

그럼에도 불구하고 저자는 Berne의 이론에 대한 모든 오해를 대중매체나 역사적 사건의 탓으로 돌릴 수는 없다고 생각한다. 다음 절에서는 교류분석가들 자신도 자주 Berne의 이론을 잘못 해석했거나 오해를 불러일으키는 방식으로 제시했다는 것을 알아볼 것이다. 저자는 Eric Berne 자신도 그러한 이론가들 중 한 사람이라고 본다.

Berne 자신이 오해를 불러일으켰는가

Berne의 이론이 어떻게 잘못 해석되었는지를 이해하기 위해서 우리는 교류분석의 가장 중심 골격인 자아상태 모델부터 고려해 볼 필요가 있다. 저자는 이것이 언어의 의미에서 미묘한 '비껴나가기(slippage)' 과정을 통해 하나의 이론이 어떻게 강등될 수 있는지를 보여 주는 놀라운 예라고 본다.

자아상태 모델: 원래 모델 대(對) 과도하게 단순화된 모델

2장에서 저자는 세 가지 자아 상태에 대한 Berne의 원래 정의를 제시했다. 이를 다시 간단히 살펴보면 다음과 같다.

1. 자아 상태는 특정적인 행동 세트를 일관적으로 동반하는 감정과 생각의 세트로 정의된다.

2. 어른 자아 상태에서는 그 사람의 감정, 사고, 행동이 지금-여기에서 그 사람의 나이에 적절하다.
3. 어린이 자아 상태에 있는 사람은 자신의 어린 시절로부터의 오래된 사고, 감정, 행동을 재생한다.
4. 부모 자아 상태에서 그 사람의 사고, 감정, 행동은 자신의 부모나 부모 역할을 하는 사람들로부터 빌려 온 것이다.

10여 년 전에 저자가 처음 교류분석을 접했을 때, 저자는 이러한 '자아상태 모델'을 배우지 않았다. 저자가 배운 것은 '부모 자아 상태는 가치판단을 하고, 어른 자아 상태는 생각하며, 어린이 자아 상태는 느낀다.' 였다. 저자의 많은 교류분석 동료들이 이 버전으로 '자아 상태'를 처음 접했다. 교류분석의 기초 강좌를 가르치는 교류분석 훈련가라면 누구든지 '몇몇 교류분석 저서를 읽은' 참가자들이 '가치-사고-감정' 모델을 일반적인 통념으로 언급하는 것을 계속 듣는다. Vann Joines와 저자는 이를 자아 상태의 과도하게 단순화된 모델(oversimplified model)이라고 부른다(Stewart & Joines, 1987: 18-20).

이 과도하게 단순화된 모델에서는 Berne의 원래 정의에서 몇몇 중요한 특징이 빠졌다는 것을 알 수 있을 것이다. 첫째, 이 모델은 시간 차원을 무시한다. Berne의 원래 개념화에서 어린이 자아 상태와 부모 자아 상태는 그 사람의 과거를 나타낸다. 어린이 자아 상태는 그 사람의 과거를 재생하는 것이며, 부모 자아 상태는 과거의 부모로부터 빌려 온 것이다. 어른 자아 상태만이 지금-여기에서 현재에 반응하는 사람이다.

둘째, 과도하게 단순화된 모델은 감정은 어린이 자아 상태만이, 사고는 어른 자아 상태만이, 가치판단은 부모 자아 상태만이 하는 것으로 규정한다. 2장에서도 알 수 있듯이('자아 상태의 구조 모델: 기본 이론' 부분 참조), Berne의 원래 정의에서는 한 사람이 어떤 자아 상태에 있어도 생각하고 느끼고 가치판단을 할 수 있음을 분명히 밝히고 있다.

과도하게 단순화된 모델이 어떻게 교류분석 이론을 파괴하는가

이와 같이 과도하게 단순화된 모델의 두 가지 변화는 교류분석 이론의 전체 구조에 심각한 영향을 미친다. 자아상태 모델 자체는 곧바로 사소한 일상적인 모델이 된다. 과도하게 단순화된 모델에서는 그저 사람들이 어떤 때는 느끼고, 어떤 때는 생각하며, 어떤 때는 가치판단을 하는 존재다. 그리고 이 모델에서는 이 세 가지 활동[느끼고, 생각하고, 가치판단을 하는 활동]에 눈에 확 띄는 이름을 붙인다(또한 세 가지 '자아 상태' 역시 잘못된 방식으로 묶어 버린다.).

마치 카드로 만든 집이 무너지는 것처럼, 자아상태 모델과 연결되어 있던 다른 이론들도 차례로 무너지게 된다. 가장 중요한 시간 차원이 없어졌기 때문에 교류 이론은 매우 중요한 전이 및 역전이와의 연결성을 잃게 된다. 대신 이론은 사람들이 서로 이야기하는 방식을 그리는 사소한 연습으로 보인다.

일련의 교류로서 분석되는 게임 역시 전이적 속성을 잃게 된다. 대신 게임은 단순히 누군가가 기분이 나쁜 채로 끝나는 일련의 행동이 되며, 여기에서도 마찬가지로 이 모든 것이 몇 가지 눈에 확 띄는 이름으로 포장된다. 게임이 지향하는 각본 보상의 성격도 불명확해지며, 각본 매트릭스의 발달적 중요성 또한 상당 부분 잃게 된다.

아마도 Joel Kovel은 과도하게 단순화된 버전으로 자아 상태 모델을 배우고, 이를 Berne의 원래 정의와 대조해 보지 않은 것은 아닐까? 그렇다면 Kovel이 교류분석에 대해 그토록 짜증을 내는 것이 그리 놀라운 일은 아니다. Kovel이 그랬건 그러지 않았건, 수천 명의 사람들이 오랫동안 과도하게 단순화된 모델에 의거해서 교류분석을 배운 것은 분명한 사실이다. Berne의 이론에 대해 오랫동안 지속된 많은 오해들의 바탕에는 이와 같은 자아 상태에 대한 축소된 그림이 있다고 본다.

과도하게 단순화된 모델의 기원

최근 몇 년 동안 교류분석가들은 Berne의 원래 개념화에 따라서 자아상태 모델을 재구성하기 위해 분주히 노력해 왔다. 교류분석가들은 널리 퍼져 있는 과도하게 단순화된 모델이 입힌 손상을 복구하기 위해 힘을 쏟았다(예: Clarkson & Gilbert, 1988; Erskine, 1988; Erskine, 1991; Hohmuth & Gormly, 1982; Stewart & Joines, 1987: 11-20; Trautmann & Erskine, 1981 참조). 여기에서 한 가지 풀리지 않는 의문은 과도하게 단순화된 모델이 과연 어디에서 왔는가 하는 점이다. Hohmuth와 Gormly는 이를 잘 설명하고 있다.

> 수많은 교류분석가들이… 가치와 규율은 부모 자아 상태의 기능과 동일하고, 사고는 어른 자아 상태의 기능과 동일하며, 감정은 어린이 자아 상태의 기능과 동일하다는 자아 상태의 개념화를 받아들였다. 이 이론가들은 자아 상태에서 주로 드러나는 내용을 자아 상태 자체와 동일하게 보고 있다. 이러한 접근은… 어린이 자아 상태에서 임상적 관련성을 가지는 내용이 주로 감정이라는 것을 고려하면 가르치기 위한 목적에는 유용할 수 있다. 그러나 누군가가 개념에 대한 정의의 측면에서 규칙과 가치가 부모 자아 상태에서 오고, 사고는 어른 자아 상태에서 오며, 감정은 어린이 자아 상태에 온다고 주장한다면, Berne이 제안한 성격구조 이론과 상당히

거리가 있는 성격구조 이론이 된다(Hohmuth & Gormly, 1982: 141).

Hohmuth와 Gormly는 '가치-사고-감정'의 개념화를 Harris(1967), Babcock과 Keepers(1976)의 탓으로 돌린다. 재미있는 것은 저자가 그들의 저서를 다시 읽어 보았지만 책의 어디에서도 과도하게 단순화된 모델을 명시해 놓은 부분을 찾을 수 없었다는 것이다. 저자는 또한 그와 같은 설명을 교류분석의 전문 서적 어디에서도 찾을 수 없었다. 대신 Hohmuth와 Gormly가 기술한 현상의 여러 가지 예를 찾을 수 있었다. 연구자들은 자아 상태가 가장 자주 드러내는 기능의 관점에서 자아 상태 유형을 설명한다. 한 가지 예를 살펴보자.

> 전체 성격 구조는 다음과 같이 요약할 수 있다.
> **부모 자아 상태:** 일반적으로 신념, 가치, 도덕성과 같은 개념을 분명하게 가르친다.
> **어른 자아 상태:** 사실 및 기술(skill)과 같은 객관적 데이터
> **어린이 자아 상태:** 선천적으로 감정을 가지고 있는데, 그것은 부모와 다른 사람들의 요구에 순응하는 과정에서 학습한 감정이다(Klein, 1980: 12).

저자는 여기에서 언어적 '비껴나가기'가 발생할 수 있다고 본다. 이 글을 쓴 사람은 이러한 설명을 자아 상태에 대한 정의로 명확하게 제시하지 않았다. Klein이 말하는 특징이 각각의 자아 상태 유형에서 흔히 나타나는 양상임은 분명하다. 이러한 특징이 Berne이 원래 자신의 모델을 설명한 것과 맞지 않는 것도 아니다. 그러나 이러한 설명은 오직 일부분만 기술하고 있다. 특히 매우 중요한 시간 차원은 어디에도 언급되어 있지 않다. 하지만 Berne의 원래 정의를 모르는 채 교류분석을 처음 접하는 독자들은 이를 알 길이 없다. 그 결과로 독자들은 어린이 자아 상태는 감정과 같고, 어른 자아 상태는 기술과 같으며, 부모 자아 상태는 신념 및 가치와 같다고 가정하게 된다.

아마도 경험 많은 작가인 Berne이 이러한 언어적 함정을 피하도록 조치를 취하지 않았을까? 전혀 그렇지 않다. 자신의 저서의 많은 부분에서 Berne은 그저 이와 비슷한 방식으로 썼을 뿐이다.

자아 상태에 대한 Berne의 불완전한 설명

저자가 『심리적 게임』을 집중적으로 살펴보았으므로 이것을 예로 들기로 하자. Berne은 교류분석 이론을 간단하게 요약하면서 이 책을 시작한다. 구조분석에 대한 부분의 첫 장에서 Berne은 자아 상태에 대한 정의로 곧바로 들어간다. 구조분석을 설명하는 전체 분량은 고작 다섯 페이지로 압축되어 있다(Berne, 1964: 23-27). 이는 그다지 놀라운 일이 아닌데, 서문에서 Berne은 이미 '보다 많은 정보를 원하는' 독자들은 훨씬 더 자세하게 설명되어 있는 『심리치료에서 교류분석』을 참고할 것을 제안하고 있기 때문이다.

여기에서 몇 페이지를 더 넘기면 Berne이 교류 이론을 요약한 부분이 있다. '의사소통의 첫 번째 규칙' 을 설명하면서 그는 다음과 같이 썼다.

> 교류가 상보적으로 이루어지는 한, 두 사람이 신랄하게 다른 사람들을 평가하고 있는지(부모 자아 상태-부모 자아 상태), 문제를 풀고 있는지(어른 자아 상태-어른 자아 상태), 혹은 같이 놀고 있는지(어린이 자아 상태-어린이 자아 상태 또는 부모 자아 상태-어린이 자아 상태)는 이 규칙과 별로 관련이 없다(Berne, 1964: 28).

물론 여기에서 Berne이 의미하는 바는 사람들이 신랄하게 다른 사람들을 평가하는 것이 그들이 부모 자아 상태에 있음을 나타내는 전형적인 표현이라는 것이다. (여기에는 다른 사람들을 평가하는 것이 부모로부터 빌려 온 행동이라는 가정이 깔려 있다.) Berne은 부모 자아 상태가 가장 전형적으로 표출되는 양상을 기술함으로써 그 특징을 표현한 것이다. 이는

Berne이 위의 인용문에서 설명한 나머지 두 종류의 자아 상태에도 똑같이 적용된다. 그러나 저자는 이와 같은 Berne의 저술 방식으로 인해 반대로 추론할 가능성이 높다고 본다. 교류분석을 처음 접하는 독자라면, 특히 자아 상태에 대한 Berne의 축소된 설명을 선뜻 받아들이지 못하고 있는 독자라면, Berne이 이렇게 예를 든 것이 그 개념에 대한 정의라고 생각할 수 있다. 이러한 독자들은 다음과 같은 해석을 내릴 것이다. '사람들이 신랄하게 다른 사람을 평가하고 있으면 그들이 부모 자아 상태에 있다는 것을 의미한다. 사람들이 문제를 풀고 있다면 어른 자아 상태에 있다. 사람들이 같이 놀고 있다면 둘 다 어린이 자아 상태에 있거나 혹은 한 사람은 어린이 자아 상태에 있고 다른 사람은 부모 자아 상태에 있다.' 이러한 해석으로부터 자아상태 모델의 과도하게 단순화된 '가치-사고-감정' 모델로 옮겨 가는 것은 그다지 어렵지 않다.

특히 어른 자아 상태는 이와 같은 불완전한 설명으로 인해 많은 손상을 입었다. 많은 경우에 Berne은 어른 자아 상태의 유일한 기능이 사고하는 기능이라는 입장에서 어른 자아 상태를 설명했다. 예를 들면, 『심리적 게임』에서 Berne은 어른 자아 상태가 '객관적인 데이터 처리' 및 확률의 계산과 동일하다고 했다(Berne, 1964: 24, 26). 2장에서도 Berne이 어른 자아 상태에 고립되어 있는 사람을 '즐길 수 없는 사람' 으로 그렸던 것을 기억할 것이다. 여기에서도 Berne의 개념화는 사고가 어른 자아 상태 안에 있으며 즐기는 것은 어린이 자아 상태에 국한되어 있음을 의미한다.

그렇다면 이것이 Berne이 말하고자 한 바였을까? 아마도 Berne이 부모 자아 상태는 가치판단과 동일하고, 어른 자아 상태는 사고와 동일하고, 어린이 자아 상태는 감정과 동일하도록 자신의 이론을 수정하기로 마음먹은 것은 아닐까? 저자는 그렇게 생각하지 않는다. 이렇게 불완전하게 설명을 하면서도, Berne은 때로 자아 상태에 대한 원래 정의를 언급한다. 예를 들어, 『심리적 게임』의 끝부분에서 그는 다음과 같이 썼다. "즉시성(spontaneity)이란 선택권이 있음, 즉 사용 가능한 감정들(부모 자아 감정, 어른 자아 감정, 어린이 자아 감정) 중에서 자신의 감정을 선택하고 표현할 수 있는 자유를 의미한다." (Berne, 1964: 160)

그렇다면 어른 자아 상태도 분명히 감정을 포함한다. 감정은 오직 어린이 자아 상태에만 속해 있지 않으며, 사고가 어른 자아 상태의 유일한 기능도 아니다. 이는 Berne이 『심리치료에서 교류분석』에서 제시한 자아 상태의 완전한 정의와 일치한다. 더불어 Berne이 자신의 선구자인 Federn과 Weiss로부터 가져온 자아 상태에 대한 정의와도 일맥상통하는 것이다.

저자는 Berne에게 자아 상태의 정의를 바꾸려는 의도가 있었다고 보지 않는다. 그보다 Berne이 글을 쓸 때 자신의 원래 정의를 늘 염두에 두고 있었다고 본다. Berne에 대한 과도한 단순화는 전적으로 Berne의 단어 선택으로 인해 발생한 것이다. 저자는 이것이 Berne의 이론에 대한 오해를 설명하는 핵심적 이유라고 본다. 이는 자아상태 모델뿐만 아니라 그의 저술 전반에 걸쳐서 해당된다. 즉, Berne의 언어 선택이 일부 독자로 하여금 그를 오해하게 만든 것이다.

Eric Berne의 단어 사용

저자는 Kovel과 같은 비판가들의 매서운 공격의 이면에서 아주 작지만 다음과 같은 사실을 찾아낼 수 있다고 본다. Berne의 이론과 치료 자체는 사소하고 일상적인 것이 아니었다. 하지만 Berne은 때로 사람들이 그렇게 생각할 수 있는 방식으로 글을 썼다. 우리는 이를 보여 주는 한 가지 예로 자아 상태에 대한 그의 불완전한 설명을 살펴보았다. 그리고 또 하나의 예로 Berne의 일상용어 사용을 들 수 있다.

왜 Berne이 일상용어를 사용했는가

Berne은 자신의 저서에서 여러 차례 자신이 일상용어를 사용한 것이 의도적이었음을 분명히 했다. 『심리적 게임』에서 그는 자신이 일상용어를 선택한 목적을 설명했다.

> 학문적 목적을 위해 심리학적 사실을 과학적 용어로 기술할 수는 있지만, 치료에서 감정적 고통을 효과적으로 인식하기 위해서는 이와는 다른 접근이 요구된다. 따라서 '투사된 항문기적 공격성을 말로 표현하는 것' 보다 '이것 참 끔찍하지 않나요(Ain't It Awful)' 게임을 하는 것이 더 선호되는 것이다. 이렇게 하는 것이 보다 역동적인 의미와 효과가 있을 뿐 아니라 실제로 더 정확한 표현이다. 사람들은 때로 어두컴컴한 방보다 밝은 방에서 더 빨리 회복된다(Berne, 1964: 63).

이와 같은 치료적 선택으로 인해 Berne의 글이 생생하고 쉽게 읽힌다는 것은 부인할 수 없는 사실이다. 그러나 내부의 함정 또한 있었으니, Berne이 만든 완전한 정의를 모르는 독자들은 이러한 일상용어들을 자신들의 일상적인 대화의 관점에서 나름대로 해석하고 싶어 한다는 것이다. 그러나 실제 그 단어가 의미하는 바가 아닌 경우가 많으며 전체 의미가 아닌 경우도 많다. 사람들이 '이것 참 끔찍하지 않나요 게임을 한다.' 고 말하는 것은 그들이 관계를 맺는 방식에 대한 놀라운 이미지를 보여 준다. 그러나 단어 자체로는 심리적 게임에 대한 Berne의 완전한 정의에 내포되어 있는 이론적 의미를 전혀 전달하지 못하고 있다. 예를 들어, 그 단어들에서는 전이나 역전이의 의미는 전혀 찾아볼 수 없다.

심리치료 이론가들은 전통적으로 독자들에게 전문적 개

념을 전달하기 위해서 (때로 라틴어나 그리스어에 뿌리를 두고 엮은) 전문용어를 사용했다. 그래서 그들이 쓴 글은 종종 난해하다. 이론가들이 글을 어렵게 썼기 때문에 그들의 많은 생각들이 잘못 이해되어 왔다. 하지만 그들은 적어도 그 반대의 문제, 즉 Berne을 계속 괴롭힌 문제인 그의 언어가 그의 생각보다 단순했기 때문에 잘못 해석되는 문제는 피할 수 있었다.

언어를 보다 구체적으로 표현하기

독자들은 Berne의 자아 상태가 '진부한 구체화(banal concretisation)' 라는 Kovel의 비판을 기억할 것이다. Kovel에 따르면 Berne은 추상적인 개념을 구체적인 개체로 바꾸었으며, 따라서 사람을 '물건' 으로 바꾸었다. 저자는 이 장의 전반부에서 저자의 논박이 Kovel의 이러한 비판이 타당하지 않다는 것을 잘 보여 주었기를 바란다. 적어도 Berne의 이론에 대한 Berne의 설명 전체를 고려해 볼 때 Kovel의 비판이 타당하지 않다는 것을 말이다. 그러나 한 가지 측면에서는 Kovel이 옳았다. 즉, Berne이 종종 마치 자아 상태가 구체적인 개체인 것처럼 글을 썼다는 점이다. 많은 예 중에 하나를 살펴보자.

> 경조증(hypomania)에서는 혼합된 어른 자아 상태와의 협

력하에 어린이 자아 상태가 부모 자아 상태를 고립시킨다…. 조증이 심해지면 에너지를 충분하게 받은 어린이 자아 상태가 어른 자아 상태와 부모 자아 상태 모두를 제압하게 되고, 어린이 자아 상태는 자신이 날뛰면서 활동할 수 있는 확실한 영역을 갖게 된다. 그러나 여기에서 고립된다는 것은 일방경 뒤에 있는 것과 같은 것이다. 즉, 화가 났지만 일시적으로 활동을 하지 못하게 된 부모 자아 상태는 지금 일어나고 있는 모든 일들을 관찰할 수 있다. 어린이 자아 상태는 부모 자아 상태가 무력하게 된 것을 십분 이용하고 있지만 동시에 자신이 관찰당하고 있다는 것을 잘 알고 있다…. 어린이 자아 상태가 지치게 되면 부모 자아 상태가 에너지를 충분하게 받아서 복수를 펼칠 것이다(Berne, 1961: 55).

여기에서도 역시 Berne은 자신이 이렇게 쓴 이유를 설명했으며, 그의 주요 목적은 치료적이고자 한 것이었다. 심리치료자들에게 치료에서 자신의 모델을 어떻게 적용할 것인지에 대한 지침을 쓰면서 Berne은 다음과 같이 밝혔다.

삼분법(trichotomy)은 글자 그대로 받아들여져야 한다. 이것은 마치 한 환자가 세 명의 다른 사람인 것과 같다. 치료자가 이러한 방식으로 환자를 볼 수 있어야 이 치료체계를 효과적으로 사용할 준비가 된 것이다(Berne, 1961: 259).

Berne은 자신이 '마치 ~인 것과 같다.' 라는 표현을 사용한 것을 잘 알고 있었다. 그는 부모 자아 상태, 어른 자아 상태, 어린이 자아 상태가 개별적인 개체인 것처럼 제안하지 않는 방식으로 경조증에 대한 자신의 글을 썼을 수도 있다. 하지만 이런 방식으로 쓰면 그 글은 두 배로 길어졌을 것이다. 또한 심리치료 실제에서 '삼분법을 글자 그대로 받아들이도록' 하려는 Berne의 목표를 흐리게 했을 것이다.

이상의 내용을 요약하면 다음과 같다. Berne의 단어 사용은 의도적으로 Berne이 선택한 것이지만 그의 업적에 대한 왜곡된 이미지를 만드는 데 기여하기도 했다. 의사소통의 대가였던 Eric Berne은 결국에는 많은 사람들에게 잘못 이해되었다. 아마도 Berne이 이해를 돕기 위해 사용했던 도구인 단어의 선택이 오히려 오해를 불러일으킨 것은 아닌지.

5 Eric Berne의 전반적 영향

많은 치료 이론들이 이제는 더 이상 주요 심리치료가 아니다. 한 예로 Eric Berne의 교류분석을 들 수 있다…(Masson, 1990: 282).

오늘날 국제교류분석협회(International Transactional Analysis Association)는 60개국에 걸쳐서 약 7,000명의 회원이 있으며, 20개가 넘는 지역별 · 국가별 교류분석협회가 연계기관으로 등록되어 있다. 남극을 제외한 전 세계의 모든 대륙에서 교류분석협회가 활발한 활동을 하고 있으며, 이들은 국제교류분석협회와 교류 및 대화를 유지하고 있다…(International Transactional Analysis Association, 1991).

저자는 이 장에서 Eric Berne이 현대 심리치료의 이론과 치료 실제에 미친 영향을 평가하고자 한다. 앞의 인용문들이 분명하게 보여 주듯이, Berne의 영향은 보는 사람의 관점에 따라 다르다. 여기에서 우리는 교류분석의 실제와 이미지 간의 차이, 혹은 교류분석의 실제와 오늘날 널리 읽히고 있는 이론가들에 의해 여전히 전달되고 있는 이미지 간의 차이를 다시 만나게 된다.

이 장에서 저자가 살펴보고자 하는 또 다른 분야는 교류분석 내에서 Berne의 영향력과 심리치료 전체라는 보다 넓은 맥락에서 Berne의 영향력을 구분해서 보는 것이다. 교류분석 자체가 '심리치료라는 보다 넓은 맥락'의 한 부분이기 때문에 이러한 구분이 인위적이라는 의견도 있다. 이런 관점에서 보면, 앞의 인용문에서 Masson의 교류분석에 대한 의견은 사실이 아니다. 국제교류분석협회의 인용문에서 알 수 있듯이, 오늘날 교류분석가 집단은 그 규모가 크고 성장세에 있으며 국제적이다. 교류분석의 전문적 활동은 현대 심리치료 전체에서 상당한 부분을 담당하고 있다. 모든 교류분석가들은 여전히 Berne의 이론을 교류분석의 토대로 인정하고 있다. 이를 종합해 보면 Berne의 이론과 치료 실제는 현대 심리치료에 상당한 영향을 미치고 있다고 할 수 있다.

그러나 다른 관점에서 본다면 Masson의 의견이 정확하기도 하다. 우리가 심리치료 영역을 '교류분석' 과 '비(非)교류분석' 으로 나누고, '비교류분석' 이 Masson이 말한 '주요 심리치료' 에 해당한다고 하면, Masson의 의견이 정확하다고 볼 수 있다. 현대 심리치료에서 교류분석이 아닌 다른 대부분의 심리치료에서는 Berne의 영향력이 미미한 것이 사실이다. 이는 마치 일정 정도의 기간 동안 교류분석이 심리치료의 다른 세상과 벽을 쌓아두고 지낸 것 같은 상황이다. 그 벽 안에서 교류분석가들은 Berne이 세운 기초 위에서 부지런히 자신들의 이론과 치료 실제를 개발해 왔다. 그렇지만 벽 바깥의 많은 심리치료자들은 이러한 발전을 알지 못하고 있었다. Masson과 같은 몇몇 사람들은 심지어 교류분석이 심리치료에서 여전히 활발한 활동을 보이고 있는 분야라는 것조차 모르고 있었다.

왜 교류분석과 다른 심리치료 간의 교류에 이런 장벽이 있었던 것일까? 저자는 4장에서 이 질문에 대한 한 가지 답을 제시했다. 그것은 Berne의 이론이 때로 그 진가가 제대로 반영되지 않은 단순한 버전으로 제시되었기 때문이다. 이것은 Berne 자신의 언어 선택에도 일부 원인이 있으며, 또 교류분석의 독특한 역사의 결과물이기도 하다. 어쨌든 저자가 이 장에서 '교류분석 이외의 다른 심리치료에 Berne이 미친 영향' 에 대해 쓴다면 거의 아무것도 쓰지 못할 것이다. 그래서 저자는 이 장의 두 번째 절에 대한 편집자의 목적을 수정하였다. 저자는 교류분석 이외의 다른 심리치료에 Berne이 미친 영향을 개관하지 않고, Berne의 이론이 제대로 이해된다면 미래에 어떤 영향을 미칠 것인가를 예상해 볼 것이다.

이 장의 첫 번째 절에서는 현대 교류분석에 Berne이 미친 영향을 개관한다. 여기에서는 오늘날 교류분석의 주요 학파를 살펴보고, 각 학파들이 Berne이 원래 세운 이론을 어떻게 나름대로의 방식으로 발전시켰는지 알아본다. 다음으로 교류분석의 국제 조직 구성을 개관하고, 전문적 공인화의 국제 체계에 대해서 살펴본다. 이러한 특징들은 Berne과 그의 동료들의 초기 업적으로부터 전해 내려온 것이기도 하다.

현대 교류분석에 Berne이 미친 영향

오늘날 '교류분석' 이라는 단어는 이론과 치료 실제에서 하나가 아닌 여러 학파를 가리킨다. 그렇지만 교류분석의 모든 학파들은 Eric Berne의 이론에서 나오는 공통적인 생각의 흐름을 따르고 있다. 일반적으로 현대 교류분석은 다음의 세 가지 주요 학파로 구분된다. 이 장의 첫 번째 절에서 이 세 학파를 모두 살펴볼 것이다.

– 고전학파(the classical school)

– 재결정 학파(the redecision school)

– 카섹시스(또는 Schiff) 학파

다른 몇몇 심리치료 이론들과는 달리, 교류분석의 다양한 학파들은 교류분석의 역사에서 서로 우호적인 관계를 유지해 왔다. 교류분석의 특정 학파만을 고수하는 교류분석 치료자는 거의 없다. 일반적으로 교류분석가는 세 가지 접근을 자신이 선호하는 방식으로 통합하여 사용한다. 국제 검증체계에서 교류분석가로 공인받기 위해서, 지원자는 세 학파 모두의 이론과 치료 실제에 정통하다는 것을 보여 주어야 한다.

고전학파, 재결정 학파, 카섹시스 학파로 구별하는 것은 Barnes(1977)의 논문에서 처음 등장했다. Barnes의 논문 이후로 교류분석에서는 이 세 가지 주요 학파 간의 경계를 넘어서 더 많은 발전이 이루어졌다. 이러한 발전에 대해 설명하는 것은 이 책에서 다루고자 하는 범위를 넘어선다. 관심 있는 독자들은 교류분석에 대한 다른 책들(예: Clarkson, 1991; Stern, 1984; Stewart, 1989; Stewart & Joines, 1987 참조)을 읽어 보기 바란다.

Berne의 '세 가지 학파' 각각에 대해서, 우선 이 이론들이 어떻게 Berne의 이론에서 출발했는지 간략하게 설명할 것이다. 그리고 Berne의 원래 생각과의 주요 유사점과 차이점을 고찰하고 Berne의 이론체계의 범위를 어떻게 확장했는지를 살펴볼 것이다.

모든 교류분석 학파의 공통적인 특징

모든 교류분석 학파에는 공통적으로 자신들을 규정하는 몇 가지 특징이 있다. 그것은 또한 교류분석과 다른 현대 심리치료 학파를 구별하는 특징이기도 하다.

어떤 교류분석 학파든지 교류분석 이론은 자아 상태와 각본이라는 두 가지 기본 개념에 바탕을 둔다. Berne이 이 두 개념에 부여한 의미를 고려할 때, 이 개념들은 교류분석 이론을 정의하면서 동시에 여타의 심리치료 이론과 교류분석 이론을 구별하는 역할을 한다.

교류분석 치료 역시 모든 교류분석 학파들이 공통적으로 가지고 있는 두 가지 특징이 있다. 첫째, 심리치료자는 (바로 위에서 정의한) 교류분석 이론에 근거해서 치료적 개입방법을 선택한다. 둘째, 심리치료자는 내담자와 작업하는 모든 측면에서 계약법을 사용한다.

따라서 현재 교류분석의 모든 학파들의 이론과 치료는 Berne의 원래 이론의 핵심적인 특징에 기초를 두고 있다. 학파들 간의 차이는 여기에서 어떤 점을 보다 강조하고 그것을 어떻게 해석하는가에 따라 발생하며, 각 학파의 치료자들이 Berne의 이론에 추가한 이론과 치료에서의 서로 다른 공헌에서 나타나게 된다.

고전학파

교류분석의 고전학파가 이러한 이름을 가지게 된 이유는 다른 어떤 학파보다도 Berne이 원래 제시한 이론과 치료 실제에 가깝기 때문이다. 이 학파의 주요 인물로 간주되는 사람들은 Claude Steiner, Jack Dusay, Stephen Karpman 등으로 모두 초기 세미나에서 Berne과 함께했던 사람들이다.

이 책의 2장과 3장에서 이미 Berne의 이론과 치료를 설명했으므로, 오늘날 고전학파의 기초는 이미 설명했다고 볼 수 있다. Berne의 이론과 더불어 고전학파의 치료자들 또한 그들 나름대로 학파의 발전에 공헌했다. Berne이 제시한 모델에 이어서, 그들은 성격과 의사소통을 이해하는 데 도움을 줄 수 있는 다양한 다이어그램 모델을 개발했다. Berne과 마찬가지로 그들도 자신들의 모델에 일상용어로 된 이름을 붙였다. 한 예로, 2장에서 우리는 Steiner의 각본 매트릭스(script matrix)에 대해 살펴보았다. 또한 Stephan Karpman의 드라마 트라이앵글(Drama Triangle)도 이런 모델 중 하나다(Karpman, 1968). 드라마 트라이앵글은 어떤 사람이 게임을 하거나 라켓을 할 때 어떻게 그 사람이 박해자, 구원자, 희생양의 세 가지 역할 중 하나를 하는지 보여 준다. 그 사람은 하나의 역할에서 다른 역할로 이동하기도 하는데, 이는 Berne의 공식 G에서 전환(Switch)에 해당한다(2장의 'Berne의 게임 이론에 영향을 미친 이론' 부분 참조).

또 다른 예로 Franklin Ernst는 **OK 목장(OK Corral)**을 창안했다. 이것은 Berne의 태도 이론에서 네 가지 태도 양식(I'm OK-You're OK 등)을 그림으로 설명하는 4분 매트릭스다. 여기에서는 각각의 태도 양식과 그 사람이 성인이 되어서 사용하는 각 태도 양식에 해당하는 사회적 전략을 연결한다(Ernst, 1971). Jack Dusay는 **에고그램(egogram)**을 개발했는데(Dusay, 1972), 이것은 '막대그래프' 도표 형태를 띤다. 그래프에서 막대의 상대적인 높이는 그 사람이 자신의 자아 상태의 다양한 '기술적 측면'(즉, 비판적 부모 자아, 순응적 어린이 자아 등; 2장 참조)에 들이는 상대적인 에너지의 양을 나타낸다.

다른 심리치료 분야의 전문가들에게는 이러한 분석적 장치들이 언뜻 보기에 겉모습만 번지르르하고 깊이가 없는 것으로 보일 수 있다. 그러나 외우기 쉬운 이름을 포함한 이러한 모델들의 모든 요소들이 Berne의 치료적 접근에서 핵심적인 치료 과제를 수행하도록 설계되어 있다. 다시 말하면, 이 모델들은 내담자가 어떤 문제를 가져오든지 이에 대해서 어른 자아 상태 관점에서 분석하고, 동시에 그 문제를 해결하는 데 도움이 되도록 어린이 자아 상태의 직관력을 높이고자 한다. 저자의 경험상 이들 모델은 이 두 가지 목적 모두를 성공적으로 이룰 수 있다.

'순수한' 고전적 치료 접근에서는 심리치료자가 어른 자아 상태와 동맹을 형성하고 강화할 것을 강조한다. 내담자와 심리치료자는 구조분석, 교류분석, 게임 분석, 각본분석과 같은 Berne의 치료 기제를 훈습한다. 치료에서 첫 번째 목표는 어른 자아 상태를 따로 분리하는(decontaminate) 것이다. 이것은 내담자가 성인으로서 자신의 사고, 감정, 신념을 자신이 부모로부터 빌려 온 것 또는 어린 시절로부터 가져온 것으로부터 분리하도록 돕는 것을 의미한다. 가능한 한 초기에 심리치료자와 내담자는 행동 변화를 위한 계약에 동의해야 한다. 그 목표는 치유라는 목표에 가능한 한 빨리 그리고 효과적으로 도달하는 것이다. '치유'라는 것은 저자가 3장에서 설명한 여러 가지 방식 중 하나로 정의할 수 있다.

전통적으로 고전적 교류분석 치료자는 개인치료보다 집단치료를 하는 경우가 많다. 집단치료에서 치료자는 집단 구성원 간의 교류가 어떻게 이루어지는지를 좇아가고 적절한 경우에 해석이나 직면을 한다. 치료자는 이를 교류분석의 일상용어를 사용해서 설명하기도 하고 그렇지 않을 수도 있다. 이러한 방식으로 치료자는 Berne이 자신의 심리치료 작업에서 보여 주었던 실례를 따라간다(예: Berne, 1970b).

재결정 학파

재결정 학파는 Robert Goulding과 Mary Goulding이 세웠다(예: Kadis, 1985; Goulding & Goulding, 1978, 1979 참조). 그들의 접근 방식은 교류분석의 이론 및 치료와 게슈탈트 치료의 이론 및 치료를 결합하는 것이다. Goulding 부부(예: 1978: 211)는 이러한 접근 방식을 개발한 이유를 다음과 같이 설명한다. 그들은 교류분석을 실제 치료에 적용하면서 Berne의 순서를 따라서 구조분석, 교류분석, 게임분석, 각본분석을 했다. 그들은 이 방식이 내담자가 자신을 이해하도록 돕는 훌륭한 방법임을 알게 되었으며, 때로 더 나아가 내담자가 행동 변화를 보이기도 했다. 그러나 때로는 내담자가 여전히 안 좋은 감정을 느끼거나 미해결 갈등을 경험하는 것으로 보였다. 자아 상태의 관점에서 보면, 이는 마치 어린이 자아 상태가 여전히 자신의 새로운 어른 자아 상태가 내린 결정을 받아들이지 못하고 있는 것과 같다(Goulding, 1985: 10 참조).

이 문제에 대해 Goulding 부부가 발견한 해결책은 내담자로 하여금 어른 자아 상태뿐만 아니라 어린이 자아 상태가 새로운 결정을 내리도록 돕는 것이다. 이를 효과적으로 하기 위해서 Goulding 부부는 게슈탈트 치료의 행동적, 감정지향적 치료 기법을 자신들의 치료에 받아들였다. 그렇다고 Goulding 부부가 Berne으로부터 배운 인지적 교류분석 접근을 저버린 것은 아니다. 그들은 교류분석과 정서적인 게슈탈트 중심 치료 기법을 결합한 것이다. 이와 같은 사고와 정서의 결합은 오늘날에도 재결정 학파의 중심 원리로 남아 있다.

재결정 학파의 치료자들은 또한 변화에 있어서 내담자 개인의 책임을 강조한다는 점에서 게슈탈트 치료자들과 같은 입장이다. 앞에서도 살펴보았듯이, Eric Berne의 실존철학 역시 당사자의 책임을 강조한다. 그러나 Berne은 심리치료자가 해야 할 일이 '치유'라고 규정함으로써 모순적인 모습 또한 보여 준다. Berne의 이론적 틀에서 심리치료자의 결정적인 치료 기법은 허가(permission)를 주는 것이다. 『인사를 하고 나서 어떤 말을 하시나요?』에서 Berne은 환자의 '머릿속에 있는' 부모의 '목소리'를 중화하기 위해 심리치료자의 허가가 필요하다고 했다. 그는 이를 위해서 심리치료자의 '엄청난 치료적 힘'이 필요할 수 있다고 제안했다(Berne, 1972: 116). 이러한 Berne의 주장에 대해서 Robert Goulding은 다음과 같은 유명한 말로 재결정 학파의 대안적 관점을 요약하였다. "부모의 목소리를 중화하는 것이 엄청난 치료적 힘을 요구한다고? 힘은 환자가 가지고 있는 것이지 치료자가 가지고 있는 것이 아니다. 그것은 항상 그러했다." (Goulding & Goulding, 1978: 182)

재결정 학파의 치료자는 자신을 허가를 주는 사람이 아닌 촉진자로 본다. 힘을 가지려는 갈등은 치료자와 환자의 부정적인 부모 자아 상태 간에 일어나는 것이 아니라 내담자 자신의 성격에서 두 가지 부분이 충돌하면서 일어난다. 이러한 철학은 재결정 학파의 이론과 치료 기법의 선택에 그대로 반영되었다. Fritz Perls는 이미 자신의 교착층(impasse) 이론을 자세하게 제시했다. Perls는 교착층을 한 사람의 두 가지 서로 다른 측면이 똑같은 힘으로 서로 다른 방향에서 밀어대고 있는 '막다른 장소(stuck place)' 라고 보았다. 결과적으로 그 사람은 에너지를 많이 소비하면서도 불편한 장소에 계속 머물게 되는 것이다.

Goulding 부부는 이를 Berne의 구조분석과 결합하여, 이렇게 한 사람 안에서 서로 갈등하는 '부분' 이 때로는 서로 다른 자아 상태일 수 있다고 제안했다(Goulding & Goulding, 1979: 44-49). 그 결과로 교착층이 나타나는데, 관련되는 자아 상태가 일어나는 발달 단계에 따라서 세 가지 유형의 교착층이 있을 수 있다. 유형 I 교착층은, 아동기 후기에서 발생한 부모 자아 상태와 어린이 자아 상태 간의 갈등으로 일어난다. 따라서 유형 I 교착층에서 치료는 반각본에 중점을 두게 된다. 예를 들어, 어떤 사람은 '열심히 일해라.' 라는 반각본 결정과 쉬고 싶은 어린이 자아 상태의 바람 사이에서 갈등하게 된다. 유형 II 교착층에서는 보다 초기, 즉 말을 배우기 이전의 발달 단계에서 부모 자아 상태와 어린이 자아 상태 간의 힘겨루기 갈등에서 일어난다. 여기서 문제가 되는 것은 아이가 명령에 대해서 내린 결정이다. 예를 들어, 일찍이 '나는 절대로 사람들과 가깝게 지내서는 안 된다.' 는 결정을 내린 사람은 친밀함에 대한 자기 자신의 욕구와 갈등을 빚게 된다. **유형 III 교착층**은 유아기 초기에서 원시적인 부모 자아 상태와 어린이 자아 상태 간의 갈등이다. 여기서 문제는 자기 가치 대(對) 무가치감 또는 기본적 신뢰감 대(對) 불신과 같은 것이다.

재결정 학파의 치료자는 내담자로 하여금 자신의 상상 속에서 갈등의 '두 주체' 에게 자리를 마련해 주고 서로 대화를 해 보도록 유도한다. 그 목표는 내담자가 갈등을 해결하고 앞으로 나아갈 수 있는 방법을 찾도록 하는 것이다. 또 다른 방식으로 심리치료자는 내담자에게 상상 속에서 갈등이 실제로 연출되고 있는 어린 시절의 장면으로 돌아가도록 할 수도 있다. 이것은 내담자가 그 장면을 다시 경험하고 새로운 방식으로 끝낼 수 있는 기회가 된다.

3장에서 살펴보았듯이, Berne 또한 내담자의 내적 대화를 드러내는 방법으로 '두 개의 의자' 기법이나 연극적 기법을 추천했다. 하지만 Berne의 이론에서는 이렇게 서로 싸우는 내면의 목소리에 개입하는 것이 심리치료자가 해야 할 일이라고 보았다. 대조적으로 재결정 학파의 치료자는 갈등에 대한 해결책을 내담자가 찾도록 유도한다.

때로 이러한 치료 작업에서는 내담자가 원래 상황에서는 느꼈지만 그 이후에는 억압했던 감정이 분출된다. 재결정 학파 치료 기법의 주요 원리는 이런 감정의 분출이 인지적 분석에 의해 뒷받침되어야 한다는 것이다. 여기에서 내담자와 심리치료자는 교류, 게임 등과 같은 익숙한 교류분석 기법을 종종 사용할 것이다. 또한 내담자와 행동 변화에 대한 계약을 맺기도 하며, 그에 따라 내담자가 결심한 새로운 행동 양상을 연습하게 한다.

3장에서 Berne 자신이 '재결정' 이라는 용어를 사용했음을 기억할 것이다. 그의 이론에서는 내담자가 어른 자아 상태에서 이러한 재결정을 내리는 것으로 보았다. 그러나 Goulding 부부는 어른 자아 상태의 도움을 받은 어린이 자아 상태에서 재결정이 이루어지는 것으로 보았다(Goulding & Goulding, 1978: 213–225).

재결정 학파의 치료자들은 재결정 학파의 이론과 철학에 따라 치료 작업 동안에 전이적 역할을 하지 않는다. 그보다는 내담자로 하여금 '전이를 원래 있던 곳으로 되돌려 놓도록' 한다. 즉, 내담자가 마련한 자리에 있는 투사된 부모상으로 전이를 되돌려 놓도록 한다. 집단상담에서도 이와 유사한 원칙이 적용된다. 집단과정은 인식하지만, 이를 심리치료에서 사용하지는 않는다. 집단 구성원들은 심리치료자와 일대일로 작업한다. 집단의 기능은 이루어지는 작업을 지켜보고 바람직한 변화가 이루어지는 것을 격려하는 것이다.

카섹시스 학파

카섹시스 학파는 Jacqui Lee Schiff에 의해서 세워졌다. Jacqui Lee Schiff는 원래 남편인 Morris Schiff와 같이 일했다. Goulding 부부와 마찬가지로, Schiff도 Berne의 초기 세미나에 정기적으로 참석했다. Schiff와 그녀의 동료들은 정신분열증 내담자 치료에 교류분석을 사용하는 것에 특히 관심을 가졌다. Schiff 부부는 카섹시스 협회를 설립했고 이 이름은 그들의 교류분석 학파에 그대로 이어졌다. 카섹시스 학파의 원리는 『카섹시스 독자(*The Cathexis Reader*)』(Schiff et al., 1975)에 잘 제시되어 있다.

Schiff 부부 이론의 초기에는 주로 장기 입원 병동에서 정신증을 보이는 내담자들과 심리치료가 이루어졌다. Schiff 부부는 부모 자아 상태가 보내는 파괴적이고 상처가 되는 내용의 메시지가 내담자 증상의 원인이라고 보았다. 그들의 논리에 따르면 이러한 부모 자아 상태의 작동을 멈추게 하고 새롭고 건강한 부모 자아 상태의 메시지로 대체하면 그것을 치료할 수 있다. Schiff 부부는 일부 조현병 내담자들이 나타내는 즉각적인 공격성에서 그 방법을 찾았다. 그들은 약물을 통해 이런 공격성을 없애 버리지 않고, 대신 안전한 환경을 조성하고 내담자로 하여금 초기 유아기로 퇴행하도록 했다. 구조분석 용어로 말하자면 내담자는 다시 '모두 어린이 자아 상태(all Child)' 가 된 것이다. 이제 심리치료자가 해야 할 일은 내담자가 성장과정을 다시 경험하는 동안에 내담자의 새로운 부모 역할을 하는 것이다. 이러한 심리치료 형식을 **급진적 재양육**(radical reparenting)이라고 한다. 이 치료를 하기 위해서는 심리치료자의 역할이 크며 많은 헌신이 요구된다. 다행인 것은 이 치료에서 어린 시절로부터 다시 '성장하는' 과정이 내담자의 실제 성장과정보다는 훨씬 시간이 단축된다는 점이다.

여기서 우리는 카섹시스 학파의 심리치료에서는 심리치료자가 의도적으로 그리고 적극적으로 내담자의 부모 자아 역할에 개입한다는 것을 알 수 있다. 이러한 심리치료자의 개입은 Berne 학파의 입장처럼 치료자가 내담자의 부정적인 부모 자아 상태와 힘겨루기를 하면서 내담자에게 그저 허가를 주는 것이 아니다. 급진적 재양육에서 Schiff 학파의 심리치료자는 말 그대로 내담자의 부모가 된다. 치료자는 자신의 부모 자아 상태로 내담자의 파괴적인 부모 자아 상태를 대치하는 것이다.

Jacqui Schiff(1977: 62)에 따르면 1960년대 초에 이 이론을 개발하는 과정은 Eric Berne과 긴밀한 협조 속에서 이루어졌다. 재양육 방식이 다른 학파로부터 비난을 받는 와중에도 Berne은 늘 공개적으로 지지를 보냈다고 한다.

1969년 당시 *Transaction Analysis Bulletin*의 편집장이었던 Berne은 학술지 한 호를 모두 할애하여 Schiff 부부의 이론을 보고했다. Berne은 '머리말' 에서 Schiff 부부의 재양육 방식이 자신의 치료 접근에서 '빠진 요소' 를 채워 주었다고 찬사를 보냈다(Berne, 1969a: 70).

오늘날에는 증상이 심각한 내담자와 카섹시스 치료 작업을 하는 과정에서 급진적 재양육은 거의 사용되지 않고 있다. 현재 Schiff 학파의 치료자들은 급진적 재양육 기법을 수정하여 내담자와 심리치료자가 시간을 너무 많이 들이지 않고 또 관계에서도 지나치게 밀착되지 않도록 하고 있다. 정신증이 없는 내담자의 치료에서도 카섹시스 방법을 사용할 수 있도록 발전되었다. Schiff 학파가 원래 정신증에 관심을 둔 결과로 그들은 교류분석에서 분석적 모델의 발전에 많은 공헌을 하였다(예: Mellor & Sigmund, 1975; Schiff & Schiff, 1971 참조). 이와 같은 접근은 각본을 가지고 있는 사람들이 정신증의 유무에 상관없이 세상이 자신의 각본에 맞게 돌아간다는 환상을 지키기 위해 어떻게 생각과 지각을 왜곡하는지를 밝혔다.

정신증이 없는 일반 내담자의 치료에서도 카섹시스 접근은 심리치료자가 적극적으로 부모 자아 상태의 역할을 할 것을 강조한다. 이것은 역시 전통적인 Berne 학파에서 '허가를 주는 것' 을 넘어서는 것이다. Schiff 학파의 치료 접근에서는 심리치료자가 내담자가 한 번도 가져보지 못했던 뛰어난 부모가 '되는' 계약('양육 계약')을 맺기도 한다. 그러나 일반 내담자와의 상담에서는 심리치료자와 내담자가 서로 동의한 시간과 공간의 한계 내에서 이러한 부모 역할이 이루어진다.

집단상담에서 카섹시스 치료가 이루어질 경우, 집단의 심리치료적 기능은 '애정 어린 직면'에 있다. 심리치료자를 포함하여 모든 집단 구성원은 게임을 하거나 각본에 매인 행동을 하는 것을 직면하고, 자신들도 그런 직면을 받을 준비가 되어 있어야 한다. 이런 측면에서 Schiff 학파의 집단치료자는 Berne의 '열린 의사소통'의 원칙을 논리적으로 따라간다고 볼 수 있다.

교류분석 기관과 공인화

교류분석 전문 기관은 국제적인 네트워크를 가지고 있으며, 전문능력시험 체제를 통해서 교류분석가가 배출된다. 이 두 가지 특징의 기원은 초창기 교류분석에서 Berne과 그의 동료들로 거슬러 올라간다.

여기에서는 먼저 어떻게 초기 교류분석 세미나에서 오늘날 교류분석 기관의 네트워크로 발전되었는지를 살펴볼 것이다. 그리고 교류분석 치료자가 훈련되고 공인 자격을 받는 체계를 살펴본다.

국제교류분석학회(ITAA)의 시초

우리는 1장에서 Eric Berne이 어떻게 정기 임상 세미나를 열고 운영했는지 살펴보았다. 전 세계 교류분석가 전문 단체인 국제교류분석학회(ITAA)는 이 초기 세미나 모임에 그 기원을 두고 있다.

Berne이 1950년대 중반에 정기 임상 세미나를 시작했다는 것을 1장에서 언급하였다. 이 모임은 Berne이 근무했던 병원에서 열렸으며 그의 전문가 동료들이 참석했다. 1958년에 Berne은 매주 또 다른 정기 세미나를 시작했는데, 이 세미나는 전문가뿐 아니라 관심 있는 일반인들에게도 개방되었다. 이 새로운 세미나는 특별히 교류분석만을 다루었으며(Berne, 1963b), 일주일에 한 번 Berne의 집에서 열렸다. 새로운 이론에 대한 관심은 증가했고 세미나에 등록한 회원들은 첫 모임에 6명에서 6개월 뒤에는 40명으로 증가했다.

1960년이 되자 세미나 참석 규모는 원래 시설이나 비공식적인 조직 구조로는 감당하기 어려울 정도로 커졌다(Berne, 1963b, 1968b). 그해에 이 모임은 캘리포니아 주정부로부터 비영리 교육 단체로서 법인 단체 설립 허가를 받는다. (이 세미나 모임의 후신인 ITAA의 현재 법적 지위도 비영리 교육 단체다.) 세미나 멤버들은 새로운 단체의 이름을 샌프란시스코 사회정신의학 세미나(San Francisco Social Psychiatry Seminars: SFSPS)로 지었다. 최초의 교류분석 학술지인

*Transactional Analysis Bulletin*의 창간호가 1962년 출판되었으며, Berne이 편집장을 맡았다.

1964년 SFSPS에 등록된 회원은 250명을 넘어섰다. 이 중에는 영국과 같이 미국이 아닌 다른 나라 사람들도 있었다. 교류분석에 대한 관심이 널리 퍼지고 있는 것을 감안하여 단체명을 국제교류분석학회(ITAA)로 변경하기로 결정했다. Berne은 ITAA의 초대 학회장을 역임했다.

Berne의 『심리적 게임』의 히트를 기점으로 시작된 교류분석의 대중적 인기는 ITAA 회원이 크게 증가한 것에서도 반영된다. 이러한 증가는 단시일 내에 이루어지지 않았다. Berne이 사망한 1970년에도 학회 회원은 천여 명에 불과했다. Berne이 10년만 더 살았어도 그 수가 열 배로 늘어나는 것을 보았을 것이다. 회원 수가 가장 많았던 1976년에는 ITAA의 전체 회원 수가 1만 1,000명에 달했다.

유럽과 전 세계의 다른 나라에서도 국가 및 지역 수준의 교류분석학회가 설립되고 있었는데, 1976년 유럽 교류분석학회(European Association for Transactional Analysis: EATA)가 설립되었고, 같은 해에 영국 교류분석협회도 세워졌다.

Berne이 사망한 이후 교류분석 조직의 역사를 조망하는 것은 이 책에서 간단히 할 수 있는 일이 아니다(이 주제에 대한 좀 더 상세한 정보는 ITAA, 1991; Stewart & Joines, 1987: 283-288, 297-298을 참조). 여기에서는 현재(1991년) 그 위상에 대해 간단히 살펴보겠다. 전 세계의 교류분석협회는 ITAA의 연계기관이다. ITAA는 국제적인 '정보 교환소' 이자 전 세계적으로 교류분석과 관련된 전문적/학술적 문제에 대해 최종적으로 판가름하는 곳이다. 현재 ITAA의 구성원은 연계국가 및 지역협회 회원을 포함하여 7,000여 명이며, 이 중 4,000명 이상이 유럽 교류분석학회의 회원들이다. 따라서 교류분석 학술 활동의 국제적인 중심은 미국에서 유럽으로 옮겨 갔다고 할 수 있다.

교류분석의 수련과 자격공인

교류분석의 전문 자격공인은 국제적인 범위에서 이루어지고 있다. 이 수련 과정과 자격시험의 기원은 Eric Berne과 그의 초기 동료들로 거슬러 올라간다. Claude Steiner (1991: 27)는 자격공인 체계의 개념을 처음 세우고 설계한 공을 Berne에게 돌렸다.

1958년 교류분석 실습 학생들을 위해 최초의 공식적인 수련 회기가 샌프란시스코에서 열렸는데, 6명의 학생이 참가했다(Berne, 1968b). 당시 Berne과 그의 동료들이 시행했던 수련과정과 자격시험은 다음의 세 단계로 구성되었다.

- 기초입문 단계 과정('TA 101')
- 교류분석 치료자 자격을 위한 수련과 자격시험

– 교류분석 교사와 슈퍼바이저 자격을 위한 고급 수련과 자격시험

이 3단계 구조는 현재 자격공인 시스템의 기본 체계이기도 하다.

'TA 101' 과정은 교류분석 수련을 받고자 하는 사람이 넘어야 할 첫 번째 과제다. 처음에 'TA 101' 은 샌프란시스코 세미나 집단의 초기 발전이 확대된 모습이었다. 세미나가 시작된 1959년이 끝날 무렵, 세미나의 규모는 두 개 집단으로 나누어야 할 정도로 커져 있었다. 이에 한 집단은 입문과정이 되었고 다른 한 집단은 고급과정이 되었다. 이중 입문과정 집단은 사실상 교류분석의 기본 원리를 가르치는 수업이 되었다. Berne의 동료 중 한 사람이었던 Gordon Gritter가 미국 대학에서 입문 수업을 가리키는 표준 용어인 '101' 로 명명할 것을 제안했다. 이후 'TA 101' 은 강의 계획을 여러 번 개정했으며 오늘날에는 전 세계적으로 표준화된 형태가 되었다(현재의 강의 계획에 대해서는 ITAA, 1989; EATA, 1990; Stewart & Joines, 1987: 303–305를 참조).

'TA 101' 을 통과하면 교류분석 치료자 자격공인 지원자는 보통 4~5년이 걸리는 수련과정을 시작하게 된다. 자격시험을 치를 자격을 얻으려면 지원자는 지정된 시간 동안 고급 수련, 슈퍼비전, 전문가로서의 경험을 마쳐야 한다. 임

상 수련생은 수련 기간 중 개인 심리치료를 받아야 한다. 자격시험은 필기시험과 구술시험 두 가지로, 구술시험의 초점은 지원자가 내담자와 상담한 것을 녹음한 오디오테이프나 비디오테이프에 따라 달라진다.

공인자격을 받은 교류분석가가 다른 사람을 수련하거나 슈퍼비전을 하기 위해서는 다시 자격시험을 거쳐야 한다. 대부분의 경우 추가로 지정된 수련, 슈퍼비전, 전문가 경험을 마치기 위해서는 5~6년이 더 걸린다. 교류분석 교사 및 슈퍼바이저 공인자격을 받기 위해서 지원자는 고급 이론과 윤리, 수업, 슈퍼비전의 세 가지 분야에서 각각 구술시험을 통과해야 한다.

현재 자격공인 시스템은 여전히 Berne의 3단계 모델에 바탕을 두고 있으며, 이는 Berne 이후 30년 동안 발전하고 수정된 결과물이다. 이 시스템에서는 전 세계의 전문가 집단을 위해 타당하고 신뢰할 수 있는 능력 기반의 자격공인 과정을 제공한다. 교류분석의 수련과 자격시험에 대한 보다 자세한 사항은 ITAA와 EATA에서 펴낸 핸드북을 참조하기 바란다. (현재 가장 신판 핸드북은 EATA, 1990; ITAA, 1989이다.[역자 주])

역자 주 | 역자가 2017년에 국제교류분석학회 홈페이지(www.ittaworld.org)에서 확인한 바로는 최신판 핸드북은 2014년 9월에 나왔다. 핸드북의 내용은 ITAA 홈페이지에서 찾아볼 수 있다.

지금까지 현대 교류분석에 Eric Berne이 미친 영향에 대해 살펴보았다. 두 번째 절에서는 보다 넓은 심리치료 분야에 있어서 그가 잠재적으로 미칠 영향력에 대해 고찰할 것이다. 지금부터 10년 후 Eric Berne은 심리치료 명예의 전당에서 어떤 자리에 있을까?

Berne의 보다 넓은 영향력: 예측

Eric Berne 이론의 미래를 예측함에 있어 저자는 낙관적이고자 한다. 여기에서는 '최상의 시나리오' 부터 시작한다. '최상' 이란 무엇일까? 그것은 아마도 교류분석가들이 적극적으로 교류분석의 현실에 대해 의견을 교류하는 것이다. 즉, 교류분석가들은 Eric Berne이 심리치료에 공헌한 바를 분명하게 하고, 그 이후의 교류분석가들이 여기에 무엇을 더했는지를 보여 주는 것이다. 무엇보다 중요한 것은 어떤 수준에서든지 교류분석을 가르치는 모든 사람들은 Berne이 처음에 설명한 대로 자아상태 모델을 가르치는 것이다. 그들은 Berne이 원래 정의한 자아 상태에서 시간 차원이 매우 중요하다는 것을 강조할 것이다. 그들은 어린이 자아 상태는 오래된 것이고, 부모 자아 상태는 빌려 온 것이며, 따라서 이 두 종류의 자아 상태는 과거로부터의 목소리라는 것을 강조할 것이다. 오직 어른 자아 상태만이 현재에서 현재에 대한 반응을 나타내는 것이다.

교류분석가들은 '가치-사고-감정'과 같은 자아상태 모델의 과도하게 단순화된 모델이 등장할 때마다 그 부적절성을 지적할 것이다. 이렇게 함으로써 교류분석가들은 교류분석에 새로 입문하는 사람들이 Berne이 원래 고안했던 대로 교류분석 이론을 이해하는 데 도움을 줄 것이다. 다른 모든 것들은 자아 상태에 대한 정확한 이해에 따라 달라진다고 저자는 본다. 자아 상태를 제대로 이해할 때만이 교류분석을 제대로 이해할 수 있는 것이다.

1971년에서의 시각

수정구슬을 보면서 미래를 예측하기 전에, 먼저 다른 사람들의 예측이 얼마나 잘 맞았는지 살펴보는 것이 도움이 될 듯하다. 1970년대 초에 Berne이 사망하자, 그 당시 각본분석가들은 자연스럽게 교류분석의 미래에 대한 생각에 빠졌다. 1971년 1월에 *Transactional Analysis Journal*의 창간호가 출판된다. Eric Berne과 그의 동료들은 *TA Bulletin*을 대체할 학술지로 오랜 시간 동안 *Transactional Analysis Journal*을 계획했다. 자연스럽게 창간호는 Berne에 대한 추모의 형식을 띠었다.

> 우리의 삶은 Eric의 영향을 매우 강하게 받았다. 그 결과

로 우리는 우리가 Freud를 그렇게 했고 모세를 그렇게 했던 것처럼 Eric을 Euhemerus의 자리에 추대한다(Callaghan, 1971: 68).

여기서 'Euhemerus'는 '지금은 작고한 카리스마 넘치는 지도자'의 의미를 가진다. 학술지에서 이 추모의 글이 실린 부분의 제목은 '살아 있는 Euhemerus는 절대로 죽지 않는다'였다. Berne이 이 글을 읽었다면 아마도 그의 동료들이 그와 헤어지기 싫어하는 마음에 공감했을 것이다. 그러면서도 그는 자신을 영원한 존재로 만든 것을 조롱하는 답변을 주었을 것이다. 물론 골수 실용주의자였던 Berne은 자신의 어린 시절 종교의 고전적 인물[윗글에서 모세를 가리킴]은 물론이고 자신의 정신분석적 사고 학파의 창시자[윗글에서 Freud를 가리킴]와 같은 위치에 서게 되는 생각은 하지도 않았을 것이다.

Transactional Analysis Journal 창간호를 시작하는 글에서 Berne의 일생을 살펴보면서, Warren Cheney는 Berne이 차후에 미칠 영향을 상당히 고무적으로 그렸다.

Eric Berne은 정신의학 치료의 발전에서 중요한 위치를 차지한다. 의학 분야, 심리학 분야, 행동과학 분야의 역사가들이 그의 공헌을 인정하지 않는 것은 더 이상 불가능하다.

그가 쓴 글 자체로도 [그의 공헌은] 보존될 것이다….

2000년이 되었을 때, 교류분석보다 더 영향력 있고 더 성공적인 새로운 심리치료가 만들어지지 않을 것이라고 충분히 예측할 수 있다. Eric이 만들어 내고, 정의하고, 예를 들어 보이고, 검증하고, 실제로 사용할 수 있게 만든 기본 원리에 입각해서 만든다면 또 모른다…. Eric Berne과 그가 교육한 전문가들 덕분에 교류분석은 전 세계에 걸쳐 임상가들이 선호하는 선택된 치료방법이 될 것이다(Cheney, 1971: 22).

안타깝게도 현실은 Cheney의 예상과는 매우 다른 것으로 판명되었다. 많은 역사가들이 Berne의 공헌을 인정하지 않는 것이 가능한 것으로 드러난 것이다. Berne이 쓴 몇몇 글과 저서는 역사에서 그의 위치를 보존하는 것은 고사하고 (저자가 4장에서 주장했듯이) 그의 위치를 위협하는 데 일조했다. 오늘날 심리치료를 하는 그 누구도—교류분석 안에서든 밖에서든—Berne의 치료 접근이 '선택된 치료방법' 으로서 다른 모든 심리치료법들을 대신할 것이라고 보는 사람은 없다고 생각한다. 물론 Berne 자신도 그런 주장을 한 적이 없다.

교류분석의 오용에 대한 Steiner의 견해

Berne의 가까운 동료인 Claude Steiner는 몇 년 뒤에 쓴 글에서 교류분석에 대한 또 하나의 어두운 미래상을 예견하고 있었다.

원래 정신의학 이론과 치료로 만들어진 교류분석이 대중의 흥미를 끄는 특징 때문에 소비 물품이 되어서 여기저기 가게에서 팔리고, 이렇게 저렇게 모양이 바뀌고, 상품화되고, 점점 더 대중 소비자의 구미에 맞춰지는 것이 두렵다. 교류분석은 서서히 그 근본이 되는 핵심 특징을 잃어버리고 쉽게 받아들일 수 있는 개념 쪽으로 움직일 위기에 처해 있다….

나는 교류분석이 대중 시장에 의해서 획일화되고 재해석되고 파괴되는 과정에 있는 것을 목격하고 있다. 대중 시장은 교류분석의 과학적인 본래 모습을 존중하지 않고 최대한 많은 이득을 내기 위해 교류분석을 이용하고 있다. 나는 우스갯소리로 조만간 전국에 교류분석 체육관, 교류분석 교회, 교류분석 햄버거 가게가 생기리라 본다…. 체육관이나 햄버거 가게 자체를 부정하는 것이 아니다. 내가 지금까지 보았던 교류분석을 이용한 것들이 Eric Berne의 교류분석과 연관되기보다는 어떻게 하면 빨리 돈을 벌고 어떻게 하면 GNP를 증가시킬 것인가와 연결된다는 것이다.

이런 오용 때문에 5년 안에 교류분석이 완전히 그 위신을 잃어버릴까 두렵다. 생각이 깊은 사람들이 교류분석의 가치를 인정하지 않을까 두렵다(Steiner, 1974: 7-10).

다행스럽게도 Steiner의 암울한 예언이 현실로 드러나지는 않았다. 교류분석 햄버거 가게나 교류분석 교회가 세워지지 않았고 그런 것이 나타날 것 같지도 않다. 또한 교류분석이 가장 쇠락했을 때에도 '생각이 깊은 사람들'이 교류분석을 인정하지 않는 위기에는 처하지 않았다. 하지만 교류분석이 '그 근본이 되는 핵심 특징을 잃어버리는 위기에 처해 있다.' 고 제안한 점에서 Steiner는 분명 예지 능력이 있었다.

Steiner는 이런 우울한 시나리오에 대한 처방책도 제시했는데, 그것은 '교류분석의 이론을 Eric Berne이 고안한 원리에 입각해서 명료하고 진지하고 이해하기 쉽게 설명하는 것이다' (Steiner, 1974: 10). Steiner에 따르면 이것이 그의 책 『우리가 사는 각본(*Scripts People Live*)』을 쓴 목적이며, 또 저자가 이 책을 쓴 목적이기도 하다.

그 결과는 어떻게 될까? 지금부터 10년 뒤를 바라본다면 사람들은 보다 넓은 심리치료 맥락에서 Eric Berne의 영향력을 어떻게 평가할까? 저자는 이런 관점에서 나름대로 예언해 보고자 한다.

Eric Berne이 끼친 영향: 2001년에서의 시각

또다시 10년이 지나 되돌아본다면, 『심리적 게임』과 함께 시작되었던 대중적 인기의 시기는 교류분석의 역사적 발달에서 보면 주요 경로에서 잠시 이탈했던 시기로 평가될 것이다. 확실히 이런 이탈은 매력적이고 드넓은 고속도로였으며 경로 표지도 읽기 쉽게 잘 표시되어 있었지만, 결국에는 고속도로 어딘가에서 슬그머니 사라지고 말았다.

이탈하지 않기로 한 사람들에게 주요 경로는 때로는 울퉁불퉁하고 따라가기 힘든 길이었다. 하지만 그 길은 교류분석의 시작부터 현재 우리가 와 있는 곳까지 흔들림 없는 경로를 제시해 주었다. 그 길에 서서 앞을 바라보면 우리를 미래로 인도할 수 있는 튼튼하게 닦인 고속도로를 볼 수 있다. 재미있는 것은, 이 교류분석 도로와 같은 방향으로 가고 있는 다른 여러 개의 도로들을 볼 수 있다는 것이다. 이렇게 다양한 도로들이 공동 목적지를 향해 가면서 그 사이에 연결도로가 점점 더 많이 만들어져 도로들을 서로 잇고 있다.

심리치료들 간의 공존

교류분석이 한 부분을 차지하고 있는 현재 심리치료의 발전에서 핵심 주제는 절충주의(electicism)다(Pilgrim, 1990 참조). 이제는 더 이상 어떤 하나의 심리치료를 잠정적인 '모든 병의 치유책'으로 볼 수 없다는 것이다. 단일 심리치료 접근을 고수하는 치료자들까지도 이에 동의한다. 치료자는 다양한 심리치료 접근들을 탐색하며, 그 접근들이 모두 치료 결과에 공헌하는 바가 있음을 인식하고 있다. 이것은 단지 서로를 존중 · 수용하고 문화인으로서 상식을 표현하기 위한 것이 아니다. 점점 더 분명하게 연구 결과 역시 심리치료의 효과성이 단일 이론이나 방법에 국한된 것이 아니라는 것을 시사하고 있다(예: Barkham, 1991 참조).

저자는 이러한 움직임이 계속될 것이며 이후 교류분석 발달의 토대를 제공할 것이라고 본다. 따라서 교류분석가에게도 그리고 모든 심리치료자들에게도 다음과 같은 질문이 매우 중요할 것이다. 다양한 심리치료 접근들이 어떻게 서로 연결점을 찾을 것인가? 하나의 접근이 다른 접근으로부터 무엇을 배울 수 있으며 또 무엇을 제공할 수 있는가?

교류분석: '세 가지 흐름' 간의 연결고리

20세기 심리치료를 서로 비교하여 검토하면 그 방법을 크게 세 가지 흐름으로 구별할 수 있다. 그것은 Freud로 그 기원을 거슬러 올라가는 정신역동 치료, Pavlov의 연구에서 비롯된 행동주의 치료 그리고 Jacob Moreno에서 시작된 인본주의-실존주의 치료다(Clarkson, 1991: 2-3 참조). Maslow(1962)는 인본주의-실존주의 학파의 사상을 가리켜 '심리학의 제3의 힘' 이라는 표현을 사용했다. '제3의 힘' 에서는 나머지 두 흐름보다도 변화과정에서 내담자의 책임을 강조한다.

물론 이 '세 가지 흐름' 간의 경계가 아주 엄격한 것은 아니다. 어떤 심리치료 접근을 한 흐름으로 간주하는 것은 어느 정도 인위적인 작업이다. 그러나 저자는 이 세 가지 흐름에서 교류분석이 어느 위치에 있는지 제안하고자 한다. 그것이 현재 심리치료 분야에서 Berne의 위치를 판단하는 데 도움이 된다고 생각하기 때문이다. 저자의 제안은 다음과 같다. 교류분석은 아마도 현대의 다른 어떤 심리치료 접근보다도 '세 가지 흐름' 모두의 공통적인 특징을 공유하고 있다. 따라서 교류분석은 이 세 가지 흐름을 이해하는 연결고리 역할을 할 수 있다.

인본주의-실존주의 치료로서 교류분석의 위치는 의심의 여지가 없다. Clarkson(1991: 4)은 여러 가지를 고려하여 교류분석을 '제3의 힘' 심리학[즉, 인본주의-실존주의 학파]으로 분류하였는데, 교류분석이 '인간의 자유와 독립성을 강조'하기 때문이다. Berne의 동료인 Claude Steiner(1974: 1-10) 역시 이와 동일한 입장을 취했다. Berne 자신도 교류분석, 게슈탈트 치료 그리고 실존주의 심리치료가 긴밀하게 연관되어 있다고 보았다(Berne, 1966: 305-313).

교류분석과 행동주의 학파 간의 관련성은 언뜻 보기에는 그다지 뚜렷하게 드러나지 않는다. Berne 자신도 교류분석과 행동주의 치료를 서로 비교하지 않았으며, 단지 "각본 이론은 행동주의가 아니다."라고 짧게 언급했을 뿐이다(Berne, 1972: 403). 하지만 실제로 심리치료를 하는 데 있어서 오늘날 교류분석 치료자와 행동주의 치료자가 모두 인지하는 몇 가지 공통적인 특징이 있다. 한 행동주의 치료자가 자신의 치료 학파의 치료 스타일을 다음과 같이 기술하였다.

> 행동주의 치료자는 차갑고 거리를 두는 것이 아니라 때로 환자와 따뜻한 공감관계를 맺으면서 치료과정에 적극적으로 참여한다…. 치료자는 모든 관련 정보를 수집하고 개별 환자의 요구에 맞게 현실적인 치료 프로그램을 세운다. 목표를 협상하는 것은 행동주의 치료 접근의 핵심적인 특징이다. 그에 따라서 치료 속도의 다양성을 허용하는 심리치료자의 유연성은 행동주의 치료 스타일의 필수 요소다(O'Sullivan, 1990).

이를 다르게 표현하면 다음과 같다. 치료자와 내담자는 'I' m OK, You' re OK' 의 관계를 맺고 두 사람 모두 치료에서 적극적인 역할을 한다. 심리치료자는 체계적이면서도 유연한 치료 계획을 구축한다. 상호 간의 계약 맺기 과정을 통해서 변화의 목표에 합의한다. 비록 용어는 서로 다르지만, 행동주의 심리치료의 이러한 특징들은 우리가 3장에서 살펴본 Berne의 치료방법에 대한 설명과 유사하다.

세 번째 연결고리인 교류분석과 정신역동 학파 간의 관련성은 교류분석의 영욕의 역사 속에서 가장 빛을 발하지 못한 부분이다. 이것은 자아상태 모델을 과도하게 단순화시킨 '가치-사고-감정' 버전이 널리 유행한 것에 기인한다. 앞서 설명했듯이, 자아상태 모델이 이와 같이 왜곡됨으로써 교류분석 이론은 전이와의 매우 중요한 연결고리가 없어졌다. 또한 Berne의 교류분석 체계는 역사적 선구자였던 Federn, Weiss, Freud의 이론과 분리되었다.

그렇지만 만일 저자가 교류분석을 현대 심리치료의 세 가지 주요 흐름 중 어느 하나로 분류해야 한다면 저자는 정신역동 학파를 선택할 것이다. Berne 자신도 특유의 비유적인 표현을 사용해서 자신의 이론이 정신역동 이론에 기반을 두고 있음을 밝혔다.

> 교류분석이 정신역동과 관련된다는 측면에서, 구조분석은 단지 사과의 먹을 수 있는 겉부분이고 사과에서 씨가 있는 부분은 정신역동이다. 성실한 학생이라면 이 씨가 있는 부분[정신역동]이 먹을 수 있는 부분[구조분석]과 잘 맞아들어간다는 것을 알 수 있을 것이다. 사과의 먹을 수 있는 부분을 성급하게 씨가 있는 부분으로 밀어 넣으려고 한다면, 임상경험이라는 과일의 모양만 볼품없게 망가질 것이다(Berne, 1961: 257).

현대 정신역동 학파에서 존경받는 학자인 Michael

Jacobs 또한 교류분석이 정신역동 접근에 속한다고 분명하게 밝혔다. 그는 '정신역동' 이라는 단어 자체의 의미에 대해 논하면서 교류분석과의 연관성을 밝혔다.

> '정신역동' 은 정신(psyche)이 가만히 고정되어 있는 것이 아니라 활발하게 움직이는 방식을 가리킨다…. '정신역동' 이라는 용어가 다른 용어들과 특히 구별되는 점은 정신의 활동이 사람들 또는 다른 대상과 관계를 맺는 것에만 국한되지 않는다고 본 것이다…. 정신은 자기 자신과 관계를 맺으면서 정신 안에서도 움직인다…. 나와 다른 사람들 간에도 역동이 일어날 뿐 아니라 정신 안에서도 역동은 존재한다….
>
> 교류분석이 여타의 정신역동 이론들과 상당히 구별되지만, 교류분석 역시 부모 자아 상태, 어른 자아 상태, 어린이 자아 상태라는 세 가지 부분으로 기술된다. 이 자아 상태는 단지 두 사람 사이의 부모 자아 상태–어린이 자아 상태 관계를 기술하는 것만이 아니며, 내적 상태, 즉 '나의 (내적) 부모 자아 상태가 나의 (내적) 어린이 자아 상태를 다루는 방식' 에도 적용될 수 있다(Jacobs, 1988: 5–6).

Jacobs가 말했듯이, Berne의 자아상태 모델은 정신역동 이론가들이 성격을 몇 가지 구성요소로 개념화하여 그것을 이해하기 위해 사용했던 방법 중 하나다. Jacobs의 주장은 또한 교류분석을 정신역동 치료로 간주하는 저자의 논지를 잘 요약해서 보여 준다. 교류분석의 중심에는 구조 모델이 있으며, 구조 모델의 중심에는 정신역동 개념이 있다.

요약하자면, 삼각형을 하나 생각해 보자. 삼각형의 세 꼭지점은 각각 정신역동 학파, 행동주의 학파, 인본주의-실존주의 학파의 '이상적인 형태' 이며 가장 근본적인 이론을 나타낸다. 저자는 교류분석이 이 삼각형 안에 위치하며 정신역동 쪽에 가장 가깝지만 행동주의와 인본주의-실존주의와도 연결되어 있다고 본다. 저자가 생각하는 교류분석의 '최상의 시나리오' 에서는 이것이 20세기 말에 심리치료 영역에서 전문가들이 평가하는 교류분석의 위치다.

교류분석이 심리치료의 세 가지 주요 학파 모두와 특징을 공유한다는 점을 고려할 때 Berne의 이론과 치료는 다른 치료 접근에 어떤 것을 제공할 수 있을까?

Berne의 교류분석이 다른 심리치료에 줄 수 있는 것

여기에서는 Berne의 영향력을 살펴보는 것이 목적이므로 Berne의 공헌에 대해서만 거론할 것이다. 이것은 Berne 이후의 교류분석가들이 다른 심리치료 이론과 실제에 기여한 업적을 평가절하하는 것이 아니다.

2001년에 전문가들이 돌이켜서 Berne의 업적을 다시 생각해 보면 Berne이 심리치료에 두 가지 큰 공헌을 했음을 알게 될 것이다.

1. Berne은 전이 현상을 체계적으로 관찰할 수 있는 정신역동 이론을 구축했다. 이 이론은 자아 상태, 교류, 게임, 각본이라는 우리에게 친숙한 네 가지 개념으로 구성되어 있다.
2. Berne은 치료에서 계약법을 개발했는데, 계약의 목적은 행동적이며 측정 가능하고 심리 내적 변화와 연결된다.

이러한 공헌에 대해서는 이미 앞에서 설명했다. 여기에서는 이러한 공헌을 간단히 살펴보고 이 공헌들이 다른 심리치료에서 가치 있게 사용될 수 있는 구체적인 방법들을 제안하고자 한다.

이론의 관찰 가능한 예언

이 주제는 이 책 전체를 통하여 계속 반복해서 등장했다. 요약하면, Berne의 이론체계의 바탕은 **구조 모델**이며, 구조 모델에서는 자아 상태의 이동을 관찰 가능한 행동의 변화로 신뢰롭게 알 수 있다고 가정한다. 따라서 **교류** 이론을 세우는 것이 가능한데, 교류 이론에서는 의사소통을 하는 동안 일어나는 자아 상태를 감지하기 위해 여러 가지 관찰 가능한 단서들을 사용한다. 어린이 자아 상태나 부모 자아 상태가 활동하게 되면, 그 사람은 전이 또는 역전이 상태에 들어가게 된다. 게임은 교류가 일정한 순서로 반복되는 것을 말하며, 그 속성상 언제나 전이를 포함하고 있다. 그리고 서로 구별되는 6단계 패턴을 따라가는데, 이 패턴 역시 관찰 가능하다. 각본은 '전이 드라마'로 전의식적 인생 계획을 말한다. 개인은 자각하지 못하지만 이런 각본에 따라서 살아간다. 각본 자체를 관찰할 수는 없지만, 각본은 그 사람이 선택하는 게임과 같은 관찰 가능한 사건으로부터 추론될 수 있다.

저자는 지금부터 10년 뒤에 Berne 이론의 이러한 특징이 교류분석의 원래 고향인 정신역동 학파에서 특히 그 가치를 인정받을 것이라고 본다. 현재 정신역동 접근의 여러 가지 하위 분야 중에서 교류분석과 가장 가까운 이론은 D. H. Malan의 단기초점 심리치료(focal brief psychotherapy)다. Malan은 자신의 저서인 『개인 심리치료와 정신역동의 과학(*Individual Psychotherapy and the Science of Psychodynamics*)』(1979)에서 시간을 강조하였다. 그는 또한 자신이 효과적인 심리치료의 핵심 특성이라고 본 두 가지 특징을 강조하였다. 하나는 내담자와 심리치료자 간의 라포(rapport)이고 다른 하나는 치료 동맹(therapeutic alliance)을 형성하는 것이다. 관찰 가능성을 강조하는 Berne의 치료 접근이 심리치료자로 하여금 이 두 가지 목표를 달성하는 데 어떻게 도움을 줄 수 있는가는 분명해진다. (교류분석가는 '치료 동맹'을 '어른 자아 동맹'이라고 읽을지도 모르겠다.)

물론 일반적으로 정신역동 심리치료는 상담실 안과 밖에서 전이와 역전이의 양상을 살펴보는 데 주안점을 두고 있다. 마찬가지로 Berne의 이론이 이 과정에 어떻게 도움을 줄 수 있는지는 분명해진다. 이것이야말로 Berne의 이론이 추구하는 바다.

또한 숙련된 치료자가 자신의 기술을 다른 사람에게 가르치는 것도 더욱 용이해진다. 교류분석 이론에서는 라포와 치료 동맹이 직관과 주관적 경험을 통해서뿐만 아니라 명확하게 규정된 관찰 가능한 행동에 주의를 기울이는 것에서 이루어진다. 자아 상태의 이동, 교류, 게임을 관찰함으로써 전이와 역전이의 상호작용을 따라갈 수 있다. 심리치료자의 반응 역시 행동적으로 구체화될 수 있다. 그러므로 상대적으로 그것을 반복하기 쉽고 다른 사람에게 전달하는 것도 쉽다.

계약법

저자는 지금부터 10년 뒤에 Berne의 계약법이 심리치료의 세 가지 주요 흐름 모두에 공헌할 것이라고 예상한다. 저자가 생각하는 '최상의 시나리오'는 교류분석가들이 Berne

의 생각을 정확하게 전달했다는 가정하에 이루어진다.

치료 계약은 이미 행동주의 학파와 정신역동 학파에서 심리치료자가 해야 할 작업의 한 부분으로 되어 있다. 저자는 계약에 대한 Berne의 접근이 더 많은 것을 제공할 수 있을 것이라고 믿는다. 오늘날 행동주의 심리치료자의 계약 스타일은 교류분석과 가장 가깝다고 볼 수 있는데, 이는 앞서 O'Sullivan의 인용문에 기술된 바와 같다. 계약은 치료자와 내담자가 서로 합의해서 목표를 측정 가능하게 진술한 것이다. 이에 더해서 Berne은 치료자와 내담자 모두 서로 합의한 행동 목표를 이루는 것에서 어떤 심리 내적 변화가 드러날 수 있는지를 명심해야 한다고 했다.

몇몇 정신역동 치료에서 '계약'은 회기 수에 대한 합의만을 의미하기도 한다. (Berne의 용어로 하면 이것은 행정 계약의 한 가지 조건일 뿐이다.) 단기초점 심리치료에서 계약은 심리치료에서 해결하고자 하는 특정한 문제를 구체화하는 것이기도 하다. 여기에서 저자는 계약을 맺는 것에 대한 Berne의 접근이 두 가지 유용한 공헌을 할 수 있다고 본다. 첫째, 해결해야 하는 문제보다는 도달해야 하는 목표의 관점에서 심리치료의 방향이 설정된다는 것이다. 둘째, 이런 목표가 관찰 가능하고 측정 가능하다는 것이다. 이러한 특징이 가져오는 이득을 Berne은 다음과 같이 기술했다. 변화에 대해 분명하게 서로 합의할 수 있으며, 그 변화가 일어났을 때 그것을 객관적으로 알 수 있는 방법이 된다. 또한 어른 대 어른 자아 상태의 계약은 Malan이 매우 높이 평가했던 '치료 동맹' 을 구축하는 데 도움이 된다.

인본주의-실존주의 계열의 심리치료에서 계약을 맺는 것은 장려되지 않았다. 계약을 맺는 것은 자기실현을 향한 개인의 자연스러운 움직임을 제한하는 것으로 간주되어 왔다. 그러나 저자는 지금부터 10년 뒤에는 많은 게슈탈트 치료자, 인간중심 상담자, 실존주의 치료자들이 계약법에 대한 Berne의 생각을 자신들의 치료에 통합하리라 믿는다. 그들은 Berne이 생각하는 계약이 고정된 것이 아니며 유연하다(flexible)는 것을 인식하게 될 것이다. 계약은 특정 시점에서 분명하게 구체화되지만 언제든지 다시 협상할 수 있다. 내담자가 성장하면서 계약도 내담자와 같이 발전한다. 이를 통해 얻게 되는 이점은 내담자와 심리치료자 모두 치료의 목표와 방향을 분명하게 할 수 있다는 것이다. 'I'm OK, You're OK' 의 관점에서 계약을 협상하기 때문에 이는 상호성(mutuality)이라는 요소를 만드는데, 상호성은 인본주의 철학과도 일맥상통한다.

전달자로서 Berne의 공헌

지금까지 이 책에서 저자는 Berne의 의사소통 기술이 마치 '문제를 일으킨 원인' 인 것으로 기술했다. 저자는 『심리적 게임』의 대중적 성공을 교류분석의 발전이 막다른 골목을 만나서 길을 잃고 헤매게 되는 미로의 시작으로 보았다. 저자는 Berne이 단순한 언어를 사용한 것이 어떻게 오해를 불러일으키고 극도의 단순화라는 비난을 샀는지 설명했다. 그러나 어쨌든 『심리적 게임』은 수백만 부가 팔렸다. 이 책을 산 이 많은 사람들이 단순히 대중매체의 과대 선전의 희생자였을까? 아니면 그들은 이 책에서 어떤 긍정적인 가치를, Berne을 비난했던 전문가 집단이 보지 못한 무언가를 보았을까? 저자는 사람들이 이 책에서 무언가를 발견했다고 생각한다.

저자는 여기에 두 가지 측면이 있으며 그것이 모두 사실이라고 본다. 단순한 용어로 이론을 전달하고자 했던 Berne의 바람으로 인해 그의 이론은 전문가 집단에게 잘못 이해되고 평가절하되었다. 오늘날 일상용어로 말하면 '자기 덫에 자기가 걸린 격' 이라고 할 수 있다. 저자는 현재 교류분석가들이 이렇게 잘못 이해된 것을 없애고자 노력해 오고 있다고 믿는다. 저자가 이 책에서 그랬던 것처럼, 현재 교류분석가들도 심리치료에 대한 Berne의 접근의 특징인 이론의 견고함과 치료의 우수성에 주목해 왔다.

이러한 과정에서 교류분석가들은 Berne의 이론의 몇 가지 다른 특징들을 평가절하했다. 그 특징들이야말로 Berne을 대중 영웅으로 만든 것들인데, Berne의 살아 숨쉬는 생생한 상상력, 사고의 독창성 그리고 언어의 단순성이 그것이다. 저자는 이러한 특징들이 모두 Berne이 여전히 심리치료자들과 내담자들에게 제공하는 뛰어난 재능이라고 믿는다. Berne의 이론에 대한 잘못된 이해는 그가 단순한 용어를 사용했기 때문에 일어난 것이 아니다. 그의 용어 뒤에 숨겨진 생각이 잘못 이해되었거나 왜곡된 버전으로 알려졌기 때문에 일어난 것이다. 교류분석가들은 Berne의 생각에 가해진 손상을 복구하는 궤도에 올라 있다. 저자 또한 우리가 용기를 내어 즉시성, 독창성, 단순성과 같은 Berne의 이론의 다른 특징들을 다시 포함해야 한다고 믿는다.

그렇게 하는 것은 보다 많은 대중에게 교류분석을 '홍보하기' 위한 것이 아니다. 그보다는 생생하게 살아 있는 개념과 직접적인 언어 사용 자체에 치료적 목적이 있다. 이것은 또한 Berne이 의도한 바다. 즉, 생생한 개념과 직접적인 언어는 내담자로 하여금 심리치료 과정에서 동등하고 적극적인 역할을 하도록 힘을 실어 준다. 언어가 단지 경험을 기술하는 것이 아니라 내담자들이 기술하는 경험을 만들도록 돕는다는 것은 잘 알려져 있다. 저자는 이것이 Berne의 목적을 어느 정도 설명한다고 본다. 직접적인 단어와 분명하게 기술한 생각은 심리치료에서 내담자가 자신의 경험을 이해하고 바꿀 수 있는 도구가 되는 것이다.

이것이 Kovel이나 Yalom과 같은 비평가들이 간과한 점이라고 본다. 그들은 단순하고 생생한 언어가 과도하게 단순화된 이론을 반영하거나 또는 이론 전체를 대치했다고 가정했다. 저자는 이 책에서 그와는 다른 관점을 주장했다. 즉, 직접적인 단어를 사용하여 엄격하고 깊이 있는 이론을 기술할 수 있다는 것이다. 분명하고 단순한 언어는 이론을 이해하고 사용하는 '핸들' 의 역할을 할 수 있다.

2001년이 되면 교류분석가들이 Eric Berne 자신은 다루지 못했던 균형을 성공적으로 잡을 수 있으리라 본다. 교류분석가들은 교류분석의 실제를 잘 전달해서 교류분석이 아닌 다른 분야의 전문가들도 이를 인식하고 그 중요성을 인정하고 유용성을 알 수 있도록 할 것이다. 동시에 그들은 원래 전달자였던 Eric Berne으로부터 이어받은 생생하고 독창적이고 단순한 방식으로 교류분석의 실제를 전달할 것이다.

| Eric Berne의 주요한 연구업적 목록(연대순) |

<Books>

Berne, E. (1957a). *A Layman's Guide to Psychiatry and Psychoanalysis*. New York: Simon and Schuster. (*Other editions include:* Harmondsworth, Penguin, 1971.)

Berne, E. (1961). *Transactional Analysis in Psychotherapy*. New York: Grove Press. (*Other editions include:* London, Souvenir Press, 1991.)

Berne, E. (1963a). *The Structure and Dynamics of Organizations and Groups*. New York: Lippincott. (*Other editions include:* New York, Ballantine, 1973.)

Berne, E. (1964). *Games People Play*. New York: Grove Press. (*Other editions include:* Harmondsworth, Penguin, 1968.)

Berne, E. (1966). *Principles of Group Treatment*. New York: Oxford University Press. (*Other editions include:* New York, Grove Press, 1966.)

Berne, E. (1970a). *Sex in Human Loving*. New York: Simon and Schuster. (*Other editions include:* Harmondsworth, Penguin, 1973.)

Berne, E. (1972). *What Do You Say After You Say Hello?* New York: Grove Press. (*Other editions include:* London, Corgi, 1975.)

<Selected articles and transcripts>

Berne, E. (1949). The Nature of Intuition. *The Psychiatric Quarterly, 23*: 203-226. Reprinted in Berne, E. (1977). *Intuition and Ego-States* (Ed. P. McCormick). San Francisco: TA Press.

Berne, E. (1957b). Ego States in Psychotherapy. *American Journal of Psychotherapy, 11*: 293-309. Reprinted in Berne, E. (1977). *Intuition and Ego-States* (Ed. P. McCormick). San Francisco: TA Press.

Berne, E. (1958). Transactional Analysis: a New and Effective Method of Group Therapy. *American Journal of Psychotherapy, 12*: 735-743. Reprinted in Berne, E. (1977). *Intuition and Ego-States* (Ed. P. McCormick). San Francisco: TA Press.

Berne, E. (1962). The Psychodynamics of Intuition. *The Psychiatric Quarterly, 36*: 294-300. Reprinted in Berne, E. (1977). *Intuition and Ego-States* (Ed. P. McCormick). San Francisco: TA Press.

Berne, E. (1968a). Staff-Patient Staff Conferences. *American Journal of Psychiatry, 125*(3): 286-293. Reprinted in James, M. (Ed.) (1977). *Techniques in Transactional Analysis for Psychotherapists and Counselors*. Reading: Addison-Wesley.

Berne, E. (1970b). Eric Berne as Group Therapist. *Roche Report: Frontiers of Hospital Psychiatry, 7*(10). Reprinted in *Transactional Analysis Bulletin, 9*(35): 75-83.

Berne, E. (1971). Away from a Theory of the Impact of Interpersonal Interaction on Non-Verbal Participation. *Transactional Analysis Journal, 1*(1): 6-13. Reprinted in Berne, E. (1976). *Beyond Games and Scripts* (Eds. C. Steiner & C. Kerr). New York: Grove Press.

| 참고문헌 |

Adler, A. (1963). Individual Psychology. In G. Levitas (Ed.), *The World of Psychology*. New York: George Braziller.

Babcock, D., & Keepers, T. (1976). *Raising Kids OK*. New York: Grove Press.

Barkham, M. (1990). Research in Individual Therapy. In W. Dryden (Ed.), *Individual Therapy: a Handbook*. Buckingham: Open University Press.

Barnes, G. (1977). Instroduction. In G. Barnes (Ed.), *Transactional Analysis After Eric Berne: Teachings and Practices of Three TA Schools*. New York: Harper's College Press.

Bateson, G. et al. (1956). The Message "This is Play". In *Transactions of Second Conference on Group Processes*. New York: Josiah Macy Jr. Foundation.

Berne, E. (1940). Who Was Condom? *Human Ferility, 5*: 172-176.

Berne, E. (1947). *The Mind in Action*. New York: Simon and Schuster.

Berne, E. (1949). The Nature of Intuition. *The Psychiatric Quarterly, 23*: 203-226. Reprinted in Berne, E. (1977). *Intuition and Ego-States* (Ed. P. McCormick). San Francisco: TA Press.

Berne, E. (1957a). *A Layman's Guide to Psychiatry and Psychoanalysis*. New York: Simon and Schuster. (*Other editions include:* Harmondsworth, Penguin, 1971. Page references in the present book are for the Penguin edition.)

Berne, E. (1957b). Ego States in Psychotherapy. *American Journal of Psychotherapy, 11*: 293-309. Reprinted in Berne, E. (1977). *Intuition and Ego-States* (Ed. P. McCormick). San Francisco: TA Press.

Berne, E. (1958). Transactional Analysis: a New and Effective Method of Group Therapy. *American Journal of Psychotherapy, 12*: 735-743. Reprinted in Berne, E. (1977). *Intuition and Ego-States* (Ed. P. McCormick). San Francisco: TA Press.

Berne, E. (1961). *Transactional Analysis in Psychotherapy*. New York: Grove Press. (*Other editions include:* London, Souvenir Press, 1991. Page references in the present book are for the paperback Groove Press edition.)

Berne, E. (1962). The Psychodynamics of Intuition. *The Psychiatric Quarterly, 36*: 294-300. Reprinted in Berne, E. (1977). *Intuition and Ego-States* (Ed. P. McCormick). San Francisco: TA Press.

Berne, E. (1963a). *The Structure and Dynamics of Organizations and Groups*. New York: Lippincott. (*Other editions include:* New York, Ballantine, 1973. Page references in the present book are for the Ballantine edition.)

Berne, E. (1963b). Organizational History of the San Francisco Social Psychiatry Seminars. *Transactional Analysis Bulletin, 2*(5): 45.

Berne, E. (1964). *Games People Play*. New York: Grove Press. (*Other editions include:* Harmondsworth, Penguin, 1968. Page references in the present book are for the Penguin edition.)

Berne, E. (1966). *Principles of Group Treatment.* New York: Oxford University Press. (Other editions include: New York, Grove Press, 1966. Page numbers in the present book are for the Groove Press edition.)

Berne, E. (1968a). Staff-Patient Staff Conferences. *American Journal of Psychiatry, 125*(3): 286-293. Reprinted in James, M. (Ed.) (1977). *Techniques in Transactional Analysis for Psychotherapists and Counselors.* Reading: Addison-Wesley.

Berne, E. (1968b). History of the ITAA: 1958-1968. *Transactional Analysis Bulletin, 7*(25): 19-20.

Berne, E. (1968c). A Living problem: the Gordon Knot. *Transactional Analysis Bulletin, 7*(25). Reprinted in Berne, E. (1976). *Beyond Games and Scripts* (Eds. C. Steiner & C. Kerr). New York: Grove Press.

Berne, E. (1969a). Introduction to TAB Issue on Reparenting in Schizophrenia. *Transactional Analysis Bulletin, 8*(31): 45-47.

Berne, E. (1969b). Minimal Basic Science Curriculum for Clinical Membership in the ITAA. *Transactional Analysis Bulletin, 8*(32): 108-110.

Berne, E. (1970a). *Sex in Human Loving.* New York: Simon and Schuster. (*Other editions include:* Harmondsworth, Penguin, 1973. Page references in the present book are for the Penguin edition.)

Berne, E. (1970b). Eric Berne as Group Therapist. *Roche Report: Frontiers of Hospital Psychiatry, 7*(10). Reprinted in *Transactional Analysis Bulletin, 9*(35): 75-83.

Berne, E. (1971). Away from a Theory of the Impact of Interpersonal Interaction on Non-Verbal Participation. *Transactional Analysis Journal, 1*(1): 6-13. Reprinted in Berne, E. (1976). *Beyond Games and Scripts* (Eds. C. Steiner & C. Kerr). New York: Grove Press.

Berne, E. (1972). *What Do You Say After You Say Hello?* New

York: Grove Press. (*Other editions include:* London, Corgi, 1975. Page references in the present book are for the Corgi edition.)

Berne, E. (1976). *Beyond Games and Scripts* (Eds. C. Steiner & C. Kerr). New York: Grove Press.

Berne, E. (1977). *Intuition and Ego-States* (Ed. P. McCormick). San Francisco: TA Press.

Bettelheim, B. (1983). *Freud and Man's Soul.* London: Chatto and Windus.

Callaghan, V. (1971). A Living Euhemerus Never Dies: Section II. *Transactional Analysis Journal, 1*(1): 66-69.

Campbell, J. (1949). *The Hero with a Thousand Faces.* New York: Pantheon.

Cheney, W. (1971). Eric Berne: Biographical Sketch. *Transactional Analysis Journal, 1*(1): 14-22. References in Steiner, C. & C. Kerr (Eds.) (1976). *Beyond Games and Scripts.* New York: Grove Press.

Clarkson, P. (1991). *Transactional Analysis Psychotherapy.* London: Routledge.

Clarkson, P., & Gilbert, M. (1988). Berne's Original Model of Ego-States: Some Theoretical Considerations. *Transactional Analysis Journal, 18*(1): 20-29.

Clarkson, P., & Gilbert, M. (1990). Transactional Analysis. in W. Dryden (Ed.), *Individual Therapy: a Handbook.* Buckingham: Open University Press.

Concnnon, J. (1971). My Introduction to Eric Berne. *Transactional Analysis Journal, 1*(1): 60-61.

Crammer, R. (1971). Eric Berne: Annotated Bibliography. *Transactional Analysis Journal, 1*(1): 23-29.

Crossman, P. (1966). Permission and Protection. *Transactional Analysis Bulletin, 5*: 152.

Dusay, J. (1972). Egograms and the Constancy hypothesis. *Transactional Analysis Journal, 2*(3): 37-42.

English, F. (1976). Racketeering. *Transactional Analysis Journal, 6*(1): 78-81.

English, F. (1977). Let's Not Claim It's Script When It Ain't. *Transactional Analysis Journal, 7*(2): 130-138.

English, F. (1981). Letters to John McNeel, Editor, TAJ and Dr Eric Berne. *Transactional Analysis Journal, 11*(1): 46-49.

Erickson, E. (1950). *Childhood and Society*. New York: W.W. Norton.

Ernst, F. (1971). The OK Corral: the Grid for Get-On-With. *Transactional Analysis Journal, 1*(4): 231-240.

Erskine, R. (1973) Six Stages of Treatment. *Transactional Analysis Journal, 3*(3): 17-18.

Erskine, R. (1988). Ego Structure, Intrapsychic Function, and Defence Mechanisms: a Commentary on Eric Berne's Original Theoretical Concepts. *Transactional Analysis Journal, 18*(1): 15-19.

Erskine, R. (1991). Trnasference and Transactions: Critique from an Intrapsychic and Integrative perspective. *Transactional Analysis Journal, 21*(2): 63-76.

European Association for Transactional Analysis (1990). EATA *Training and Examination Handbook*. Geneva: EATA.

Fairbairn, W. (1952). *Psycho-analytic Studies of the Personality*. London: Tavistock.

Falkowski, W., Ben-Tovim, D., & Bland J. (1980). The Assessment of the Ego-States. *British Journal of Psychiatry, 137*: 572-523.

Federn, P. (1952). *Ego Psychology and the Psychoses*. New York: Basic Book.

Fenichel, O. (1945). *The Psychoanalytic Theory of Neurosis*. New York: W. W. Norton.

Freud, S. (1915). *The Interpretation of Dreams*. New York: Macmillan.

Freud, S. (1922). *Beyond the Pleasure Principle*. London:

International Psychoanalytical Press.

Freud, S. (1933). *New Introductory Lectures on Psycho-analysis.* New York: W. W. Norton.

Freud, S. (1949). *An Outline of Psychoanalysis.* New York: W. W. Norton.

Gilmour, J. (1981). Psychophysiological Evidence for the Existence of Ego-States. *Transactional Analysis Journal, 11*(3): 207-212.

Goulding, M., & Goulding, R. (1979). *Changing Lives Through Redecision Therapy.* New York: Bruuner-Mazel.

Goulding, R. (1985). History of Redecision Therapy. In Kadis, L. (Ed.), *Redecision Therapy: Expanded Perspectives.* Watsonville: Western Institute for Group and Family Therapy.

Goulding, R., & Goulding, M. (1978). *The Power is in the Patient.* San Francisco: TA Press.

Harris, T. (1967). *I'm OK-You're OK.* New York: Grove Press.

Hohmuth, A., & Gormly, A. (1982). Ego State Models and Personality Structure. *Transactional Analysis Journal, 12*(2): 140-143.

Huizinga, J. (1955). *Homo Ludens.* Boston: Beacon Press.

International Transactional Analysis Association (1989). *Training and certification Manual.* San Francisco: ITAA.

International Transactional Analysis Association (1991). *International Catalog of Member Services.* San Francisco: ITAA.

Jacobs, M. (1988). *Psychodynamic Counselling in Action.* London: Sage.

James, M. (1977). Eric Berne, the Development of TA, and the ITAA. In M. James (Ed.), *Techniques in Transactional Analysis for Psychotherapists and Counselors.* Reading: Addison-Wesley.

Jung, C. (1946). *Psychological Types.* New York: Harcourt

Brace.

Kadis, L. (Ed.) (1985). *Redecision Therapy: Expanded Perspectives.* Watsonville: Western institute for Group and Family Therapy.

Karpman, S. (1968). Fairy Tales and Script Drama Analysis. *Transactional Analysis Journal, 7*(26): 39-43.

Klein, Mavis (1980). *Lives People Live.* London: Wiley.

Klein, M. (1949). *The Psycho-Analysis of Children.* London: Hogarth Press.

Kovel, J. (1976). *A Complete Guide to Therapy.* Harmondsworth: Pelican.

Kuhn, H., & Tucker, A. (1950). *Contributions to the Theory of Games.* Princeton: Princeton University Press.

Kupfer, D. (1971). In the Beginning. *Transactional Analysis Journal, 1*(1): 62.

Laing, R. (1976). *The Politics of the Family.* Harmondsworth: Pelican.

Levaggi, J. (1971). A Living Euhemerus Never Dies: Section I. *Transactional Analysis Journal, 1*(1): 64-66.

Luce, R., & Raiffa, H. (1987). *Games and Decisions.* New York: Wiley.

McCormick, P. (1971). *Guide for Use of a Life-Script Questionnaire in Transactional Analysis.* San Francisco: Transactional Publications.

McNeel, J. (1981). Letter from the Editor. *Transactional Analysis Journal, 11*(1): 4.

Malan, D. (1979). *Individual Psychotherapy and the Science of Psychodymics.* London: Butterworths.

Maslow, A (1962). *Towards a Psychology of being.* Princeton: Van Nostrand.

Masson, J. (1990). *Against Therapy.* London: Fontana.

Mellor, K., & Sigmund, E. (1975). *Discounting Tansactional Analysis Journal, 5*(3): 295-302.

O'Sullivan, G. (1990). Behaviour Therapy. In W. Dryden (Ed.), *Individual Therapy: a Handbook*. Buckingham: Open University Press.

Penfield, W., & Jasper, H. (1954). *Epilepsy and the Functional Anatomy of the Human Brain*. Boston: Little Brown.

Peris, F., Hefferline, R., & Goodman P. (1951). *Gestalt Therapy*. Harmondsworth: Pelican.

Pilgrim, D. (1990). British Psychotherapy in Context. In W. Dryden (Ed.), *Individual Therapy: a Handbook*. Buckingham: Open University Press.

Pulleyblank, E., & McCormick, P. (1985). The Stage of Redecision Therapy. In L. Kadis (Ed.), *Redecision Therapy: Expanded Perspectives*. Watsonville: Western Institute for Group and Family Therapy.

Rank, O. (1910). *The Myth of the Birth of the Hero*. New York: Nervous and Mental Disease Monographs.

Rogers, C. (1961). *On Becoming a Person*. London: Constable.

Rycroft, C. (1972). *A Critical Dictionary of Psychoanalysis*. Harmondsworth: Penguin.

Schiff, A., & Schiff, J. (1971). Passivity. *Transactional Analysis Journal, 1*(1): 71-78.

Schiff, J. (1977). One Hundred Children Generate a Lot of TA. In G. Barnes (Ed.), *Transactional Analysis After Eric Berne: Teaching and Practices of Three TA Schools*. New York: Harper's College Press.

Schiff, J. et al. (1975). *The Cathexis Reader: Transactional Analysis Treatment of Psychosis*. New York: Haper and Row.

Steere, D. (1982). *Bodily Expressions in Psychotherapy*. New York: Brunner-Mazel.

Steiner, C. (1966). Script and Counterscript. *Transactional Analysis Bulletin, 5*(18): 133-135.

Steiner, C. (1971). *TA Made simple*. Berkeley: California.

Steiner, C. (1974). *Scripts People Live: Transactional Analysis of Life Scripts*. New York: Grove Press.

Steiner, C. (1991). *Interview: on the Early Years of Transactional Analysis*. Waldkirch: A. Kohlhaas-Reith.

Stern, E. (Ed.) (1984). *TA: the State of the Art*. Dordrecht: Foris.

Stewart, I. (1989). *Transactional Analysis Counselling in Action*. London: Sage.

Stewart, I., & Joines, V. (1987). *TA Today: a New Introductionto Transactional Analysis*. Nottingham: Lifespace.

Trautmann, R., & Erskine, R. (1981). Ego-States Analysis: a Comparative View. *Transactional Analysis Journal, 11*(2): 178-185.

Van Deurzen-Smith, E. (1990). Existential Therapy. In W. Dryden (Ed.), *Individual Therapy: a Handbook*. Buckingham: Open University Press.

Weiss, E. (1950). *principles of Psychodynamics*. New York: Grune and Stratton.

Williams, J. et al. (1983). Construct Validity of Ego-Ststes. *Transactional Analysis Journal, 13*(1): 43-49.

Wolpe, J. (1958). *Psychotherapy by Reciprocal Inhibition. Stanford:* Stanford Univeristy Press.

Woollams, S., & Brown, M. (1978). *Transactional Analysis. Dexter:* Huron Valley Press.

Yalom, I. (1970). *The Theory and Practice of Group Psychotherapy*. New York: Basic Books.

| 찾아보기 |

인 명

내 용

지은이 소개

Ian Stewart

국제 교류분석협회 및 유럽 교류분석협회의 공인 교류분석 치료자, 교사, 슈퍼바이저로, 현재 영국에서 Berne 협회(the Berne Institute)의 공동창립자 겸 수련가로 활동하고 있다. 유럽 교류분석협회의 자격관리 위원장을 역임했다. Vann S. Joines와 『교류분석의 현재(*TA Today*)』(1987)를 공동 저술한 것을 비롯해, 『교류분석 상담의 실제(*TA Counselling in Action*)』(3판, 2007), 『교류분석 상담의 개발(*Developing TA Counselling*)』(1996) 등을 저술했다.

옮긴이 소개

박현주

서울대학교 심리학과를 졸업하고, 동 대학원에서 임상/상담심리학으로 석사학위를, 미국 University of Missouri-Columbia에서 상담심리학으로 박사학위를 받았다. University at Albany에서 강의교수로 근무하였으며, 상담심리전문가 자격을 가지고 있다. 현재 동국대학교 교육학과 교수로 재직 중이다.

상담과 심리치료 주요인물 시리즈 9

에릭 번 ERIC BERNE

2009년 5월 30일 1판 1쇄 발행
2017년 9월 20일 1판 2쇄 발행

지은이 • Ian Stewart
옮긴이 • 박현주
펴낸이 • 김진환
펴낸곳 • (주) 학지사
04031 서울특별시 마포구 양화로 15길 20 마인드월드빌딩
대표전화 • 02)330-5114 / 팩스 02)324-2345
홈페이지 • http://www.hakjisa.co.kr
등 록 • 제313-2006-000265호

ISBN 978-89-6330-134-1 93180

정가 12,000원

역자와의 협약으로 인지는 생략합니다.
파본은 구입처에서 교환하여 드립니다.